濱州文物通覽

茂田题

滨州市文物局　编

齊魯書社

《滨州文物通览》
编纂委员会

杨家古窑址

魏氏庄园巍峨耸立的城楼

魏氏庄园精美的石雕

魏氏庄园全景图

大觉寺

信阳故城址

范公祠

惠民古城墙

吴式芬故居

郭莱仪古墓

釉陶博山炉

彩绘灰陶壶

蚌饰

蚌刀

绿釉陶鸭

陶力士像

磨光黑陶单耳杯

丁公陶文

石磬

双孔石刀

石镞

玉钺

玉雕卧牛

饕餮纹双耳铜鼎

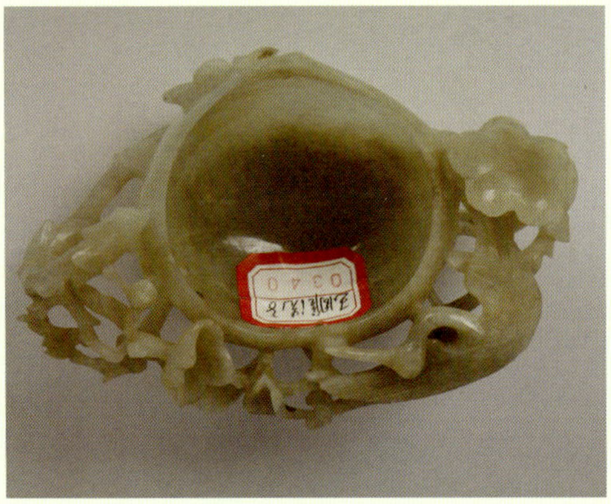

玉雕桃形洗子

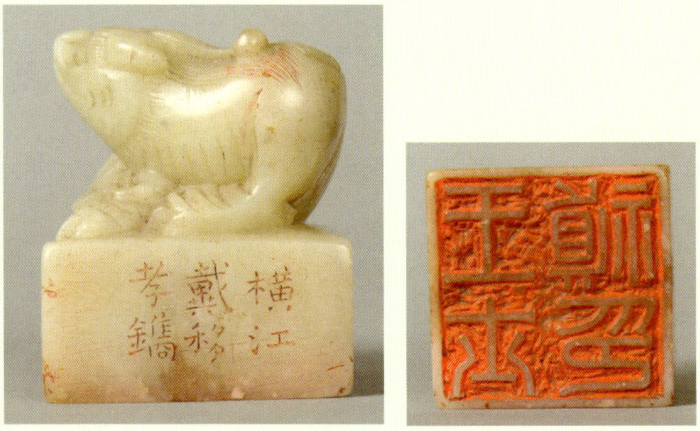

王士禛印章

乳钉纹三足铜敦

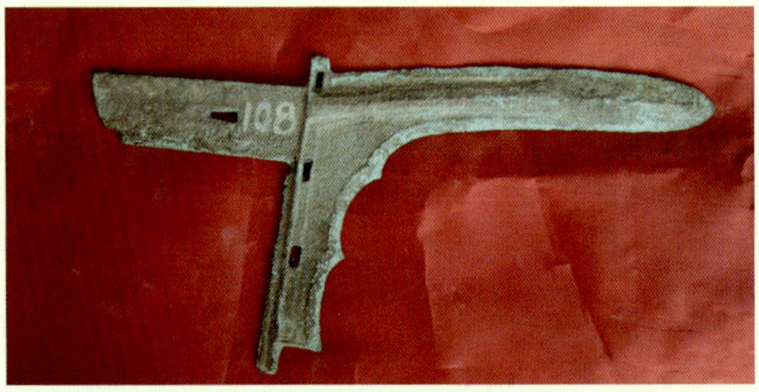

青铜戈

云雷纹铜爵

战国铜剑

三彩虎形枕

红陶猪

白地黑花喜鹊踏枝桃形枕

三彩福字纹枕

祭蓝釉描金葫芦瓶

模印贴花青釉八系罐

青花缠枝莲纹赏瓶

粉彩开光云雷纹地花卉婴戏纹玉壶春瓶

朱釉贴塑盘龙长颈瓶

珊瑚人像

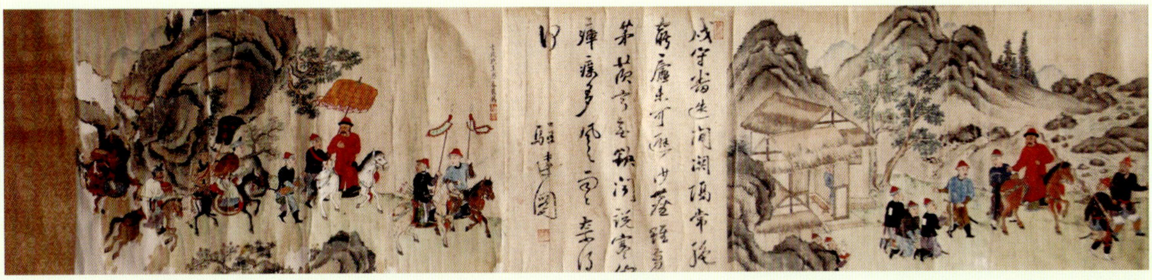

李之芳南征图

李之芳行乐图

杜堮兰草图

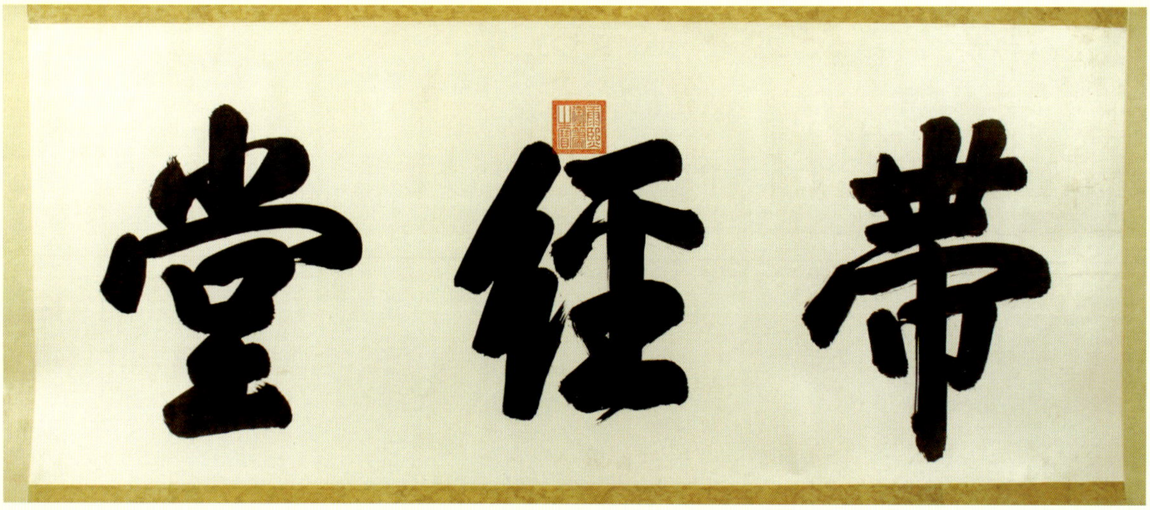

康熙御题带经堂

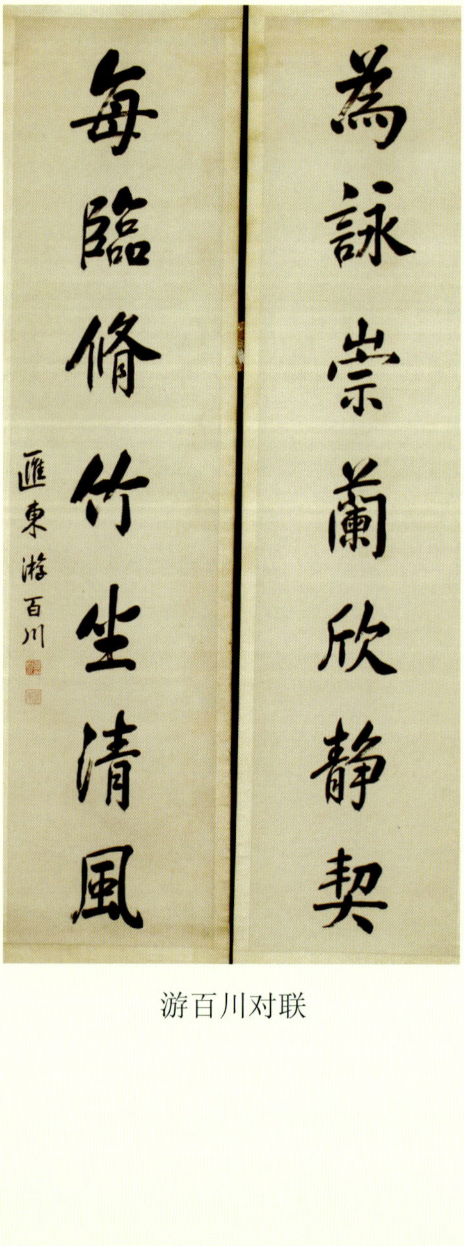

游百川对联

慈禧“福”字

东魏天平四年道玉、严怀安造背屏式一佛二菩萨像

东魏武定六年王叔义造汉白玉菩萨像

北齐天保五年薛明陵造菩萨像

模印素烧白陶菩萨立像

阿弥陀佛单身立像

北魏普泰二年孔雀造一弥勒二菩萨像

北魏太和二年王上造释迦多宝并坐像

前 言

滨州市位于山东省北部，黄河三角洲腹地，渤海湾西南岸。

滨州历史悠久，文化璀璨，是一座有着完整的历史发展序列的古老城市，是黄河三角洲文化和齐文化的发祥地之一，拥有丰富的历史文化和文物资源，而且馆藏文物种类繁多，弥足珍贵，在鲁北乃至山东地区都占有十分重要的地位。

早在距今 8500 年前的后李文化起，这一地区就孕育了一个相当稳定的、生气勃勃的史前文明，并创造了相当发达的新石器时代农业文化。此后，历经北辛文化、大汶口文化、龙山文化、岳石文化，以至商周以降，滨州作为北上京津、南下吴越的通衢要道，在交通、军事和经济上占有重要的位置，一直有着完整的历史发展序列，持续不断地创造着富有特色的灿烂文化，保留下大量的历史文化遗存。特别是夏、商、周时期，滨州作为东夷人——蒲姑氏族聚居的地方，更是创造出丰富多彩的独具特色的东夷文化，对中华民族古代文明作出了卓越的贡献。

滨州人文荟萃，名人辈出，他们在很多方面对中国历史的发展作出了重大的贡献。如武圣孙子、《尚书》再造的伏生、汉孝子董永、画家展子虔、政治家范仲淹、词人李之仪、剧作家康进之、历史学家马骕、金石学家吴式芬、大学士李之芳、咸丰皇帝老师杜受田、建筑大师张镈等名人志士都出生或生长在这里。中国近代著名思想家梁漱溟先生在 20 世纪 30 年代还曾在邹平县开创乡村建设实验活动。

截至 2013 年 6 月，滨州市已公布各级文物保护单位 225 处，其中全国重点文物保护单位 5 处、省级文物保护单位 25 处、市级文物保护单位 37 处、县级文物保护单位 158 处。同时，随着滨州市各项文物保护工作的不断开展，馆藏文物也在不断增加丰富。目前滨州市馆藏文物 13489 件（套），其中一级文物 31 件（套）、二级文物 143 件（套）、三级文物 949 件（套）。这些馆藏文物丰富多彩，颇具特色，有众多的佛教造像、碑碣、墓志、石刻，有珍贵的陶瓷、玉石、字画、碑拓、古籍和青铜器精品，有大量的古生物化石、金银器、货币钱范、印章砚台、竹木牙角器等，其中又以佛教文物、盐业文物、陶瓷和字画最为珍贵。这些文化遗存具有数量多、种类全、发展序列清晰和地方风格突出的特点，有着十分重要的历史和艺术价值，是先人留给我们的宝贵文化财富，为研究黄河三角洲及环渤海西南岸的历史、政治、经济、艺术及人文社会发展变迁情况提供了真实的实物资料，而且在延续城市文脉、开发旅游资源、丰富市民文化生活、建设和谐社会方面也必将发挥重要的作用。

在新的历史时期，加强和做好文化遗产保护工作，具有重大的现实意义和深远的历史影响。为全面整合文物资源，充分发挥文物在建设社会主义先进文化、促进经济社会科学发展中的重要作用，我们将全市县级以上不可移动文物和能够反映滨州悠久历史、富有历史和艺术价值的馆藏文物按照类别逐一介绍，并汇编成册，以总结过去，激励将来。希望通过本书的出版，能够进一步督促、指导全市的文物工作，加大对文化遗产的保护管理和科学利用，为推动滨州经济、社会各项事业科学发展，贡献新的力量。

编　者

2013 年春节

目 录

概 述

滨州市位于山东省北部，黄河三角洲腹地，渤海湾西南岸。全市横跨黄河两岸，辖滨城区、惠民县、阳信县、无棣县、沾化县、博兴县、邹平县六县一区和经济开发区、高新技术产业开发区。东西最大跨径120公里，南北最大跨径175公里，版图面积9600平方公里。

滨州境内地质属华北新生代凹陷的东南部，基岩是古生代的沉积地层和前震旦纪变质岩系。在邹平南部为侏罗纪砂岩、红砂页岩。在北部的无棣县大山有新生代玄武岩露出，残存的火山口隐约可见。全市除邹平南部山区外，大部为第四纪沉积覆盖。小清河以南为泰沂山区山前冲积、洪积平原。以黄河、小清河、徒骇河几大水系形成了土地肥沃、水源充足的地理环境，加之气温适中、光照充裕，滨州地区为古代的人类生息繁衍提供了良好的生存条件。从距今八千年前的母系氏族社会起，这一地区就孕育了一个相当稳定的、生气勃勃的史前文明，并创造了相当水平的新石器时代农业文化。这种文化既不是来源于中原地区，也不是受中原影响而产生，她是山东土著居民——东夷人创造的文化。这种土著文化在相当多的方面，在全省乃至全国均具有领先的地位，她有自己独立发展的文化体系，在中华民族古代文明发展史上，贡献是卓越的。然而这一发展过程也是极其漫长的，在发展阶段上，她先后经过了后李文化（邹平县孙家遗址）、北辛文化（邹平西南庄遗址）、大汶口文化（邹平丁公、阳信小韩遗址）、龙山文化（分布邹平、博兴、惠民、阳信、滨城区）几个不同历史阶段。其社会形态为原始母系氏族和父系氏族公社时期。

滨州地区原始文化的确立，是1954年在滨县城（今滨城区滨北街道办事处）十字北街的卧佛台，发现了部分磨光黑陶片、长方形扁平穿孔石斧，因与章丘龙山镇城子崖遗址出土的文物相同，将其定为龙山文化遗址。20世纪70年代后期，通过开展一系列的田野调查，先后在邹平的鲍家、丁公，惠民的大商，阳信的刘家，博兴的曹家、利城、村高等地发现了一批龙山文化遗址。20世纪80年代以来，又在邹平县苑城西南村（今邹平县长山镇西南村）发现了早于大汶口文化类型的遗址，在邹平县丁公村、阳信县小韩村发现了大汶口文化类型遗址，从而揭开了滨州原始社会人类活动历史的发展序列。大约从距今八千年前开始至距今三千年前，上下近五千年的时间内，滨州地区文化系统的自身特性有了一个框架，形成了以小清河、孝妇河流域为中心的邹平、博兴文化区和以徒骇河两岸的滨城、阳信、惠民为中心的文化区，在该区域内的文化面貌既与周围地区保持着多方位的文化接触联系，又长期保留着自成一系的文化特色，它们都属于东夷人史前文化的系统。

在滨州地区的早期遗址中，出土了大量陶器。陶器的出现与农业经济的发展有着不可分割的联系。在邹平苑城（今邹平县长山镇）出土的生产工具中有砍伐用的磨光石斧，翻土用的石铲，收割用的石刀、蚌刀，加工粮食用的石磨棒、石磨盘，证明滨州至晚从距今约七千年前已经开始出现农业经济。为了尽可能扩大生活来源，渔猎、狩猎和采集也占有相当的比重。邹平苑城西南村（今邹平县长山镇西南村）出土的大量石、骨箭头和弹丸、鱼标、鱼钩以及四不象鹿、梅花鹿、獐、野猪、野兔、马、牛等动物骨骼就证实了渔猎在人们经济生活中的重要地位。

在邹平县丁公遗址中发现了一座龙山文化时期的城址，平面略呈方形，四周城垣比较规整，城内部分南北长 350 米，东西宽 310 米，面积 10 万平方米。城墙宽约 20 米，残存高 1.5 ～ 2 米，夯层厚 5 厘米，夯打比较坚硬。城墙外有宽 20 余米的护城河。城内分布有龙山文化时期的房基、陶窑、窖穴和墓葬。该遗址的发现对探索中国古代城市的产生与发展，深入研究中国文明的起源等都具有重要的意义。

在夏、商、周时期，滨州应是东夷人——蒲姑氏族聚居的地方。这一地区的文化，一方面有着商文化的影响，另一方面又保持着本地固有的传统文化，早期相当于夏代的遗址有邹平县的丁公遗址、博兴县的利城遗址等。相当于商代的遗址则遍布全市各县区。在惠民县的大郭遗址发现了一座商代墓，墓圹中殉葬 9 人，同时出土了青铜器、玉器 21 件，青铜铙、青铜彝上还铸有“戎”字铭文。在滨城区兰家商代遗址中出土了一批青铜器，并发现了制骨作坊和殉马坑。此外在博兴县的寨卞、贤城还发现了城址，应是商末薄姑氏族的都邑和春秋时期献公的都城所在。据《汉书·地理志》载：“殷末有薄姑氏，皆为诸侯，国此地，至周成王时薄姑氏与四国共作乱，成王灭之，以封师尚父。”《路史·国名记》蒲姑条载：“一曰蒲姑，在青之博兴。《地志》：蒲姑城在临淄西北五十。”《山东通志》、《青州府志》都做了相类似的记载。郭沫若在《中国史稿》中也主博兴说，近研究学者多主张蒲姑在博兴柳桥和寨卞，与史书记载都邑地望相吻合。

蒲姑是东夷族的一支。“夷”，《说文》释为“东方之人也”、“从大，从弓”，说明包括蒲姑在内的东夷人是最早发明和使用弓箭的部落之一。蒲姑氏族在中华民族文明发展史上是最为古老的氏族之一，大约从距今约五千年前起，这个氏族就在滨州这块土地上生息、繁衍，用自己勤劳的双手创造了光辉灿烂的文化。进入西周后期，蒲姑人创造的文化逐渐被融合到齐鲁文化中去，为中华民族的发展做出了卓越的贡献。

春秋战国时期，滨州一直为齐国属地。这一时期的遗址、城址遍布全市各县区。千乘城“以齐景公有马驷牧于青石”而得名，无棣县的信阳故城则“传韩信下齐所筑”，邹平县的於陵城即陈仲子所居处。这些城址的存在，证实了春秋战国时期的割据分裂、动荡战乱局面。在沾化县的杨家、陈家、郑家发现的古陶窑群，出土大量的灰陶“将军盔”、滤器等，为研究春秋战国时期齐国在北部沿海地区的盐业生产，提供了重要的史料。1979年，在邹平县苑城镇大省村（今邹平县长山镇大省村）发掘一批春秋战国墓，出土了鼎、豆、壶、盘、匜、舟、鉴、剑、戈等青铜器。1988年，在阳信县城关镇西北村（今阳信县信城街道办事处西北村）清理的一座战国墓中，出土石磬一套（13件），青铜钮钟一套（14枚），两套车马器、马饰，以及青铜鼎、壶、豆、罐、敦、舟等，还有部分陶器。这些墓葬的发掘与大量文物的出土，为研究齐国的历史提供了多方面的重要资料。

汉代的遗址、遗物在滨州被普遍发现，大多为战国时期的城址、遗址延续使用到西汉。无棣县的信阳故城，自西汉初至王莽代汉的二百多年间，一直是信阳城址所在。邹平的於陵城，战国时齐人陈仲子居住，汉置於陵县城，刘宋为武强县城，隋改为长山县城。朝代不断更替、易名，但城址则多数延续使用着。

自东汉末年至隋统一全国，这一时期是中国历史上空前混乱的时期。为求精神上的寄托，上至官僚、中小地主，下至一些平民百姓，不惜舍割家珍，心归佛门，竭财事佛。近年来，滨州市大批佛教造像的出土，就是这一特定历史条件下的产物，引起了国内外有关专家学者的极大兴趣，被称为近年我国佛教考古的重大收获。

隋唐时期，国力强盛，国际交往频繁，出现了封建经济文化繁荣昌盛的局面。这一时期滨州地区的社会、经济、文化都有明显的进步，遗留下来的遗址、文物极为丰富，特别是佛教寺院遗址尤为重要。在博兴县的龙华寺遗址，出土了隋仁寿三年（603年）立的龙华碑和隋代铜、石像以及大量的窖藏青瓷器。另外，在邹平县的醴泉寺有唐开元三年（715年）所立“大唐齐州章丘县长白山醴泉寺志公之碑”等。这些发现都为研究中国佛教、书法、绘画及瓷器的历史，提供了极为珍贵的实物资料。

滨州宋、元、明、清时期的文物考古工作也有较多的收获，先后对邹平、博兴、惠民、无棣、滨城、阳信分布的古代桥梁、庙宇、祠堂、名人故居等进行了调查，搞清了它们的建筑年代、结构布局、建造风格等。这些古建筑具有独特的地方风格。清末民国时期，众多的国外传教士带着自己的文化传入辖境，留下了很多见证当年历史的遗存，如博兴高庙李教堂区、滨城秦董姜教堂区等。革命战争年代，滨州是中央渤海区党政军领导机关所在地，众多的革命遗迹和遗物成为滨州不可多得的珍贵遗产。

滨州不仅历史悠久，而且物华天宝，人杰地灵。这片古老而美丽的土地，曾诞生、哺育了众多的政治、思想、军事和文化巨人。如春秋时的武圣孙子，汉代再造《尚书》的伏生、孝子董永，唐代山水画鼻祖展子虔，宋代大政治家范仲淹、词人李之仪，元代剧作家康进之，清代有“马三代”之称的历史学家马骕、金石学家吴式芬、大学士李之芳、咸丰老师杜受田等名人志士都出生或生长在这里。中国近代著名思想家梁漱溟先生在20世纪30年代曾在邹平县开创乡村建设试验活动。

悠久的历史和丰富的文化为滨州留下了大量珍贵的古代文物。特别是历年来，文物部门通过征集、接收、捐赠、收购等手段，收集碑刻、墓志、陶瓷、玉器、字画等各类文物上万件，其中有不少精品。如书画类中有明代文徵明的《辋川图》卷，绘唐朝右丞相王维别墅二十二景，画长425厘米，宽48厘米，楼台亭榭，山峦重叠，丛林急流，结构绵密，境界奇辟。张宗苍的《山水图》轴，丘壑变化，设色秀润。任熏的《雄鸡图》生气盎然。唐蓉的《李之芳南征图》卷长950厘米，宽34厘米，绘十幅画面，皆配诗文，线描圆浑细劲，设色雅丽，人物有动有静，神采各异，形象逼真。明永乐三年（1405年）用泥金书写的《大方便佛报恩经》、清康熙皇帝书写的《带经堂》轴卷、清乾隆皇帝御笔《春日临帖》条幅、清末著名金石学家吴式芬《临摹金文手稿》等都各具艺术特色，是研究绘画、书法难得的珍贵资料。

截至2013年6月，滨州市已公布各级文物保护单位225处，其中全国重点文物保护单位5处、省级文物保护单位25处、市级文物保护单位37处、县级文物保护单位158处。同时，随着滨州市各项文物保护工作的不断开展，馆藏文物正在不断增加。目前滨州市馆藏文物13489件（套），其中一级文物31件（套）、二级文物143件（套）、三级文物949件（套）。这些历史遗存是先人留给我们的宝贵文化财富，为研究黄河三角洲及环渤海西南岸的历史变迁及人文社会发展提供了真实的实物资料。

第一章　全国重点文物保护单位

第一节　古遗址

丁公遗址　大汶口文化、龙山文化、岳石文化、商代、汉代，位于滨州市邹平县长山镇丁公村东，南与石羊村为邻，北约500米是“创业河”。遗址东西长约560米，南北宽约490米，为平原阜形地貌。1981年文物普查时发现，采集了石斧、石铲、石镞及鬲、罐、鼎、盆等器物残片。1984年春文物普查验收时，又在遗址南部石羊村段发现猪嘴状、鸟喙形鼎足及岳石文化时期的蘑菇状器盖钮。1985年春，惠民地区文物管理所与邹平县图书馆联合进行了较为细致的钻探，确定了遗址的范围以及文化层的堆积情况。从1985年秋季开始，山东大学考古学专业师生先后对遗址进行过四次发掘，揭露面积1500平方米，出土可以复原的陶器近1000件，石、骨、蚌器1500余件。薄如蛋壳的黑陶高脚杯和光洁的白陶鬶尤为精制。筒腹乳状袋足素面鬲的大量存在，构成鲁北地区龙山文化的重要特征之一。1991年，山东大学考古实

图1-1　丁公遗址国家级保护碑

习队在发掘时，发现了一座保护较好的龙山文化城址，平面略呈长方形，四周城墙比较规整，城内部分南北长约 350 米，东西宽约 310 米，面积 10 多万平方米。城墙宽约 20 米，残存高 1.5 ～ 2 米，墙体外坡陡直，内坡则比较平缓。城墙夯土主要为五花土，系将黄、白色生土与红褐色黏土搅拌而成，有的还掺杂以河沙。夯层厚 5 厘米，夯打比较坚硬，墙体内外侧夯层均呈向城墙中间倾斜的斜坡状。城外有宽 20 米的护城壕沟。城内龙山文化堆积层厚达 1.5 ～ 2 米，各类遗迹和遗物十分丰富。遗迹主要有房基、陶窑、窖穴和墓葬。房基有两类，一类是半地穴式建筑，面积较小，一般不超过 10 平方米，另一类为地面建筑，面积较大，有的近 50 平方米，并有用

图 1-2　丁公陶文

图 1-3　丁公遗址标本

小孩或成人奠基的现象。墓葬以中小型为主，有的还在废弃的窖穴内扔弃人骨。陶窑共清理三座，均为横穴式，整体由窑室、窑箅、火道、火膛和工作面五部分组成，是极其珍贵的研究海岱龙山文化高超的制陶技术的实物资料。从出土的陶器组合和典型陶器的演化分析来看，丁公城址的龙山文化延续时间较长，其绝对年代约在距今 4600 年至 4000 年之间，基本上包括了目前所认识的龙山文化全过程，对探索中

国古代城市的产生和发展，深入研究中国文明的起源等课题均具有重要的意义。

值得一提的是，丁公遗址在1991年的（第四次）发掘中发现陶文。文字的产生是人类社会历史发展的产物，是记录语言的一种书写符号，曾一度成为人类社会相互交往的重要媒介，是社会发展进入文明时代的重要标志之一。山东龙山文化时期已使用文字，这在邹平县丁公龙山文化遗址中得到印证。丁公遗址陶文整齐地刻在一件泥质磨光灰陶大平底盆底部残片的器内面，计有5行11个字。这块陶片长4.6～7.7厘米，宽约3.2厘米，厚0.35厘米。右起一行为3个字，其余4行每行均为2个字。这些刻文笔画流畅，独立成字，刻写有一定章法，排列也很规则，已经脱离了符号和图画的阶段。全文很可能是一个短句或辞章。文字中除一部分为象形字外，有的可能是会意字，表现出一定的进步性。（图1-2）

对丁公遗址出土的这件刻字陶片，考古学界、古文字学界的30余位专家学者进行了细致鉴定，得到了比较一致的确认，绝大多数学者对丁公陶文持肯定意见。

该遗址1984年被公布为县级文物保护单位，1985年经山东省文物事业管理局批准，确定为山东大学历史系考古专业实习工作站。2001年6月，该遗址被国务院公布为第五批全国重点文物保护单位。（图1-1、图1-3）

杨家盐业遗址群（原杨家古窑址）　东周，位于滨州市沾化县富国镇东杨村西北2.5公里处，太平河由遗址东部穿过，徒骇河穿过遗址西部边缘，遗址在两河之间约高出地面0.5米，东西长650米，南北宽240米，总面积15.6万平方米。杨

图1-4　杨家古窑址

图 1-5 杨家古窑址标本

家盐业遗址群因地势稍高，俗称“双山子”、“单山子”。1955 年徒骇河疏浚加宽时出土了大批盔形器，从而发现此遗址。此后，又先后对其进行了四次调查，采集的大部分标本是盔形器、滤器、灰陶簋口沿、灰陶豆等，皆为盐业生产所用，少部分为生活用具。特别是 1955 年，山东省文管处为配合徒骇河加宽工程，曾对其进行试掘，开 5 个探方，并清理东周墓一座，出土贝币、青铜剑、矛等器物。1978 年，惠民地区文物工作队又进行了调查、钻探，得知文化堆积在 1.5 ～ 2 米之间。徒骇河冲刷处暴露大量盔形器、滤器等陶片，器壁厚重，质地坚硬，烧制火候高，河岸边有几处显露的残窑。从平面看，可分圆形或椭圆形，窑壁是直接在生土上挖削而成，直径在2.5米左右，内似青灰，外呈火红色，有的内壁抹有草拌泥。根据出土的盔形器、滤器分析，这批陶窑主要烧制煮盐的器具，对研究春秋战国时期齐国在北部沿海地区的盐业生产和制陶业发展提供了重要史料。1977 年 12 月，该遗址被山东省“革命委员会”公布为第一批省级文物保护单位。2013 年 3 月，被国务院公布为第七批全国重点文物保护单位。（图 1-4、图 1-5）

近年来，杨家盐业遗址群再次引起了省内外众多专家学者的兴趣，不少考古科研单位和高校的专家、学者又对该遗址进行了地面调查，仅在保护碑周围 15 万平方米的区域内就发现了 10 处商周时期制盐遗址、2 处东周时期制盐遗址，发现了大量盔形器残片以及煮盐的灶等。2011 年，在市县两级文物部门的努力下，杨家盐业遗址群被列入当年省级大遗址保护专项资金支持项目。2011 年 11 月 6 日，省文物考古研究所与洛阳古韵钻探有限公司开始对杨家盐业遗址群进行考古勘探。预计勘探范围最南延伸至沾化县城，南北 8 公里，东西 3 公里，面积约 24 平方公里。这是我省迄今为止对盐业遗址组织的规模最大、面积最大的一次考古勘探。

龙华寺遗址　北魏至隋代寺院遗址，位于滨州市博兴县城东街道办事处张官、冯吴、崇德、赵楼村一带，总面积 120 万平方米，其东南包括整个张官村，向西包括崇德村大部，向北包括冯吴村大部。龙华寺遗址现地表为耕地，因长期耕种，局部遭破坏，地表暴露大量砖、瓦碎片及陶、瓷片。自 20 世纪 20 年代至今，遗址内不断出土佛教遗物，比较重要的几批有：1927 年，在冯吴村地段出土龙华碑，碑额为篆书“奉为高祖文皇帝敬造龙华碑”。欧阳辅《集古求真》谓：“额为篆体而笔作飞白，为额中所少见。”碑面阴刻楷书 28 行，每行 50 字，书法隽秀，内容是追

图 1-6　龙华寺遗址

图 1-7　龙华寺遗址标本

记隋仁寿三年（603 年）重修龙华寺及龙华塔的佛事盛况；1976 年 3 月，张官村出土一批佛教造像，数量不清，后文物部门收回 72 件，质地有青石、白石、素烧瓷等，雕造形式有单体圆雕造像、造像碑等，纪年铭文有武定五年（547 年）、天保元年（550 年）、乾明元年（560 年）、太宁二年（562 年）、天统四年（568 年）、武平元年（570 年）等；1983 年 9 月，崇德村出土一批金铜佛像，经拼对组合，这批造像共 94 件，其中有铭文的 45 件，有确切纪年的 33 件，时代从北魏太和二年（478 年）至隋仁寿三年（603 年），所记年号 16 个，分别为：北魏的太和、景明、正始、永平、熙平、正光、永安、普泰、太昌，东魏的兴和、武定，北齐的天保、河清、武平及隋代的开皇、仁寿。北京大学考古文博学院、山东省文物考古研究所、滨州市文物管理处、博兴县文物管理所自 2003 年秋起，在这里进行了三次考古勘探及发掘工作。通过考古勘探，基本确定该遗址东西长 1200 米，宽 1000 米，面积约 120 万平方米，较之早期调查的56万平方米几乎增加了一倍。同时还发现有道路、水井、房屋、夯土等遗迹。2006年5月，该遗址被国务院公布为第六批全国重点文物保护单位。（图1-6、图1-7）

第二节　古建筑

魏氏庄园　清代城堡式建筑，光绪十六年至十九年（1890～1893年）建成。庄园位于滨州市惠民县城东南30公里处的魏集村，原系当地缙绅魏肇庆的宅第。魏氏自四世祖魏毓炳起相继居官，是鲁北知名的望族。庄园原由住宅、广场、水塘三部分组成，总面积11301平方米。现存城堡平面呈长方形，南北纵长84米，东西宽46米。城垣宽厚，墙高10米，顶宽1.5米，内砌女儿墙，外垒垛口，四面临街，自成封闭式的独立城堡。其东南、西北转角处各设向外凸出的圆形炮楼。东墙南部辟拱形大门，门为东向，砖砌拱额嵌有"树德"二字石匾，墙内侧下部及炮楼上下三层，遍布射击孔。墙体高厚，宅院深广，守备森严。门前为广场，再向东是水塘。围墙内沿南北中轴线，分三进六院共计房屋四十八间，均系砖木结构。有前中后三道内庭院门，门内各为厅厢回廊组成的四合院，厅堂及厢房正间的廊柱均饰有木雕牙花及棂格挂落，内装花格槅扇门窗。硬山灰瓦，脊有花饰。后院正厅十一间，由四幢相对的厢房组成平列的三小院，正厅为二层楼，楼上山墙辟门，设翻板吊桥与

图1-8　魏氏庄园

图 1-9　魏氏庄园精美的石雕（一）

图 1-10　魏氏庄园精美的石雕（二）

图 1-11　当时的魏氏庄园已经用上了地暖

图 1-12　正门旗杆与门洞

图 1-13　福星高照、上梁大吉

图 1-14　魏氏庄园全景

图 1-15　魏氏庄园巍峨耸立的城楼

围墙连通，平时桥板扬起，直立于楼门之外。另在院内前后分设水井三眼作为应急水源。庄园布局严谨，造型古拙，颇具我国北方传统建筑的特色。其前部外墙及部分庭院曾有多处遭到破坏，1979 年以来先后对城墙、大厅进行了部分整修：1979 年，省拨专款对魏氏庄园南城墙进行抢救性维修；1986 年，省拨专款 20 万元对树德堂城墙顶部进行抢救性维修；1988 年，省拨专款 5 万元对树德堂客厅房顶进行抢救性维修；1992 年，地区拨专款 10 万元维修了道路；1993 年初，聘请了省文物科技保护中心对魏氏庄园进行了全面勘察、测绘、设计，经过专家反复论证，制订了总体维修方案；1998 年对原方案广泛论证，修改补充，国家文物局于 1999 年予以批复，并依照总体维修方案，对魏氏庄园进行了抢救性维修。维修大体分为两个阶段：1993 ～ 1996 年，主要抢救、维修了客厅院的东西厢房、垂花门、内宅的东西厢房、后院的东西厢房及南屋，维修了倒座房 7 间、仪门一座、院墙三段长 46 米，共计维修房屋 31 间，维修面积 510.98 平方米，投资 128 万元；1999 年至今，主要维修了城堡院的北大厅 11 间及其附属设施吊桥、南北书房及福寿堂和徙义堂两组建筑的房屋设施，共计维修房屋 52 间，并对庄园内外部环境进行了治理，完成了桑王路、庄园路的拓宽改造工程，投资 435.78 万元。1996 年 11 月 21 日，被国务院公布为第四批全国重点文物保护单位。（图 1-8 ～图 1-15）

第三节　石窟寺及石刻

丈八佛（原兴国寺遗址）　北朝，位于滨州市博兴县湖滨镇丈八佛村北部。兴国寺，北魏时创建，原有山门、前殿、后殿（正殿或丈八佛殿）、三佛殿、关帝殿等建筑，清末废圮。遗址占地面积约 1.1 万平方米，现存丈八佛造像、造像碑及明清重修碑数统。1999 年，深圳欧通国捐资 400 余万元在遗址建起丈八佛保护院，由大门、丈八佛保护殿、后殿、东西厢房及院墙组成。丈八佛造像雕造于东魏天平元年（534 年），为一青石立式圆雕造像，通高 710 厘米，像高 560 厘米。高肉髻、方面、大耳。着褒衣博带式通肩袈裟，内着僧祇支，胸前结带。双手施无畏与愿印，赤足立于覆莲座上。莲座正面中间浮雕力士、博山炉、迦娄罗。正面两侧及左、右刻四组 26 个供养人像。

1992 年 6 月，该遗址被山东省人民政府公布为第二批省级文物保护单位。2013 年 3 月，被国务院公布为第七批全国重点文物保护单位。（图 1-16、图 1-17）

图 1-16　丈八佛

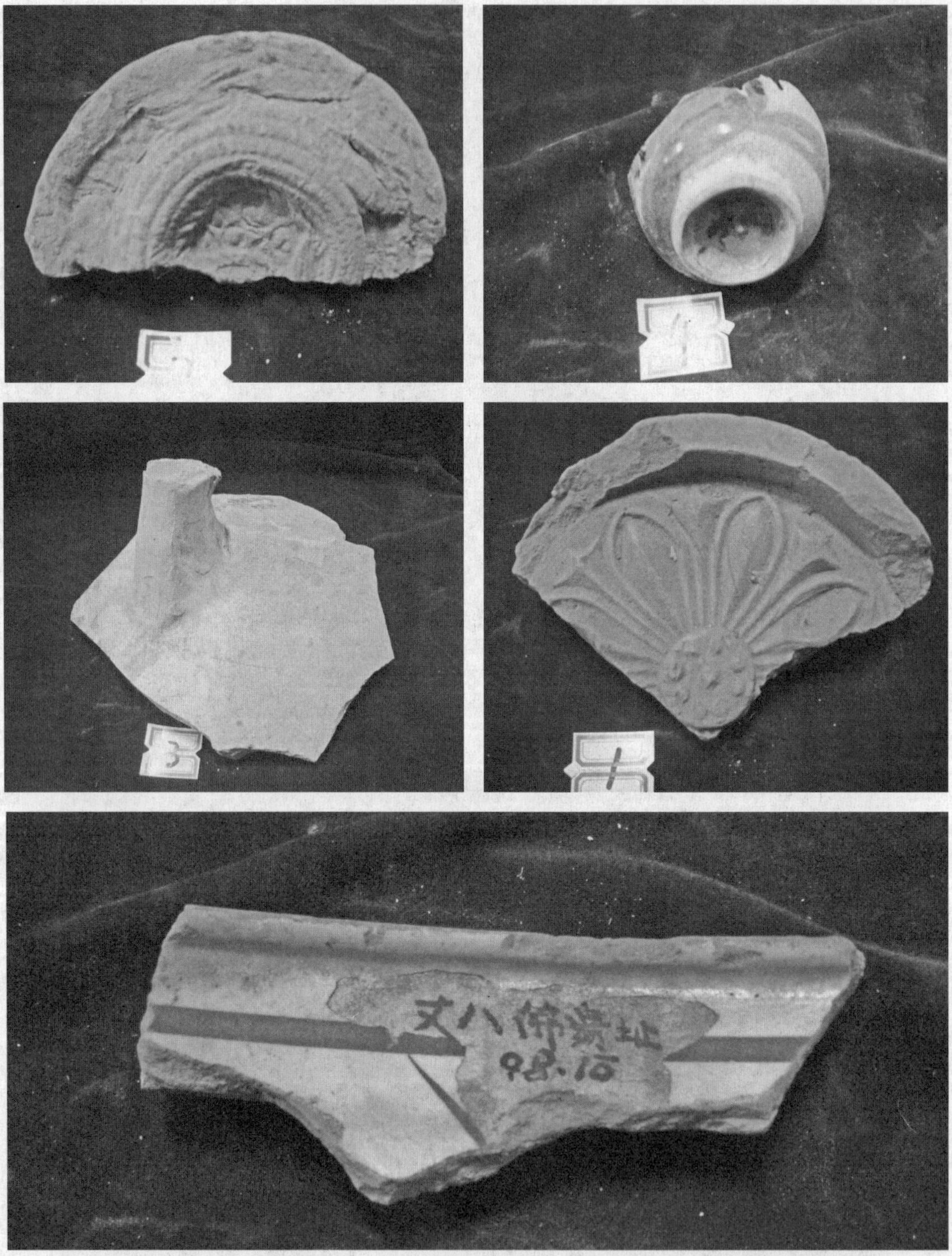

图 1-17　丈八佛（原兴国寺遗址）标本

第二章　省级文物保护单位

第一节　古遗址

西南庄遗址　北辛文化、商代、汉代，位于滨州市邹平县长山镇西南村西南300米处，北临小西庄，西邻孝妇河约500米，新挖老坞河自西向东从遗址北沿穿过。遗址东西长125米，南北宽100米，文化堆积厚2米。1981年，邹平县图书馆在文物普查时发现。1985年春，惠民地区文物管理所对遗址河底部分进行了抢救性发掘，由于群众挖沙，河底文化堆积均被破坏。出土的北辛文化陶器以夹砂褐陶为主，器形有鼎、罐、钵、釜等；石器有石铲、磨盘、刀。另还出土骨蚌器和战国时期泥质灰陶绳纹罐、豆，汉代泥质灰陶筒瓦等。按功能来说，生产工具有砍伐使用的石斧，翻地使用的石铲，收割用的石刀、蚌刀，加工粮食用的石磨盘、石磨棒。有鼎、釜、

图2-1　西南庄遗址

图 2-2 西南庄遗址标本

支脚之类的炉具，盆、碗、钵、器座之类的饮食器具，汲水用的小口双耳罐，打猎使用的弹丸、石球、箭头，捕鱼用的鱼漂、鱼钩，骨针、骨笄、骨锥尤为丰富。陶器分为夹砂陶和泥质陶，陶纹以各种刻划纹、附加堆纹、乳钉纹、锥刺文、指甲纹最具特色。泥质陶中的钵类器物口沿外侧多有一周带状红彩。该遗址是滨州发现较早的人类活动遗存（距今 7000 年），对研究邹平地区新石器文化、社会制度和大汶口文化的起源提供了丰富的实物资料。1992 年 6 月，该遗址被山东省人民政府公布为第二批省级文物保护单位。（图 2-1、图 2-2）

小韩遗址 大汶口至商周，位于滨州市阳信县城东南 15 公里，商店镇小韩村北 2000 米处。南北长 200 米，东西宽 118 米，总面积为 2.36 万平方米。 该遗址为

图 2-3 小韩遗址

图 2-4 小韩遗址标本

一片农田，呈缓坡状。遗址中有一南北向水渠穿过，据实地钻探发现堆积深厚，文化内涵丰富。土质为灰褐色，内有木炭块、红烧土等包含物，采集标本有彩陶片、红陶小罐残片、鬶把、足以及夹砂陶等。1992 年 6 月，该遗址被山东省人民政府公布为第二批省级文物保护单位。（图 2-3、图 2-4）

兰家遗址 龙山文化、商周，位于滨州市滨城区三河湖镇兰家村，东距徒骇河约 2 公里，南临利（津）禹（城）公路，付家河从遗址东部向北穿过。遗址中部高于周围耕地。1957 年群众取土挖出部分青铜器，计有卣、觚、爵等。1960 年又出土剑、戈等。经调查钻探，遗址东西长约 500 米，南北宽 250 米，总面积约 12 万平方

图 2-5 兰家遗址

图 2-6　兰家遗址标志碑

米，文化堆积厚约 2 ～ 3 米。北部堆积层中发现大量的骨料及半成品骨器，能辨认的有牛骨、马骨、猪骨、羊骨、狗骨、鹿角，而以牛骨和猪骨为最多。从切、剖、凿、刻、磨的痕迹中可以看出使用的工具很锐利，制作技术也比较高超。另在遗址东部的付家河断崖上散布着多处殉葬的马骨，1978 年惠民地区文物管理所曾清理殉马坑一处，因受河水冲刷，马骨已不完整，头向正北，系被杀死后埋葬。出土的卣、觚、爵、戈、豆、鬲器物的形制、纹饰等多数具有商代晚期的特征。1977 年 12 月被山东省“革命委员会”公布为第一批省级文物保护单位。（图 2-5 ～图 2-8）

图 2–7　兰家遗址出土文物

图 2–8　兰家遗址出土文物

大商遗址 龙山文化至商周，位于滨州市惠民县何坊乡大商村西南300米处，1973年春天兴修水利时发现。遗址南北长132米，东西长73米，总面积达1万平方米左右。遗址文化堆积在黄河冲积淤层2米以下，厚约2米，东部和北部被大商沟和北门沟打破。当时在距地表深4米的断面发现有龙山文化时期白陶鬶、黑陶器，商周时期夹砂红陶残片、獐牙鹿角以及其他骨器等。1978年原惠民地区“四有”工

图2-9 大商遗址

图2-10 大商遗址标本

作队对该遗址进行了测量、绘图、照相等工作，采集了部分器物标本，有鸟喙形灰陶鼎足、粗绳纹陶鬲、粗绳纹夹砂灰陶罐、陶豆以及灰陶缸、石器残片等。根据出土器物的形制特征认为该处是龙山文化至商周时期的文化遗址。1977 年 12 月被山东省“革命委员会”公布为第一批省级文物保护单位。（图 2-9 ～图 2-11）

图 2-11　大商遗址标志碑

鲍家遗址 龙山文化、商周至汉代，位于滨州市邹平县长山镇鲍家村南200米处，地势较高，俗称“鲍家埠子”。北临孝妇河，西靠淦河，面积约5万平方米。1973年，因地面暴露遗物较多被发现。1978年，惠民地区文物工作队对遗址进行了全面调查与钻探，探明遗址分墓葬区和居住区两部分，墓葬区内分布着商周至汉代的墓群。居住区位于遗址南部，文化堆层厚达2～6米，下层为龙山文化遗存，上面叠压商周至秦汉的遗物。出土器物达60余件，其中石器有石镞、石凿、石斧；蚌器有蚌刀；陶器有黑陶杯、鬲、鼎、罐、器盖、鬶、钵、豆等器物残片；铜器有铜戈、铜削等。龙山文化的石斧、石镞、石铲、蚌锯、蚌镰、黑陶杯及蛋壳陶片，还有饰有附加堆纹的陶鬶把，鬼脸式鼎足和商周时期的陶鬲、陶簋、铜戈、铜削等，都具有典型的时代特色。1977年12月被山东省“革命委员会”公布为第一批省级文物保护单位。（图2-12、图2-13）

图2-12 鲍家遗址标志碑

图2-13 鲍家遗址标本

路家遗址　龙山文化，位于滨州市惠民县胡集镇路家村东200米处，西部为池塘，东部为耕地，遗址南北长250米，东西宽200米，总面积50000平方米。1990年7月中旬，村民在挖鱼塘时发现该遗址。县文物处工作人员采集的石器、陶器、骨器等标本具有明显的龙山文化特征。石器有石斧、石锛、石铲，石锛通体磨光，刃部锋利。陶器多为磨光黑陶，有黑陶簋、陶罐、陶盘和纺轮等器物。骨器有形制规整的骨锥。1992年6月，该遗址被山东省人民政府公布为第二批省级文物保护单位。（图2-14、图2-15）

图2-14　路家遗址标本

图2-15　路家遗址

棒槌刘遗址　龙山文化至商周、战国，位于滨州市阳信县城东23公里，水落

图2-16　棒槌刘遗址

图 2-17　棒槌刘遗址标本

图 2-18　棒槌刘遗址远景

坡镇棒槌刘村西北 100 米处。东西长 170 米，南北宽 125 米，总面积为 21250 平方米。遗址中有一东西向水渠穿过，经实地勘察发现，此遗址历史悠久，沿革时间长，文化内涵丰富。出土器物有龙山文化时期的蚌刀、石镰、骨针、骨锥，商周时期的夹砂陶鬲足、鬲口沿以及战国时期的豆把、鬲、簋等。1992 年 6 月被山东省人民政府公布为第二批省级文物保护单位。（图 2-16 ～图 2-18）

寨卞遗址　龙山文化、商周、汉代，位于滨州市博兴县湖滨镇寨卞村北约 600 米处，面积约 35 万平方米，文化堆积厚约 3 米。1983 年、1987 年钻探得知地下有面积约 16 万平方米的商至东周时期的城址遗存。城墙基宽 12 米，夯窝径 6 ～ 8 厘米，夯层厚 8 ～ 10 厘米。采集有龙山文化陶片，其中多夹砂褐陶、黑陶、红陶，纹饰多弦纹、竹节纹、附加堆纹，可辨器形有鼎、盆、蛋壳陶杯等。另采集有商周时期夹砂红陶、灰陶绳纹鬲口沿、灰陶簋、泥质灰陶大腹豆、罐残片，战国时期泥质灰陶太阳纹半瓦当残片，汉代灰陶罐口沿、壶、盆口沿等。1992 年 6 月被山东省人民政府公布为第二批省级文物保护单位。

图 2-19　寨卞遗址

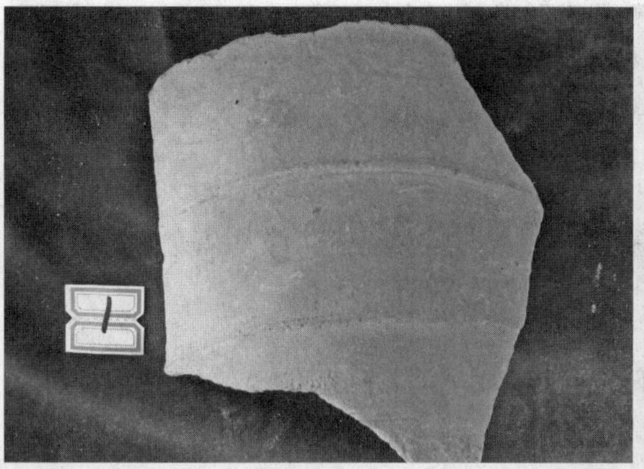
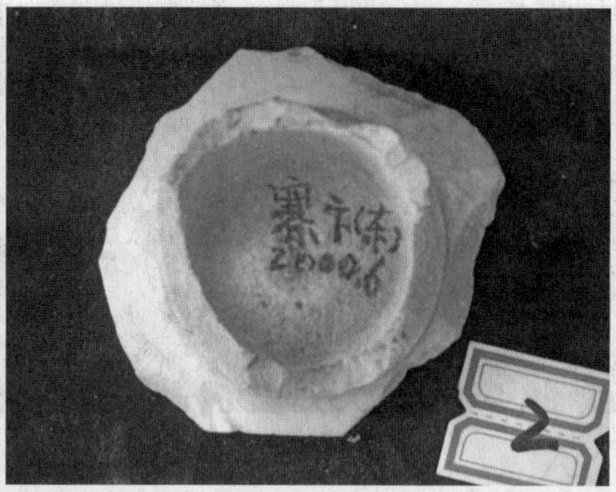

图 2-20　寨下遗址标本

（图 2-19、图 2-20）

据文献载，该处为商代蒲姑城所在。《汉书·地理志》：“殷末有薄姑氏……国此地。”《尚书·蔡仲之命》载：“成王既践奄，将迁其君于蒲姑。”《括地志》云：“薄姑城在青州博昌东北六十里。”《读史方舆纪要》：“薄姑城，县东北十五里。”《山东通志》、《青州府志》、《博兴县志》亦有类似记载。虽文献言之确凿，但目前仍缺少考古材料证实。

利城遗址　龙山文化、岳石文化、商周、汉代，位于滨州市博兴县店子镇利城村西南，面积约 60 万平方米，文化堆积厚约 2.5 米，暴露有灰坑。采集的龙山文化陶片多为夹砂黑陶、夹砂红陶，纹饰有弦纹、附加堆纹，可辨器形有鼎、罐、鬶、蛋壳陶杯等。另采集有岳石文化泥质灰陶尊形器、罐、夹砂黑陶盆等残片，商周时期夹砂红陶绳纹鬲口沿、泥质灰陶大腹豆盘，汉代灰陶罐口沿、盆口沿等。1992 年 6 月被山东省人民政府公布为第二批省级文物保护单位。（图 2-21、图 2-22）

图 2-21　利城遗址

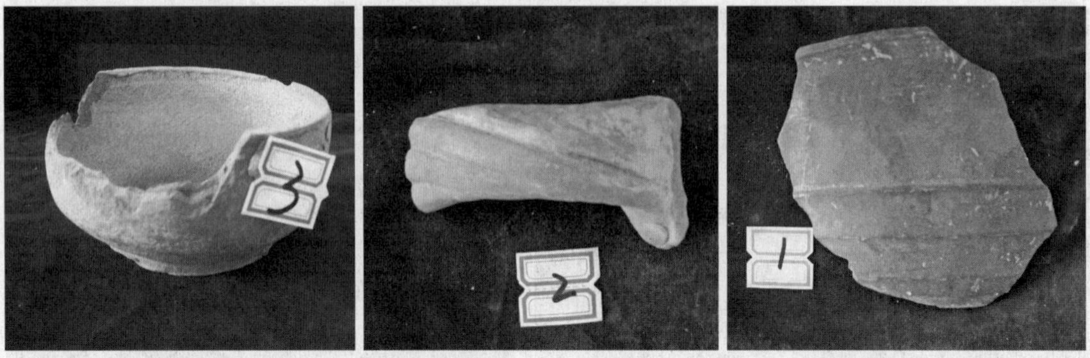

图 2-22　利城遗址标本

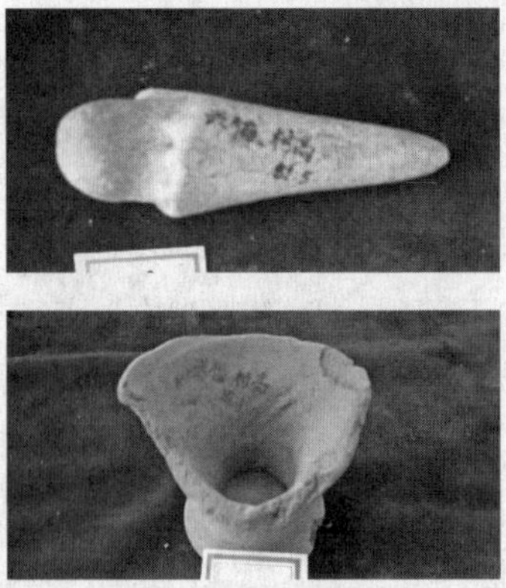

图 2-23　村高遗址标本

村高遗址　龙山文化、商周、汉代，位于滨州市博兴县兴福镇村高村北约 1000 米处，面积约 6 万平方米，文化堆积厚约 2 米。暴露有灰坑。采集的龙山文化陶片以夹砂红陶、夹砂黑陶为主，纹饰有弦纹、附加堆纹，可辨器形有罐、鬶、鼎等。另采集有商周时期夹砂红陶绳纹鬲口沿、泥质灰陶簋，汉代泥质灰陶盆口沿、壶口沿、白陶壶口沿等。1992 年 6 月被山东省人民政府公布为第二批省级文物保护单位。（图 2-23、图 2-24）

图 2-24　村高遗址

大盖（郭）遗址 岳石文化、商周，位于滨州市惠民县麻店镇大郭村，北距沙河约1公里，面积达30000平方米。遗址中心为高台地，由于多年整地取土，大部分已被破坏，现存高台南北长62米，东西宽12米，最高处距地表约4米，高台周围较为平坦。1973年8月，大郭村群众取土时发现该遗址。遗址文化堆积厚约0.5～5米，土质松软，土色灰褐，文化内涵丰富。从断面看，土质呈黑褐色，出土器物有石斧、骨锥、磨石、蚌镰、陶拍等。1973年8月，当地群众在挖土积肥时还在高台西侧1.2米深处发现一座商代墓葬，出土过一批青铜器和玉石器，其中有鼎、方彝、觚、铙、戈、矛、刀等青铜器、青铜乐器和石钺、玉环等。墓室南北长12米，东西宽6米，有二层台，台上殉葬6人。墓东、西、北侧均有一耳室，各殉葬一人一狗。墓室四周曾有马骨出土，由于取土破坏，殉葬马的数量、位置已无法弄清。从出土器物及殉葬情况分析，此墓时代约在商代晚期，墓主人当是有一定身份的奴隶主。出土的方彝和铙上各刻有一字，为金文。据考证，两字相同，释为“戎”字，应是戎族的族徽。古代文献中记载戎狄散布很广，今山西、陕西、内蒙古、河北都有他们活动的踪迹，至东周时期，在河北、山东境内，还有一些戎族（北戎、山戎）部落和齐、燕等国多次发生战争。由此推测，大盖（郭）遗址应是戎族部落活动的遗存。1981年、1988年两次文物普查，采集到许多标本，有灰陶尊、灰陶罐、夹砂红陶绳纹鬲等残片，夹砂灰陶鬲残片、方孔石铲残件、灰陶网坠、灰陶拍、鹿角锄等，从采集标本的器形特征看该遗址是一处岳石文化至商周文化时期的古遗址。1977年12月被山东省“革命委员会”公布为第一批省级文物保护单位。（图2-25～图2-27）

图2-25 大盖（郭）遗址标本

图 2-26　大盖（郭）遗址

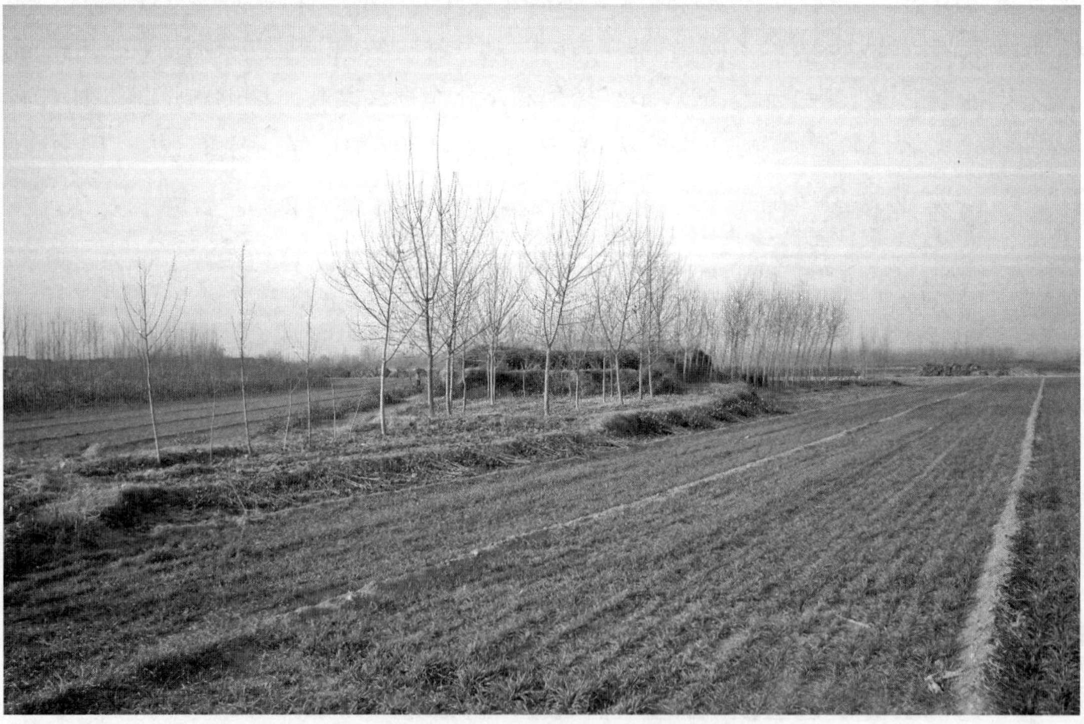

图 2-27　大盖（郭）遗址远景

院庄遗址　岳石文化、商周、汉代，位于滨州市博兴县锦秋街道办事处院庄村南300米处。1981年普查时发现。遗址面积25万平方米，东西、南北各500米，文化堆积厚2米。出土器物有岳石文化泥质灰陶尊形器、夹砂黑陶鼎、半月形双孔石刀等，商周时期夹砂红陶绳纹鬲、夹砂黑陶素面鬲、泥质灰陶三角纹簋、大腹豆，汉代白陶罐、盆、奁、耳杯等残片。20世纪50年代挖预备河时出土商代铜鼎、爵等，现藏邹平县文管所。2006年12月被山东省人民政府公布为第三批省级文物保护单位。（图2-28）

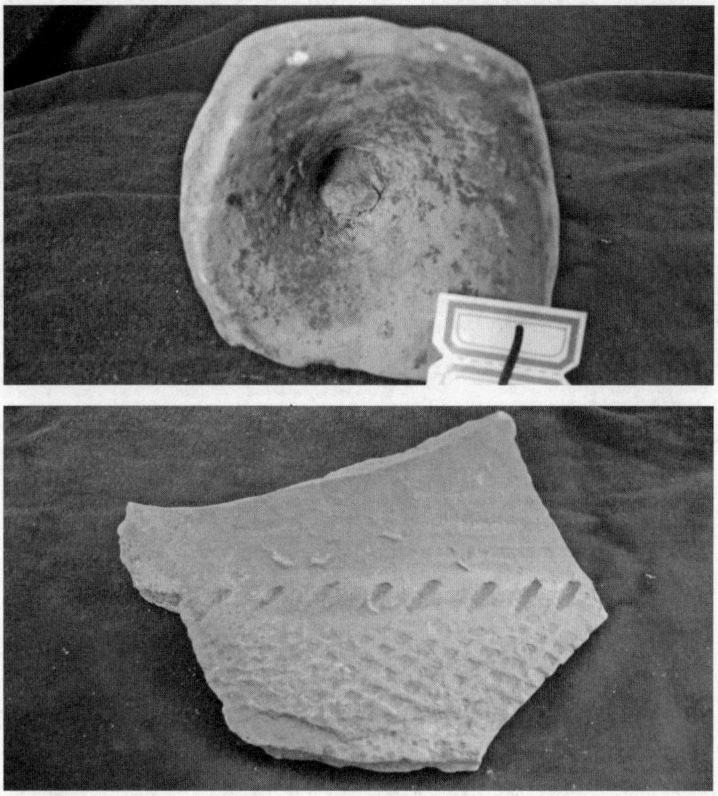

图2-28　院庄遗址标本

郝家遗址　商周，位于滨州市惠民县孙武街道办事处郝家村西南100米处，南北长400米，东西宽300米，总面积12万平方米。遗址原为台形，当地群众俗称“蛤蜊台子”，后因农田建设已被平为农田。文化堆积厚约0.5～2.5米，土质较为松软，土色灰褐。遗址表层暴露有大量器物残片。采集标本有鬲、豆、罐、簋等器物残片，质地分别为夹砂陶、夹蚌陶、泥质灰陶等，属于商周时期。其中商代夹砂红陶绳纹鬲，周代陶罐、豆等较为典型。1992年6月，该遗址被山东省人民政府公布为第二批省级文物保护单位。（图2-29、图2-30）

图 2-29　郝家遗址

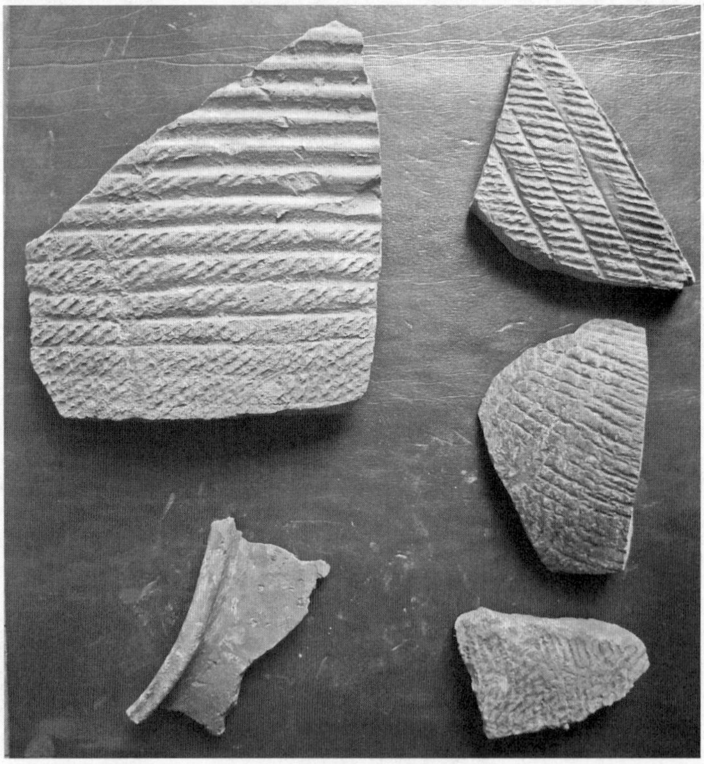

图 2-30　郝家遗址标本

秦台遗址　商周，位于滨州市阳信县城东南20公里，水落坡镇秦家村西北500米处。东西长370米，南北宽250米，总面积为9.25万平方米，呈缓坡状，遗址中有一南北向水渠穿过，水渠西有一台丘，俗称“秦台”。此冢高约6米，总面积为3825平方米。据民国十五年《阳信县志》记载，此冢为梁王冢。经实地勘察，发现有大量商周时期的鬲足、口沿残片暴露于地表。当地村民取土时，曾出土过铜鼎、陶罐等。1992年6月，该遗址被山东省人民政府公布为第二批省级文物保护单位。（图2-31、图2-32）

图2-31　秦台遗址

图2-32　秦台遗址标本

贤城遗址 商周、战国、汉、隋唐，位于滨州市博兴县城东街道办事处贤城村西，面积约 100 万平方米。文化堆积厚约 1.5 ～ 2 米。1987 年、2002 年山东省文物考古研究所在此进行了调查勘探，探得东西、南北城墙各长约1000米，城墙基厚20米左右。遗址中部发现隋唐时期寺址。采集遗物有商周时期夹砂褐陶素面鬲、夹砂红陶绳纹鬲，战国兽纹半瓦当、灰陶豆、灰陶兽足鼎等残片。另有汉代铜俑灯、铜铺首、灰陶壶、罐、盘残片等。《山东通志 · 古迹四》载：“奄城，在博兴县东北 10 里。昔成王既践奄，将迁其君于薄姑，此其故城。”1992 年 6 月被山东省人民政府公布为第二批省级文物保护单位。（图 2-33、图 2-34）

图 2-33　贤城遗址

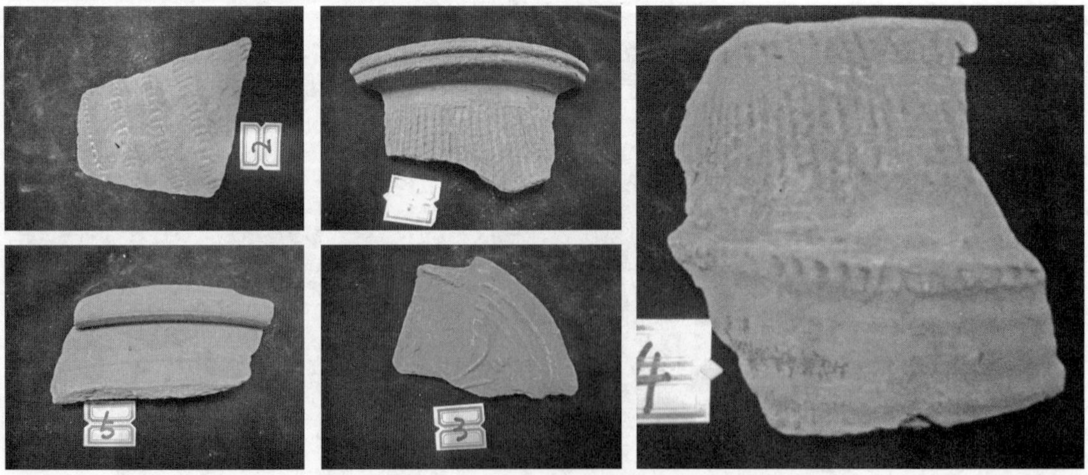

图 2-34　贤城遗址标本

东鲁遗址　商周、汉、南北朝，位于滨州市博兴县曹王镇东鲁村西南约 1000 米处，面积约 10 万平方米，文化堆积厚约 1.5 米。采集遗物有商周时期夹砂黑陶素面鬲口沿、夹砂灰陶绳纹鬲口沿、鬲足、泥质灰陶豆盘、豆把，汉代泥质灰陶罐口沿、壶口沿、衮腹、耳杯等。遗址曾建有寺庙，已废圮，并曾出土北朝石造像、泥质红陶罐口沿、瓦当残片等。1992 年 6 月被山东省人民政府公布为第二批省级文物保护单位。（图 2-35、图 2-36）

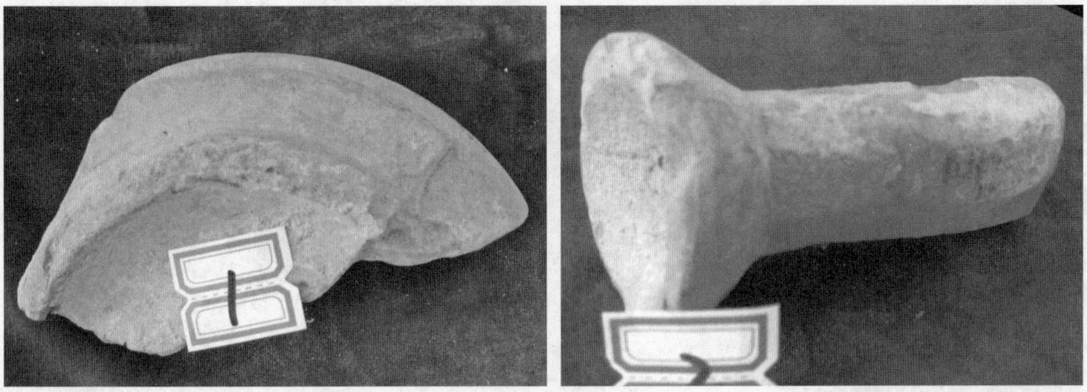

图 2-35　东鲁遗址标本

图 2-36　东鲁遗址

西堼遗址　战国，位于滨州市沾化县冯家镇西堼村西北500米处，秦口河和迷河沟分别穿过遗址东侧和西侧。1988年发现。遗址地势为一高于四周耕地约1.5米的漫坡状台形地，因河流冲刷，文化堆积直接暴露于外，厚度达2.5米，河边堆积大量陶器残片，其中包括夹蚌红陶罐、灰陶罐、陶豆、筒瓦片等，并出土有铜戈、铜钱币等文物，具有明显的地方文化特点。该遗址对研究鲁北沿海战国文化有很重要的价值。1992年6月被山东省人民政府公布为第二批省级文物保护单位。（图2-37、图2-38）

图2-37　西堼遗址

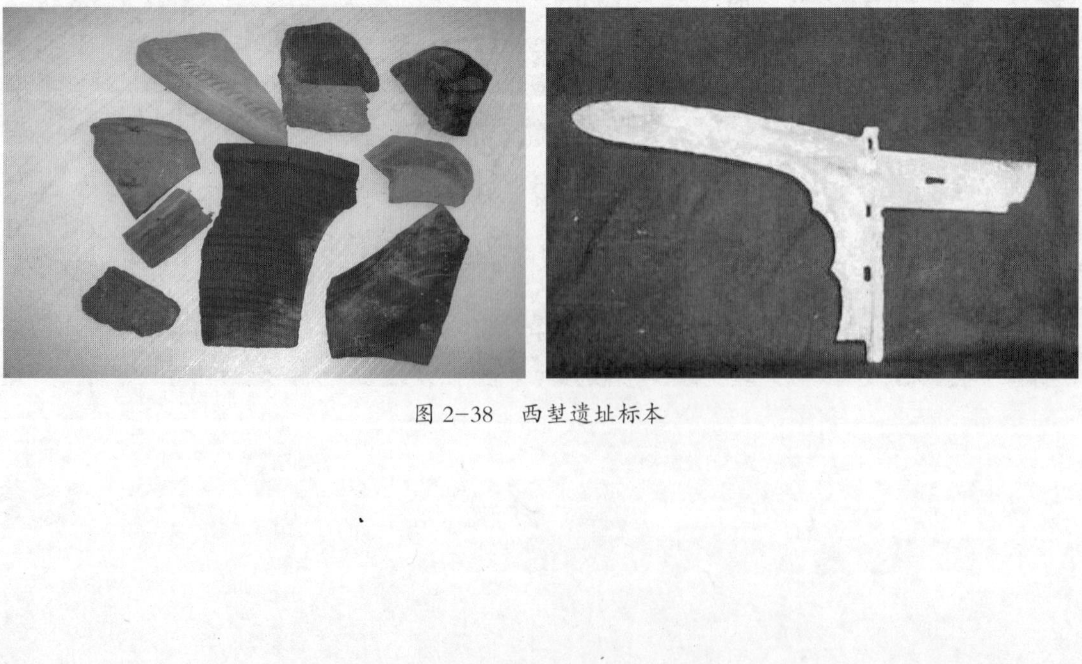

图2-38　西堼遗址标本

信阳故城址 战国至汉代，位于滨州市无棣县信阳乡谢家村西南500米处，东西长1500米，南北宽1400米，总面积约200万平方米。《山东通志》称为“信城”，俗称“小鞍城”、“歇鞍城”。相传韩信由燕伐齐至此，鏖战丢靴，士卒哗然，为雪丢靴之辱，韩信下令仿靴筑城，旧为无棣县八大景之一，称“汉垒盘旋”。遗址西南角残存城墙约长120米，最高处6米。曾出土战国“齐法化”刀币及秦汉时期铜剑、箭镞、陶器等文物。1987年，惠民地区文物普查组对遗址全面考查，从城体格局、构筑方法、城土中夹砂陶片等方面测定，该城址约筑于战国后期至西汉初期。1992年6月被山东省人民政府公布为第二批省级文物保护单位。（图2-39、图2-40）

图2-39　信阳故城址（一）

图 2-40　信阳故城址（二）

大觉寺 唐代，位于滨州市无棣县城，唐贞观十三年（639 年）建，初名普照寺，明洪武初更名为大觉寺。寺内有天王殿、前殿、后殿、观音殿、伽蓝殿、祖师殿、海丰塔。现唐代寺院塔基底部还保存完好。民国《无棣县志》载：大觉寺塔，俗称海丰塔。始建于唐贞观十三年（639 年），高十三层，八角叠檐式砖石结构，塔基高为两米。一级券门上额书有“文笔冲霄”四字，塔身内建有回形踏步通道，可以逐级相通，每级南面设有拱顶券门，形同景州古塔。明正德、万历年间，邑人两次维修；清光绪十四年（1888 年）夏，海邑地震，塔倾其半，古塔年久失修，时有倾圮之危。1956 年，经省文物主管部门批准拆除，塔基底部未发掘，完整地封存于地下。1991 年，县政府筹资 155 万元，在原塔基以北 50 米处重建海丰塔，并由全国著名建筑设计大师、乡贤张镈设计。重建的海丰塔为八角楼阁式，高 42 米，13 级，是年 7 月动工，1992 年 9 月竣工。中国佛教协会主席赵朴初题写“海丰塔”塔匾；中国书法家协会副主席李泽为海丰塔题写对联“海裕无双邑，丰余第一州”。2006 年 12 月被山东省人民政府公布为第三批省级文物保护单位。（图 2-41、图 2-42）

图 2-41 大觉寺（一）

图 2-42 大觉寺（二）

第二节 古墓葬

郭莱仪古墓 汉代，位于滨州市无棣县信阳乡郭莱仪村，面积 1575 平方米，封土高 6 米，俗称“魏王豹墓”。民国《无棣县志》载“汉魏王豹墓，城北七里”。相传韩信由燕伐齐到此，豹迎战三百合，卸甲中风而亡，信令将士撮土筑此墓。1978 年，经惠民地区文管部门勘探证实，此墓确属汉墓，但内葬何人，未考。1987 年 5 月立标志为“郭莱仪古墓”。1977 年 12 月被山东省“革命委员会”公布为第一批省级文物保护单位。（图 2-43）

牛王堂古墓 唐代，位于滨州市阳信县信城街道办事处牛王堂村西南 1 公里处。冢残高 3 米，东西长 40 米，南北宽 32 米，总面积为 1280 平方米，封土不规则，呈东高西低状。据县志记载：相传唐朝有位名叫牛天齐的人，精医术，避乱于此。据当地村民所述，原封土高大，其上有庙宇一座，香客来此上香许愿，香火极盛。因牛天齐经常为群众治病舍施，深受群众爱戴，后病故于此，群众为纪念他而筑冢厚葬。1978 年，在墓区打探眼 40 多个，深 3 ～ 4.5 米，里面均为五花土和褐色土，

图 2-43　郭莱仪古墓

图 2-44　牛王堂古墓

图 2-45　牛王堂古墓标本

并夹杂有石灰渣、青砖块、木炭块等，4.5 米以下为砖块，应为砖室墓。封土上暴露有脊兽和砖、瓦器物残片。1977 年 12 月被山东省“革命委员会”公布为第一批省级文物保护单位。（图 2-44、图 2-45）

第三节　古建筑

凤阳桥　明清，位于滨州市博兴县曹王镇王海村内。明嘉靖四十二年（1563 年）创建，清道光十八年（1838 年）重修。原称“凤阳桥”，清称“青龙桥”，南北横跨于卧龙河上。桥为三孔石拱桥，东西长 6.5 米，南北宽 4.4 米。桥基南北两面各置分水石两块，桥栏南北两面有栏柱各6根，栏板各5块。栏板上雕饰“丹凤朝阳”、“八仙过海”、“四季花鸟”等民间故事和图案。桥栏上尚存“明嘉靖岁在癸亥建立凤阳桥”和“清道光岁在戊戌重修青龙桥”题记。1992 年 6 月被山东省人民政府公布为第二批省级文物保护单位。（图 2-46、图 2-47）

吴式芬故居　明清，旧称“尚书第”，俗称“吴宅”，位于滨州市无棣县海丰路 27 号，原建筑布局为一宅两院式，呈东西长方形，建筑面积约 7000 平方米。南院，建于明正统六年（1441 年），原为明户部尚书王佐府第，后经过历代扩建，现保存有南账房、仪仗厅、南客厅、宝砚堂、吴重憙舍房、吴氏太太舍房。“南账房”，原为明代户部尚书王佐的故宅，后为河东参议道赠刑部侍郎吴自肃购买，成为海丰

图 2-46　凤阳桥（一）

图 2-47　凤阳桥（二）

吴氏南院的账房。“仪仗厅”咸丰初年建筑，是吴式芬之孙、湖广道监察御史吴峋所建。“南客厅”，清代雍正年间建筑，乾隆年间改建，是吴氏家族以文会友的地方。此屋曾经接待过彭蕴章、翁同书、何绍基、陈介祺、王懿荣等文人学士。许瀚为吴式芬校订金石著录也在此屋居住。“宝砚堂”，清乾隆年间建筑，因珍藏苏轼“雪堂宝砚”而得名。“吴重憙舍房”，清道光建筑，护理直隶总督、北洋大臣、驻沪电政大臣、仓场侍郎、江西巡抚吴重憙（吴式芬次子）光绪年间在此屋居住并辑录《吴氏文存》、《吴氏诗存》、《吴氏试艺》和《吴氏世德录》。“吴氏太太舍房”，清嘉庆年间建筑，一品夫人、吴式芬祖母潘氏（吴之勷妻室）居所。门前枣树是潘氏在道光初年亲手所植，现枝繁叶茂，长势颇旺。北院，清康熙三年（1664 年）建。门楼及三进大厅相继毁于清末民国初期，仅剩“双虞壶斋”保存尚好。“双虞壶斋”为单体屋宇式建筑，单檐立柱，跨步明廊。省建筑专家认为此斋采用江南套梁插柱的内部结构建筑法，在齐鲁古建筑中实属罕见。1986 年 4 月，吴式芬故居被公布为县级文物保护单位，2004 年 1 月被以布为市级文物保护单位。2005 年，吴式芬纪念馆建成并对外开放。2006 年 12 月被山东省人民政府公布为第三批省级文物保护单位。（图 2-48 ～图 2-52）

图 2-48　吴式芬故居（一）

图 2-49　吴式芬故居（二）

图 2-50　吴式芬故居（三）

图 2-51　吴式芬故居（四）

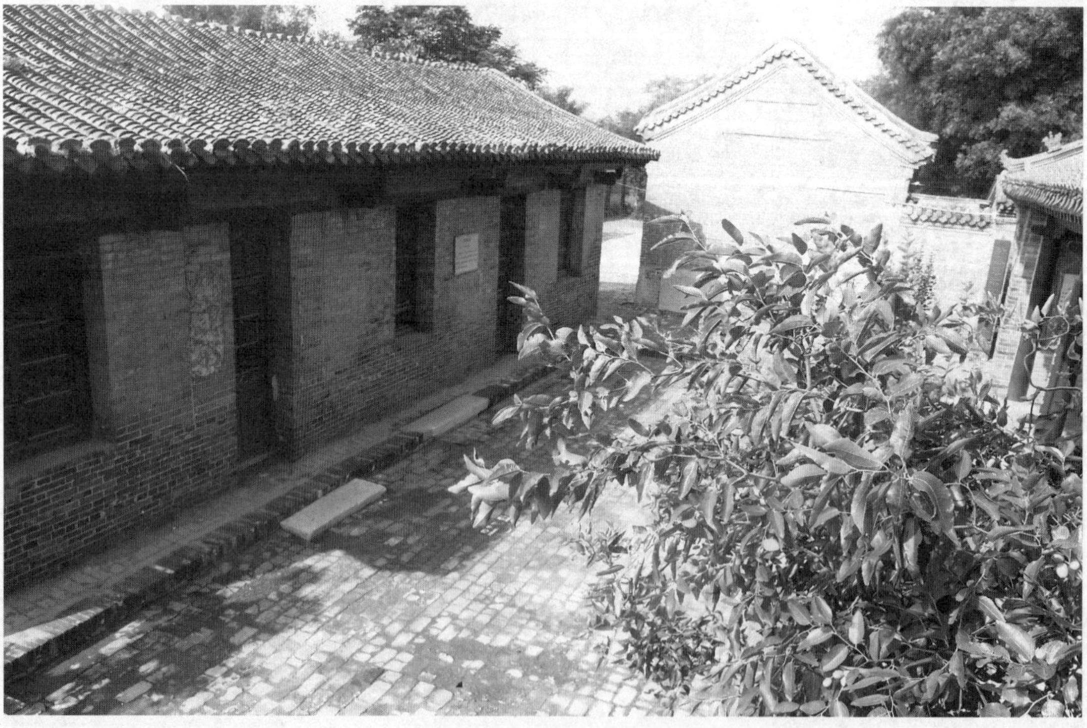

图 2-52　吴式芬故居（五）

第四节　近现代重要史迹及代表性建筑

梁漱溟墓　建于 1989 年 9 月，位于邹平县城黄山南山坡，南邻黄山广场。呈扇形，北窄南宽，占地面积约 600 平方米。先生墓置于墓园中间，为大理石墓棺，长 1.4 米，宽 1 米，高 0.8 米。墓地劈山而建，结构稳定，墓北石墙依山坡砌成，高 3.7 米，东西两侧石墙顺山坡而下，南有护栏。墓碑高 1.6 米，宽 0.7 米，碑文由赵朴初题写。镶嵌于墓园北墙的墓志铭，由梁漱溟先生之子梁培宽撰稿，丁振来书丹。墓东侧有启功、程思远、沈醉的题刻，墓西侧有陶天白、贾亦斌、吴祖光的题刻。台阶东西两侧石碑有冯友兰、张岱年、任继愈、袁晓园的题刻。石碑（包括墓碑）共计 12 方，碑联楷、隶、行、草体诸体皆备，风格迥异，凝重沉稳，每幅碑联都是书法艺术与敬仰之浓厚情感相凝结的艺术珍品，对研究梁漱溟先生一生及中国近百年的乡村建设，具有重大意义。2006 年 12 月被山东省人民政府公布为第三批省级文物保护单位。

梁漱溟原名焕鼎，字寿铭，广西桂林人，1893 年生于北京。20 世纪 30 年代曾于邹平开展乡村建设运动达七年之久，历任第一、二、三、四届全国政协委员，第五、六届全国政协常委。1980 年后相继出任中华人民共和国宪法修改委员会委员、中国

图 2-53　梁漱溟墓入口处

图 2-54 梁漱溟墓碑

图 2-55 梁漱溟墓标志碑

孔子研究会顾问、中国文化书院院务委员会主席、中国文化书院发展基金会主席等职。1988 年 6 月 23 日因病医治无效在北京逝世，享年 95 岁。

梁漱溟是著名的思想家、教育家、社会活动家、爱国民主人士、著名学者，主要研究人生问题和社会问题。主要论著有《东西文化及其哲学》、《中国民族自救运动之最后觉悟》、《乡村建设大意》、《乡村建设理论》、《人心与人生》、《东方学术概观》等，一生致力于民族独立、国家富强的探索和追求，并得到党和国家领导人的肯定和社会各界的赞誉，是现代新儒家的早期代表人物之一，有“中国最后一个儒家”之称。（图 2-53 ～图 2-55）

第三章　市级文物保护单位

第一节　古遗址

孙家遗址　后李文化、龙山文化、商周，位于滨州市邹平县黄山街道办事处黛溪湖南缘，溪河村（原孙家村）西北 300 米处，为高台地势。东接黄山西麓，南为长白山，黛溪河经遗址东缘注入水库。东西长约 300 米，南北宽约 200 米，总面积为 6 万平方米。南北排水沟将遗址分隔为东、西两块，俗称西部为“王家台”，东部为“梁家茔”。1981 年 3 月文物普查时发现，1982 年又做实地考察，在距地表大约 1 米深处发现灰坑并夹杂大量陶片，土质为黄沙泥土。据村民反映，曾出土完整的陶豆、陶鬲等器物，均遭破坏。采集标本有鼎足、鬲足及豆盘、豆把、口沿等。陶质分夹砂红陶、泥质灰陶，多饰绳纹。1986 年 5 月山东省文物考古研究所在调查

图 3-1　孙家遗址标志碑

图 3-2　孙家遗址远景

图 3-3　孙家遗址标本

“济青公路”沿线古文化遗址时，在遗址中心南侧挖 5×5 米探方一个，出土部分器物残片。该遗址是山东省境内现存不多的后李文化遗址之一，长期以来，由于受资料、实物等诸多条件的限制，考古学者一直把北辛文化和大汶口文化视为山东地区最早的新石器时代文化。但是，后李文化遗址将山东新石器时代文化的发源年代向前推进了 1000 多年。同时，整个海岱地区史前文化的谱系脉络也从此清晰地显现了出来，即后李文化—北辛文化—大汶口文化—龙山文化—岳石文化。2009 年 1 月被滨州市人民政府公布为第二批市级文物保护单位。（图 3-1 ～图 3-3）

卧佛台遗址　大汶口文化、龙山文化、商周，其中以龙山文化为主，位于滨州市滨城区滨北街道办事处，西起西关东首，东至北门大街以东的茅焦台。1947 年解放战争时期，我军民在卧佛台附近构筑工事，曾发现部分珍贵文物。1954 年群众在取土动工时，出土部分黑陶片、石器等。1956 年，滨县（今滨城区）建油棉厂，在卧佛台取土，在距地表 80 厘米以下发现大量黄沙，黄沙里面夹杂有石器、骨器、蚌器、陶器和兽骨，但当时的取土工作已造成大量文物散落丢失，遗址地貌与文化堆积被严重破坏。1979 年，滨县文化部门组织力量对遗址进行了勘探，划出了东西长 1500 米，南北宽 300 米，面积 45 万平方米的保护范围。该遗址文化层堆积厚约 1.5 米，上层零星存有商周文化遗址，出土有夹砂灰陶鬲、泥质灰陶豆，罐、壶等；下层为龙山文化

图 3-4　卧佛台遗址标本（一）

图 3-5　卧佛台遗址标本（二）

图 3-6　卧佛台遗址标本（三）

遗址，出土有石斧、石铲、石锄、石镞、骨锥、骨笄、泥质磨光黑陶杯、蛋壳黑陶片、野猪牙、马牙、鹿角等。出土器物纹饰多为素面，少量弦纹、划纹、附加堆纹，器形规整，器壁均匀，多留有螺旋纹和切割痕迹。最近经省考古专家对卧佛台出土遗物进一步论证，又发现了大汶口文化遗物，可辨形器物有鼎足、折腹鼎腹部和口沿残片、红陶钵残片等。卧佛台遗址出土的器物比较典型，是鲁北最早发现的一处龙山文化（甚至更早的文化）遗址，早在数千年之前，这里河流由西南向东北穿过，气候湿润，雨量充足，植被丰富，适合人类生存和动物生长。据明《滨州志》云："卧佛台，始归侯氏，更董氏，易王氏，少司徒张氏伯仲贸之为城市隐。""少司徒"指明嘉靖年间南京户部尚书张西铭，张氏在台上植果木，起书舍，群弟子而授之。由于子孙发科，这里俨然成了风水宝地。卧佛台后归杜氏，即以"一门十二进士"闻名天下的滨州杜家的八世祖杜诗。杜氏进一步在台上"植松柏，营廊舍，教弟子读书其上"。油棉厂未建前，曾被列入省级重点文物保护单位。2009 年 1 月被滨州市人民政府公布为第二批市级文物保护单位。（图 3-4 ～图 3-6）

大商二遗址 龙山文化至商代，位于滨州市惠民县何坊乡大商村东南150米处，东距牛苗村约0.5公里，东西长200米，南北宽200米，面积4万平方米，1973年春兴修水利时发现。遗址现为耕地，地势平坦，距地表0.5米以下是文化层，文化堆积厚约1.5米，北部有一水渠穿过，出土器物标本有骨器、红色夹砂陶鬲、灰陶鬲口沿残片、豆残片及其他绳纹陶器残片等。2009年1月被滨州市人民政府公布为第二批市级文物保护单位。（图3-7、图3-8）

图3-7 大商二遗址

图3-8 大商二遗址标本

周西村遗址　龙山文化、商代、汉代，位于滨州市邹平县高新街道办事处五里堠村南，属平原高台遗址，保护面积 24480 平方米。1991 年山东大学在丁公遗址发掘时曾对该遗址打过探沟，进行过勘探。该遗址文化堆积厚约 2 米，龙山文化遗物有鼎足、环足盘、石斧，商代遗物有鬲、簋，汉代多为布纹陶片。2009 年 1 月被滨州市人民政府公布为第二批市级文物保护单位。（图 3-9 ～图 3-11）

图 3-9　周西村遗址标志碑

图 3-10　周西村遗址标本

图 3-11　周西村遗址远景

古城遗址 龙山文化、岳石文化、商周、汉代，位于滨州市邹平县临池镇古城村东“大堂地”，汉置於陵县，后为乌陵县、武强县、长山县地。地处高台地势，红砂质黏土，方形地块，遗址中有机井一眼，东250米处为胶济铁路。该遗址东西长147米，南北宽120米，经钻探，文化堆积厚达1.4米左右，个别地方4米以下仍有包含物。地表裸露有汉代陶片、板瓦、卷云纹及树木纹半瓦当。曾发现有龙山文化夹砂红陶、鼎足，岳石文化夹砂灰陶甗足、红褐陶鼎足及石铲，商周时期夹砂红陶绳纹鬲足及口沿、泥质灰陶豆盘等。该遗址的发现，为研究古代城址的布局和古人类的生活、生产活动提供了实物资料。1980年被邹平县人民政府公布为第一批县级重点文物保护单位。2012年7月被滨州市人民政府公布为第三批市级文物保护单位。（图3-12、图3-13）

图3-12 古城遗址标本

图3-13 古城遗址远景

侯家遗址（原李屋遗址）　商周、汉代，位于滨州市滨城区三河湖镇侯家村西北3公里、阳信县李屋村东南1公里处。2003年3月，滨州市文物管理处考古工作队、山东省文物考古研究所联合组队对滨博高速公路滨州段考古勘探时发现。该遗址为开阔平地，东西长300米，南北宽200米，面积6万平方米。当年6月由省、市配合工程考古队对该遗址进行抢救性发掘300余平方米。出土陶器有商周时期的陶璜形器、簋、豆、盔形器等；青铜器有戈、剑、带钩、铜镜等；玉器有玉璧、玉珠等；骨器有骨簪、骨锥、象牙、骨梳等。灰陶盔形器的大量出现，进一步证实了商周时期渤海西南岸盐业生产的兴盛，引起了国内考古界有关专家的关注。2004年1月被滨州市人民政府公布为第一批市级文物保护单位。（图3-14、图3-15）

图3-14　侯家遗址标志碑

图 3-15　侯家遗址远景

豆腐店遗址　商周，位于滨州市阳信县河流镇豆腐店村东。遗址呈台形，长260米，宽120米，面积为31200平方米。文化堆积距地表深约1米。中部为一人工筑成的台丘，遗址中有一古墓，俗称“狼丘冢”。采集器物有泥质夹砂灰、红陶鬲足，鬲口沿残片，同时还见有泥质灰陶盆口沿及瓦当等。2004年1月被滨州市人民政府公布为第一批市级文物保护单位。（图 3-16、图 3-17）

图 3-16　豆腐店遗址

图 3-17　豆腐店遗址标本

台子杨遗址　商周，位于滨州市阳信县水落坡镇台子杨村东北 1 公里处。遗址呈台形，长 260 米，宽 180 米，面积为 46800 平方米。遗址中有一古墓，俗称“台子”。采集器物有素面鬲、鬲足残片，同时还见有泥质灰陶豆柄、盆、罐以及泥质红陶盆、罐等残片。2004 年 1 月被滨州市人民政府公布为第一批市级文物保护单位。（图 3-18、图 3-19）

西范遗址　商代，位于滨州市沾化县古城镇西范村南约 500 米处，东西长约 100 米，南

图 3-18　台子杨遗址

图 3-19　台子杨遗址标本

北宽约 100 米，面积约 1 万平方米。遗址以前地势较现在高，因村民平整土地，已成平地，部分地段土色呈灰黑，直接暴露出文化层，厚度不清，地表散落较多陶器残片。出土器物有鬲、罐、豆等。根据实地调查和标本分析，该遗址为商代遗址，

图 3-20　西范遗址标本

图 3-21 西范遗址

是沾化县发现的古遗址中年代最早的一处，具有较高的研究和保护价值。2009 年 1 月被滨州市人民政府公布为第二批市级文物保护单位。（图 3-20、图 3-21）

大宋遗址 商周，位于滨州市阳信县水落坡镇大宋村西北 150 米处。该遗址呈缓坡状，东西长 200 米，南北宽 120 米，总面积为 24000 平方米。遗址中有一古墓，

图 3-22 大宋遗址

图 3-23　大宋遗址标本

俗称“徽王冢”，呈台形，高 5 米，长 50 米，宽 40 米，面积为 2000 平方米，黄土夯筑，出土器物有夹砂灰、红陶鬲足、口沿及灰陶盆、罐残片等，同时还见有豆把及其他器物残片。1992 年被阳信县人民政府公布为县级文物保护单位，2012 年 7 月被滨州市人民政府公布为第三批市级文物保护单位。（图 3-22、图 3-23）

肖家遗址　周代至汉代，位于滨州市惠民县孙武街道办事处肖家村西南 250 米处。该遗址发现于 1990 年 4 月，现处于一片农田之中。有一条东西向的水沟，从遗址的中部穿过。遗址东西长 400 米，南北宽 400 米，面积 16 万平方米，地势平坦，

图 3-24　肖家遗址地表陶片

图 3-25　肖家遗址标本

图 3-26　肖家遗址

距地表 0.5 米以下为文化堆积，厚约 1 米。遗址西部的水沟边散落着大量的绳纹灰陶片，采集的器物标本有夹砂陶鼎、簋、灰陶鬲口沿、鬲足、盆、罐、瓦、豆、陶轮等器物残片，另有红陶器物残片、骨器、蚌器等。2009 年 1 月被滨州市人民政府公布为第二批市级文物保护单位。（图 3-24 ～图 3-26）

郑家古窑址　东周，位于滨州市沾化县泊头镇郑家村西北 1000 米处。东西长 100 米，南北宽 80 米，面积约 8000 平方米。该遗址于 1967 年潮河加宽清淤时被发现，地表为开阔平地，潮河贯穿遗址而过，河堤两岸暴露着大量的灰、红色陶片及部分红烧土块。文化层在地表 3 米以下，为褐色土质。出土过红陶和灰陶豆、陶罐、石刀、打砸器及鹿角、马牙的化石等，并发现有红烧土及灰坑遗迹。文化堆积以上为黄河冲积层。1984 年对该窑址进行了“四有”工作，实行科学保护。现在，窑址除潮河穿过而被破坏外，其余埋于地下未动。2004 年 1 月被滨州市人民政府公布为第一批市级文物保护单位。（图 3-27）

陈家古窑址　东周，位于滨州市沾化县泊头镇陈家村东北 1000 米处，潮河与向阳河交汇处以南。东西长 120 米，南北宽 50 米，面积约 6000 平方米。该遗址于

图 3-27　郑家古窑址

图 3-28　陈家古窑址

图 3-29　陈家古窑址标本

1973 年挖向阳河时发现，遗址地表为开阔平地。向阳河自南向北穿过遗址，河堤两岸裸露着大量的灰、红色陶片及部分红烧土块。文化堆积在离地面 3 米以下，为褐色土质，内含有灰陶、红陶将军盔，还有灰陶缸、灰陶豆等器物及残片，并有红烧土、灰坑遗迹。文化层以上为黄河冲积层。在遗址采集到的器物，较完整的有将军盔、灰陶豆、彩绘陶壶、灰陶盂、灰陶盆、灰陶滤器、灰陶璜形器、灰陶网坠等，并采集到灰陶俑腿一只、青铜剑一把。窑址除向阳河穿过处被破坏，其余埋于地下保存完好。2004 年 1 月被滨州市人民政府公布为第一批市级文物保护单位。（图 3-28、图 3-29）

无影山遗址　东周、汉、隋、唐、宋、元，位于滨州市无棣县埕口镇邢山子村东南 2 公里处，大济路东，鲁北化工厂北。整个遗址较为平坦，长方形，呈北高南低趋势。该遗址东西长 1350 米，南北宽 1500 米。据民国《无棣县志》记载：无影

图 3-30　无影山遗址

图 3-31 无影山遗址标本

山在县城北 100 里，高阜叠起，俗称“乱山子”，产金顶艾，治病甚验。有铁钱模，垒垒在地。悉破碎，详其文为“大定”字样。其地泉洌而甘，挹之不竭。2005 年 10 月和 2006 年 4 月，滨州市文物管理处与无棣县文物管理所对该遗址进行了两次调查勘探，探明其文化堆积厚约 2 米，堆积遗物十分丰富，曾出土东周的瓮、罐、盂、豆、盘，汉代铜剑、古币（元祐通宝、元丰通宝）、隋唐时期青瓷碗、宋元时期碗、盘、钱模等，具有重要的考古价值。2009 年 1 月被滨州市人民政府公布为第二批市级文物保护单位。（图 3-30、图 3-31）

城角遗址 汉代、宋代，位于滨州市无棣县信阳乡城角村西南 200 米处，呈长方形，南北宽约 500 米，东西长约 1000 米，据说由城和城南殿二部分构成。城南殿无城墙。城有四个角楼组成，东西无城门，周围有护城河。该城池曾用于屯兵，西南有点将台，群众也叫钓鱼台。现遗址文化堆积厚约 2 米，曾出土过汉代陶豆、鼎，宋代石棺、古币、棱锤等物。根据田野调查和出土文物推测，它是集军事、政治、经济和文化为一体的重要遗址。2011 年 7 月被无棣县人民政府公布为县级文物保护单位。2012 年 7 月被滨州市人民政府公布为第三批市级文物保护单位。（图 3-32、图 3-33）

图 3-32 城角遗址

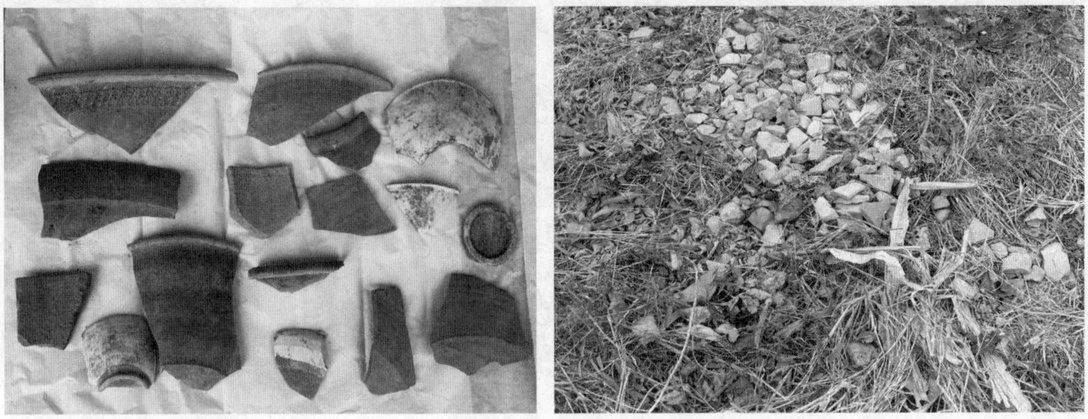

图 3-33 城角遗址标本

惠民古城墙遗址 始建于北宋崇宁元年（1102 年），位于滨州市惠民县城，由工部尚书牛保督修，共历时九年建成。原城墙南北长 1900 米，东西宽 1100 米，周长 6000 米，高 10 米，顶部宽 5.1 米，底宽 10 米，有东西南北四城门，并各设有瓮城及城门楼。城外有护城河一周，河宽 27 米，水深 10.8 米。宋代城墙为土墙，明代维修时开始用青砖包砌。自宋代始历代地方政府曾先后 12 次投资对城墙进行加固维修，仅清乾隆九年（1744 年）即耗银八万一千两。经过历代的维修，至清代城墙高度已达 13 米，顶宽 13 米，底宽 26 米。现尚存残垣两段，即县城东北角、西北角各一段。东北角残垣南北长 425 米，东西长 179 米，顶部宽度不一，高度 12.05 米。西北角残垣南北长 490 米，东西长 190 米，顶部宽度不一，高度为 12.5 米。2004 年 1 月被滨州市人民政府公布为第一批市级文物保护单位。（图 3-34 ～图 3-37）

图 3-34　惠民古城墙遗址西北角城墙

图 3-35　惠民古城墙遗址东北角城墙局部

图 3-36 惠民古城墙遗址东北角城墙南段

图 3-37 惠民宋代城墙遗址出土标本

帝赐街遗址 宋代，位于滨州市北海经济开发区马山子镇帝赐街村北100米处，遗址呈方形，东西长600米，南北宽350米，文化堆积厚3米左右，遗址高出周围平地1米。该遗址曾出土过宋代铜钱，在遗址周围有东西向的四个古井，遗址上有大殿。明永乐

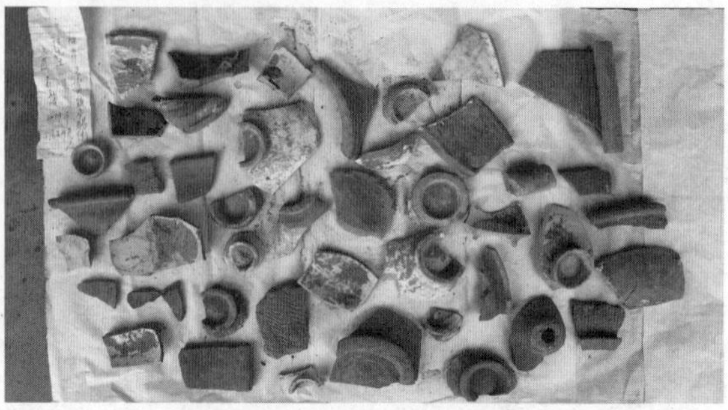

图 3-38 帝赐街遗址标本

图 3-39 帝赐街遗址

图 3-40 帝赐街遗址远景

图 3-41　滨州城墙东北部南段

图 3-42　滨州城墙东北部北段

二年在村北遗址上曾出土过长方形木桌，上边有“帝赐街”三字。据说西汉武帝曾在此居住过，因而得名为“帝赐街”。2012 年 7 月被滨州市人民政府公布为第三批市级文物保护单位。（图 3-38 ～图 3-40）

滨州城墙遗址 现存古城墙是元代平章于保保于元至元二年（1265 年）修筑的，位于滨州市滨城区滨北街道办事处。墙体为土筑，周九里。后来在明正德、嘉靖、万历、清乾隆等年间多次修缮。在抗日战争和解放战争中，城垣被严重破坏；1953 年城门楼被拆毁；“文化大革命”初期，城门被毁。现存城墙中南墙西段保存最好，东南段仅残存一小部分，东北端存有一部分，西北部多被建房或开垦为耕地。2012 年 7 月被滨州市人民政府公布为第三批市级文物保护单位。（图 3-41、图 3-42）

第二节　古墓葬

张高村古墓 汉代，位于邹平县黛溪街道办事处张高村南部，现存三座墓冢

图 3-43　张高村古墓

（以 M1、M2、M3 为代号）。M1 位于进山公路北约 30 米处的高台上，封土高 3.25 米，因农业生产封土被辟为长方形的两层台阶式农田；M2 呈长方形，位于山腰处的梯田中，占地面积 65 平方米，封土高 1.6 米；M3 位于 M2 西侧，呈椭圆形，占地面积 169 平方米，封土高约 3.1 米。1995 年市文物处与省考古研究所有关专家专程来进行考察，推断为汉代诸侯墓，颇具保护价值。2012 年 7 月被滨州市人民政府公布为第三批市级文物保护单位。（图 3-43）

牛保冢　北宋，位于滨州市惠民县城西约 10 公里的梁家乡小霹雳庄村南 500 米处。《续修惠民县志》曰："牛保墓在县西南二十里，崇宁初，修棣州城讫，卒，遂葬于此。"墓原来规模较大，应是当地居民为纪念牛保为其修建的衣冠冢。据说当时占地十余亩，历经沧桑，再加之群众取土，墓冢逐渐缩小，现墓封土高 10 米，直径约 80 米，占地面积 4100 平方米左右，保护情况较好。牛保冢所在地原是一处汉墓群，出土有汉代画像石多块。2012 年 7 月被滨州市人民政府公布为第三批市级文物保护单位。（图 3-44）

图 3-44　牛保冢

第三节　古建筑

泰山行宫　明代道教建筑，位于滨州市惠民县孙武街道办事处省屯村，是当地居民为供奉泰山奶奶（碧霞元君）而建。清顺治四年（1647 年）重修，原有山门、钟鼓楼、配殿和寝殿。现存正殿三间，起于条石基座之上，坐北朝南，面阔 11.3 米，进深 8.1 米，砖木结构，单檐硬山，山墙檐下作砖雕墀头，顶覆黄绿彩色筒瓦，正脊直起，遍饰云龙宝珠，两端高伏巨口鸱吻。垂脊嵌有“龙凤呈祥”、“鱼跃龙门”、“狮子绣球”等琉璃浮雕，上列狮犼、天马等垂兽。前檐平列明柱，柱间装有通敞

图 3-45　泰山行宫正面

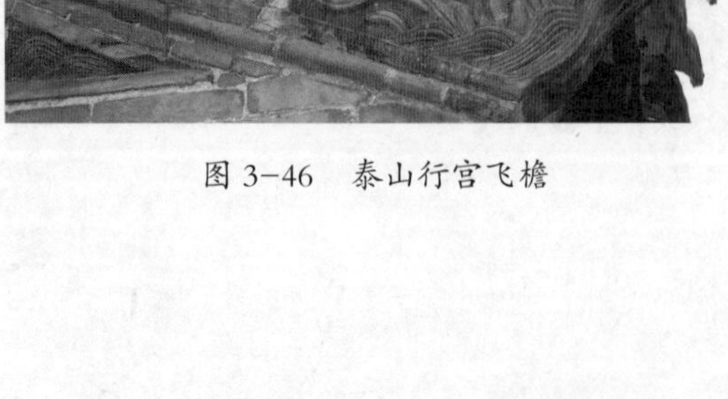

图 3-46　泰山行宫飞檐

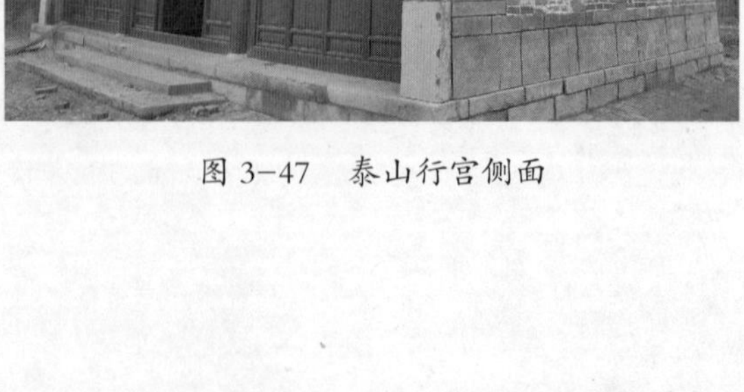

图 3-47　泰山行宫侧面

图 3-48 泰山行宫西山墙

直棂槅扇木门，殿内原有碧霞元君塑像，现已无存。2004 年 1 月被滨州市人民政府公布为第一批市级文物保护单位。（图 3-45 ～图 3-48）

范公祠 明、清，北宋著名文学家、政治家范仲淹的享堂，位于滨州市邹平县长山镇孝妇河畔范公村。享堂坐北面南，院墙相围，大门前有宋槐一株，主干胸围 3.8 米，高 4.5 米，老树空干，内中生长出一株新槐，人称“怀中抱子”，在当地实为一胜景。大殿面阔五间 16.7 米，进深三间 10.3 米，高 10 米。大殿为歇山式建筑，雕龙吻兽，四角飞檐，斗拱相扣。大殿有四排柱子共 24 根，该殿砖木结构，呈清新、肃雅之势。该祠距今已有 900 年的历史，后经元、明、清多次修复维持至今，清道光三十年（1850 年）又进行了大的维修。1990 年，长山镇筹资进行了部分维修。南北长 120 米，东至校园东墙，西至学校西墙，东西宽 43.5 米，计 5220 平方米。2004 年 1 月被滨州市人民政府公布为第一批市级文物保护单位。（图 3-49）

图 3-49　范公祠

唐李庵　明、清，位于滨州市邹平县黄山街道办事处鲁西村西北 300 米处的会仙山半山腰，是一座小型佛教寺院。坐北朝南，东西宽 19 米，南北长 26 米，传有唐、李二仙在此修炼而得名。镶嵌于山门两侧墙上的 4 统石碑记载了明隆庆元年（1567 年）、清康熙十年（1671 年）、清嘉庆十一年（1806 年）、清道光二十五年（1845 年）重修情况；1986 年维修。现存山门、影壁、大殿和东西偏殿、院落。大殿 3 间进深 7 米，面阔 1.56 米，高约 6 米，五架梁前出廊，硬山顶。东西偏殿均为 3 间进深 4.6 米，面阔 7.1 米，高约 5.6 米，均系抬梁式木架构，各主要建筑屋脊、檐角饰有双龙和吻兽。内墙、廊檐和梁柱上残存明清时期的彩绘和壁画，弥足珍贵。6 棵古树植于院中和门前，其中院东有 500 余年的文冠果树，寺前有 200 年的塔形古柏一株。该寺为邹平县境内保存较为完整的古建筑，颇具历史艺术价值。2004 年 1 月被滨州市人民政府公布为第一批市级文物保护单位。（图 3-50 ～图 3-53）

杜受田故居　明、清，位于滨州市滨城区滨北街道办事处南街村，内有 28 个小院，房屋 380 余间。现残存院落 3 个，房屋 31 间，其中绣楼、太康邸房屋保存较

图 3-50　唐李庵

图 3-51　唐李庵大殿

图 3-52　唐李庵东厢房

图 3-53　唐李庵西厢房

图 3-54　杜受田故居正门

图 3-55　杜受田故居绣楼

完整，其他房屋残损严重。绣楼为二层硬山式砖木结构，面阔三间，楼长12米，宽6.9米，高8.8米。现经修复重建，已于2010年4月27日对外开放，2010年被国家旅游局授予国家AAAA级旅游景区。2004年1月被滨州市人民政府公布为第一批市级文物保护单位。（图3-54、图3-55）

杜氏自明代起即是望族，至清末，有进士十二人，杜受田八世祖杜诗，明万历戊戌进士，诰授通奉大夫，历任湖广左布政使、江西布政使等职。诗孙杜漺，清顺治丁亥进士，诰授中宪大夫，任过直隶正定府推官等职。漺孙杜肅，乾隆丁巳进士，诰授奉直大夫。肅孙杜堮，堮子杜受田，受田子杜翰、杜乔羽，乔羽子杜庭琛，均为科甲进士，并入翰林院，时称“父子五翰林”。尤其杜堮、杜受田及杜翰三代，官至尚书、大学士乃至军机大臣，为清代重臣。

玉皇庙　明代，位于滨州市阳信县城东5公里处，劳店镇玉皇庙村西北。始建于明隆庆三年（1569年），为砖木结构硬山式建筑。玉皇庙坐北面南，一幢三间，高6米许，建筑面积约为75平方米，总面积为5688平方米。高檐脊，飞檐龙首高翘，青瓦覆顶，顶上冠以两层小庙，两柄镇庙宝剑直刺云天。玉皇大帝塑像两旁站立哼

图3-56　阳信县玉皇庙正面

图 3-57　阳信县玉皇庙碑刻

哈二将、四大天王和二郎、哪吒的塑像，声色俱厉，犹如帝王传谕之举。庙壁彩绘太公封神、雷公电母、飞天舞姿等图案，绘声绘色，独具风格。“文化大革命”时期，玉皇庙遭到破坏，面目皆非。1983 年，山东省文物部门拨专款对玉皇庙进行维修，使之修缮一新，现保存完好。2009 年 1 月被滨州市人民政府公布为第二批市级文物保护单位。（图 3-56、图 3-57）

凌霄阁　明、清，位于滨州市阳信县洋湖乡庙五庄村中心处，占地面积 2000 平方米，此阁始建于明朝万历年间，康熙四年（1665 年）重修，1918 年又进行重修。建筑风格独特，飞檐挑角，威严壮观，阁门两侧分别雕刻巨人石像，闪目金匾刻有三个大字“凌霄阁”。此阁坐北面南，现存大殿一座，东西长 10.7 米，南北宽 8 米，硬山式砖木结构，灰色布纹瓦覆顶。2012 年 7 月被滨州市人民政府公布为第三批市级文物保护单位。（图 3-58）

县衙大堂　清代，位于滨州市无棣县海丰街道办事处东西大街中部北侧。据《海丰县志》记载，县衙大堂原建于明洪武三年（1370 年），明嘉靖三十七年（1558 年）重建，现存为清代建筑。县衙大堂系明清县治的主体建筑，起建于二轴砖基之上，坐北向南，硬山式单檐砖木结构。四梁八柱，青砖碧瓦，面阔 8.1 米，进深 7 米，方砖铺地，檐下平列彩绘博风板，朱柱格棂透窗，红门翠扇，气势壮观。1986 年 4 月，县衙大堂被公布为县级文物保护单位，2004 年 1 月被滨州市人民政府公布为第一批市级文物保护单位。（图 3-59、图 3-60）

图 3-58　凌霄阁

图 3-59　县衙大堂

图 3-60 县衙大堂标本

张为仁故居 清代，位于滨州市无棣县海丰街道办事处海丰路南端东侧，与吴式芬故居相对，始建于清康熙年间。原有建筑100余间，现该院南北宽61米，东西长70米，存进士厅3间，东西长12米，南北宽8米；家庙3间，东西长8.5米，南北6米；舍房3间，东西长9.5米，南北宽6.5米，均为抬梁式木架结构。张为仁是无棣县小泊头镇张义井村人，生于1614年，33岁中举人，42岁中进士，官至广东按察佥事，提督学政，曾修过《大清律例》，著作有《隅说》。2002年11月被公布为县级文物保护单位，2009年1月被滨州市人民政府公布为第二批市级文物保护单位。（图3-61、图3-62）

图 3-61 张为仁故居（一）

图 3-62　张为仁故居（二）

王清故居　清代，位于滨州市无棣县海丰街道办事处南关村北端，现存大门楼，小院门口及一排主体建筑，占地约 320 平方米。门楼建筑工艺精湛，古朴典雅。王清，无棣人，生于 1630 年，清顺治六年（1649 年）中举，翌年中进士，官至吏部左侍郎，由于政绩突出，多次受到皇帝的封赏。著有《留余堂诗文集》等。2011 年 7 月被无棣县人民政府公布为县级文物保护单位。2012 年 7 月被滨州市人民政府公布为第三批市级文物保护单位。（图 3-63、图 3-64）

图 3-63　王清故居（一）

图 3-64　王清故居（二）

图 3-65　袁氏避暑山庄大门

图 3-66　袁氏避暑山庄第三进院落东厢房

袁氏避暑山庄　清代，位于滨州市邹平县西董街道办事处的任家峪村南部，长白山脉东部的白云山北侧，系清朝官僚富豪袁紫兰所建。南北长 90 米，东西宽 56 米。该处庄园设计独具匠心，生活设施齐全，并建有长工们居住的侧院和后花园，三进院落，依山傍水，回廊相接，错落有致。目前整个院落大部尚存，共计 25 栋，均为青砖墙体，单檐硬山顶。该处山庄丰富了焦桥袁氏家族建筑体系，极具保护价值。是研究邹平地区清代经济和社会状况及袁氏家族历史难得的实物资料。2012 年被邹平县人民政府公布为第五批县级文物保护单位。同年 7 月被滨州市人民政府公布为第三批市级文物保护单位。（图 3-65 ～图 3-67）

袁紫兰（1678—1735 年），字兰馥，名景芳。邹平县焦桥镇东平村人。历任例贡授中书、户部员外、工部郎中、陕西平庆道按察使司副使等职，为袁守侗的祖父。袁守侗曾历任内阁中书、吏部文选司郎中、江西道监察御史、广西按察使、吏部左侍郎、户部尚书、刑部尚书。

图 3-67　袁氏避暑山庄一角

董永祠　清代，位于滨州市博兴县陈户镇董家村东，建于清，现代补修。祠堂坐北朝南，为硬山式六架前檐廊建筑。面阔三间共 9 米，进深 5 米。墙下部砌青砖，上砌土坯，顶覆灰色小瓦。屋顶正脊、垂脊原有龙、凤、人物、花草等装饰，现多已残。祠堂内墙壁、屋架上有彩绘，现多为泥皮覆盖，露出部分颜色鲜艳，有剥落。2007 年，县政府拨款对屋顶进行了重修。2012 年 7 月被滨州市人民政府公布为第三批市级文物保护单位。（图 3-68）

文峰小学大礼堂　清代，位于滨州市沾化县古城镇东关村西首，东西长 20 多米，南北宽 8 ～ 9 米，青砖灰瓦，高脊翘椽，前墙全部为落地门窗，花纹繁絮，屋内有 12 根合抱粗立柱，双梁结构，椽板雕刻剔透，彩漆艳丽。清光绪二十七年（1901 年）《辛丑条约》签订后，清廷迎合改良派要求，“停科举以广学校”，沾化县遵依清政府命令于光绪三十二年（1906 年）由沾化县地方公款和私人捐助创建了沾化县“文峰小学堂”。是年招生 1 个班，学生 20 人左右，教员 3 人，学监 1 人。1924 年更名“县立文峰小学”，1929 年更名“县立第一小学”，1933 年正式命名为“文峰小学”。1938 年 10 月日本侵略军侵入沾化，学校解散。新中国成立后这里成为完全小学。20 世纪 90 年代为古城镇政府驻地。文峰小学校礼堂作为古城镇人民政府会议室一至沿用到 2001 年。2012 年 7 月被滨州市人民政府公布为第三批市级文物保护单位。（图 3-69、图 3-70）

图 3-68　董永祠

图 3-69　文峰小学大礼堂（一）

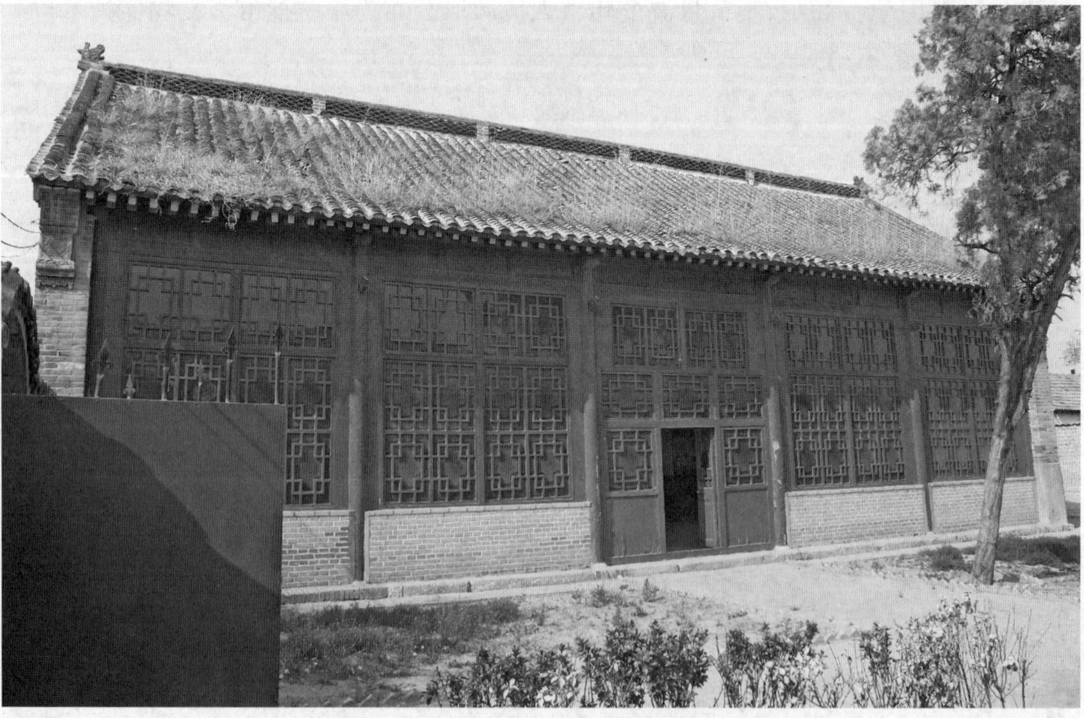

图 3-70　文峰小学大礼堂（二）

第四节　近现代重要史迹及代表性建筑

高庙李天主堂　始建于 1890 年，位于滨州市博兴县庞家镇高庙李村。清光绪十六年（1890 年）前后，外国传教士在高庙李村设高庙李堂区，建教堂 5 间。该堂

图 3-71　高庙李天主教堂

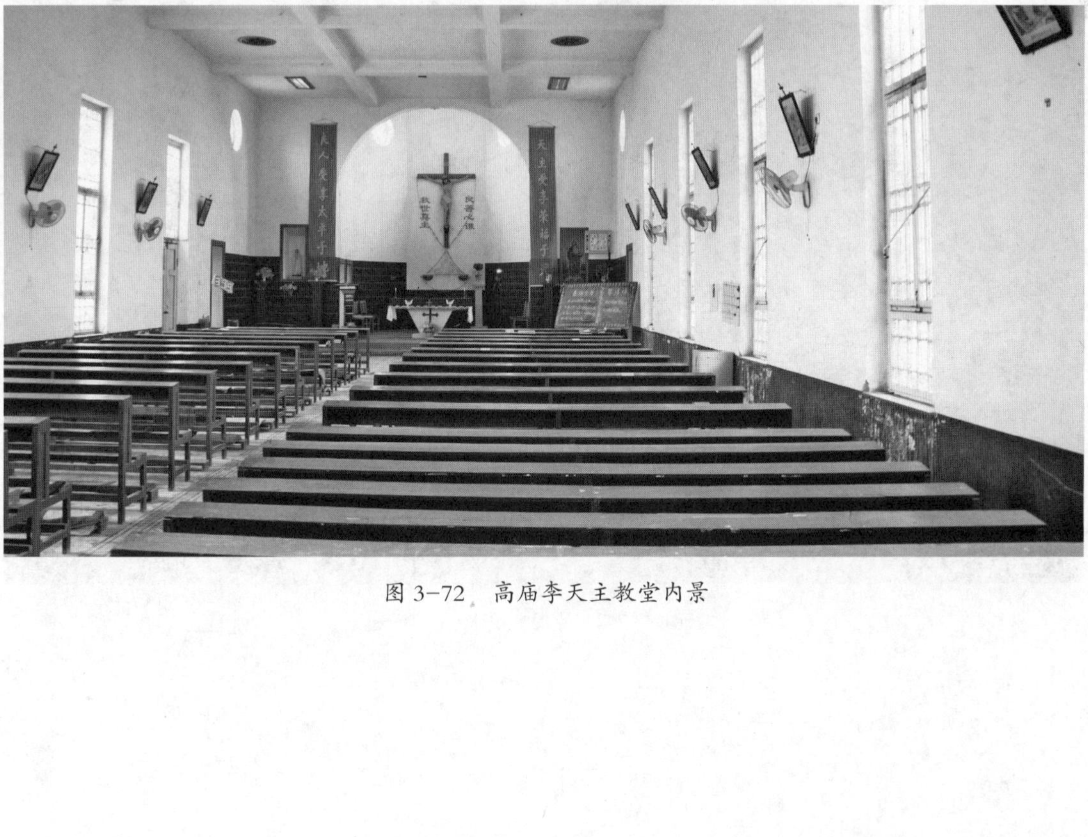

图 3-72　高庙李天主教堂内景

图 3-73　高庙李天主堂后侧

图 3-74　英国教会医院

区建立之后，先是隶属济南教区，后隶属周村教区，先后由德国籍神甫马悌亚、司德音、杨恩赉及美国籍神甫傅德辉、梅芳远等主持教务。此后又由中国籍神甫张秀清、王克恭、赵洪岭、宗怀德等主持。美籍神甫傅德辉主持之后，于 1935 年新建大教堂 12 间，神甫宿舍 9 间，工作人员宿舍 9 间，汽车库 3 间，磨房 3 间，并建男女两个校园共房屋 50 间。此时为高庙李堂区最盛时期，它管辖原蒲台县及滨州、利津等县部分堂口的教务。（图 3-71 ～图 3-73）

1944 年底，主持教务的神甫全部撤走。教堂先后被用作八路军被服厂、报社、兵工厂、油棉厂、医院、学校、粮所等。1986 年，教堂又归天主教会所有。

现保存的教堂为 1935 年所建，教堂高 13 米，宽 11 米，长 34 米，总面积 416.9 平方米，整个教堂建筑群占地 1 万平方米。1997 年时，对教堂屋顶进行重修。这是博兴境内及周边地区发现的年代最早且规模最大的教堂建筑群。2012 年 7 月被滨州市人民政府公布为第三批市级文物保护单位。

英国教会医院 开办于 1919 年，位于滨州市惠民县孙武街道办事处南关结核防治医院内，总面积 47736 平方米。1932 年被正式命名为“如己医院”，有“爱人如己”之意，是英国循道公会圣道堂在惠民开设的一家大型教会医院。首任院长是英籍人士杜裴迪。现存建筑有 6 组，分别是主楼（山字楼）、院长楼、牧师楼两组、教堂（平房）、平房。所有建筑均为砖、木、石结构，楼房都有地下室，平房的地板也不直接与地面接触，而是设有通风孔，有效地防止了潮湿。主楼的平面布局为“山”字形，当地人习惯称之为“山字楼”，有上、中、下三层，21 间，面积 2577.5 平方米。两座牧师楼平面布局相同，形似“凸”字，3 层，面积各为 658.5 平方米，各有 21 间。院长楼共有 3 层 12 间 316.2 平方米。2009 年 1 月被滨州市人民政府公布为第二批市级文物保护单位。（图 3-74 ～图 3-78）

秦董姜天主教堂 1940 年由美国神甫司道远主持兴建，位于滨州市滨城区滨北街道办事处秦董姜村。当时占地 30 多亩，房间 130 余间，为当年滨县一带天主教总堂，对周围地区具有较大影响。现存大礼堂以及南北两侧辅房。礼堂东西长 40 米，南北宽 11 米，门窗均为带花纹的彩色玻璃。礼堂南北两侧对称分布着 8 间带走廊的平房，平房内为木制地板，极具特色。南侧为神甫所用，北侧为修女所用。2012 年 7 月被滨州市人民政府公布为第三批市级文物保护单位。（图 3-79）

陈户纪念烈士塔 1946 年博兴县政府和群众为纪念 1942 年 12 月在桥董、冯高和 1945 年在陈户的抗日战斗中牺牲的抗日军民而建，位于滨州市博兴县陈户镇河西村北。纪念塔坐北朝南，建于夯土台基上，台基呈方形，边长 20 米，高 4 米。台

图 3-75　英国教会医院院长楼

图 3-76　英国教会医院牧师楼

图 3-77 英国教会医院山字楼

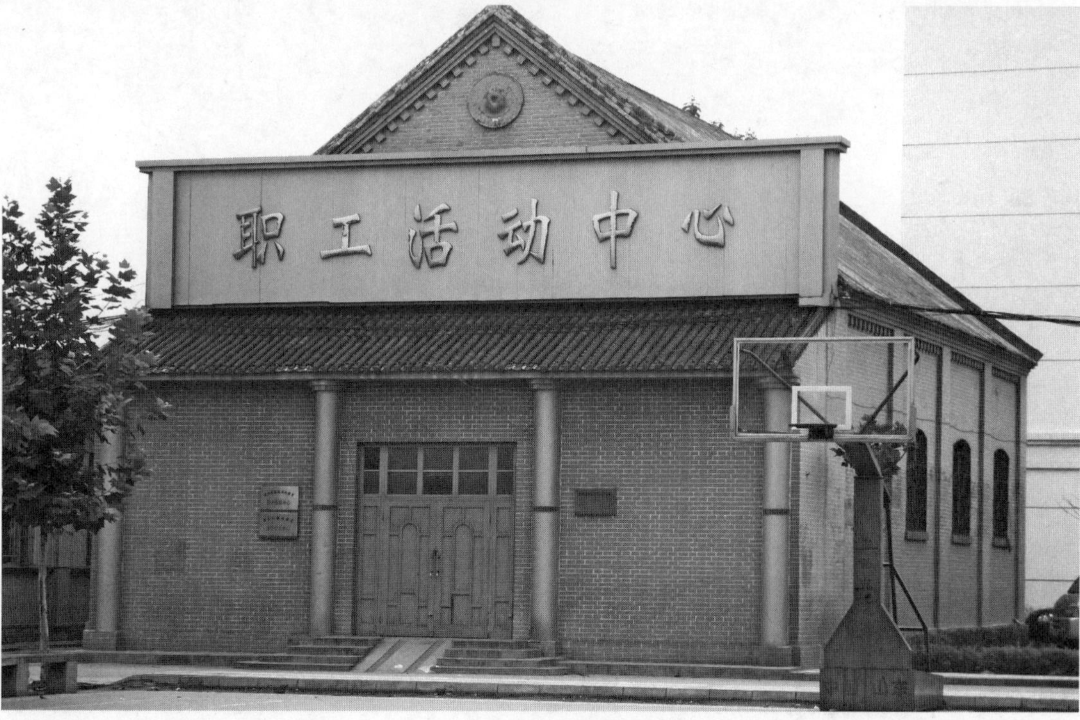

图 3-78 英国教会医院原教堂

图 3-79　秦董姜天主教堂

图 3-80　陈户纪念烈士塔

周有1.5米高的砌墙围护，南辟券门。塔系青石砖结构，五层八角攒尖顶，通高15米，底层边长1.65米。底层建拱形塔门，南面纵排“烈士纪念塔”五个大字，余三面各嵌一石碑，其中西面嵌王建新撰文、贾怡斋书丹的记述桥董、冯高战斗情况的石碑；东面嵌阎雨萍撰文、高云汉书丹的记述陈户战斗情况的石碑；北面嵌有镌刻烈士英名的石碑。2004年1月被滨州市人民政府公布为第一批市级文物保护单位。（图3-80）

陈户纪念烈士塔碑文：

一九四五年五月二十一日，敌伪五千人左右，以陈户店、金寨为合围中心，悄悄布置下包围圈，将博兴的抗日军民压缩到金寨的野外，展开了血腥的屠杀。这块大地便充满了枪炮不休的怒吼，孩哭娘叫的悲惨呼号。我独立营及各地方武装，为保卫人民的利益和安全，以忘我的精神，和敌人展开了苦战，冲毁他数次的压缩，给他大的杀伤，惜残暴的敌伪力量过大，我军也付出了光荣的代价，王协理员竹川同志率领二连往西北突围，被敌伪团团围住，搏斗到最后一粒子弹，慷慨就义。

战斗结束，敝人回到战场，见到牺牲的同志尽是怒目切齿的姿态，深深象征出与敌搏斗的英威气概。烈士们这等为民族为人民服务的昂扬精神，实是代表了中华民族最浩大的正气，写下了中华民族在抗战中最壮烈不朽的史诗，为中华民族生永久之光。让我们踏着诸位先烈的血迹前进，继承其未竟的光荣事业，以慰英灵。

阎雨萍敬撰

裴袁纪念烈士亭 1946年博兴县政府和群众为纪念1941年12月30日八路军某部三旅在裴家村和袁家村抗击日伪军而牺牲的20余名指战员而建，位于滨州市博兴县纯化镇袁家村北。亭呈方形，坐西向东，高5米，边长3米，底面积9平方米，砖木结构，四角攒尖顶。四壁镶嵌石碑，碑高153厘米，宽70厘米。东面碑镌刻“浩气长存”四字，余三面分别镌刻战斗经过、烈士姓名及建造年代。亭四周以砖砌花墙围护，墙高1.8米，边长12米。2009年1月被滨州市人民政府公布为第二批市级文物保护单位。（图3-81）

裴袁纪念烈士亭碑文：

一九四一年十二月三十日晨，敌伪三百余人，大车数十辆，进攻我驻裴之三旅一营。我李营长丕功同志发现敌情后，即部署兵力迎击敌伪。我英勇健儿为坚决保护群众利益，以忘我精神与敌肉搏，毙敌近百，使敌抢掠财物之大车满载敌伪尸体狼狈而逃。我指战员二十余名亦于是役光荣殉国。值此抗战胜利之际，我博兴党政军民为光荣殉国之烈士建祠立碑，以慰英灵，并为词以悼之，曰：

万恶日寇侵中华，民族英雄功堪夸。名勒金石可歌泣，血染黄沙为国家。事业未竟身先死，党政军民叹无涯。前仆后继烈士志，建祠立碑后世法。

王建新敬撰

图 3-81　裴袁纪念烈士亭

第四章　县级文物保护单位

第一节　滨城区

古遗址

高家遗址　商、周，位于滨州市滨城区三河湖镇高北营村西南500米处。遗址南北长1000米，东西宽800米，总面积80万平方米。1976年因开挖付家河出土青铜剑、陶罐等文物。1981年对遗址进行钻探时，采集大量器物残片，有鬲、盔形器、豆、盘、罐等，以灰陶为主，兼有夹砂白陶，器壁较厚，多饰有粗、细绳纹，为商代晚期至东周时期的器物特征。1983年被滨县人民政府公布为第一批县级文物保护单位。（图4-1、图4-2）

图4-1　高家遗址

图 4-2　高家遗址标志碑

小赵家遗址　东周，位于滨州市滨城区秦皇台乡北小赵村东南 1000 米处。遗址南北长 800 米，东西宽 700 米，总面积约 56 万平方米。1972 年，为引黄开挖褚官河，发现 4 具红陶瓮棺木及盔形器。1981 年对遗址进行了较为详细的调查勘探，在褚官河断面处距地表 3.5 米以下为文化层，文化堆积厚约 0.8 米。采集的标本有红陶罐、灰陶盆、瓮、盔形器等器物的口沿、底等部分。器壁厚重，饰有粗绳纹，具有东周时期的器物特征。此遗址由于黄河多年的泥沙淤积，埋藏较深，多数地段文化层距地表约 4 米。1983 年被滨县人民政府公布为第一批县级文物保护单位。（图 4-3 ～图 4-5）

秦皇台遗址　东周至汉代，位于滨州市滨城区秦皇台乡西石村西南 700 米处。遗址上有一椭圆形高台，当地称为“秦台”，该台底部周长 188 米，面积 2826 平方米，顶部周长 63 米，面积 314 平方米。据《齐乘》载：“秦台，滨州东十三里，高八丈，

图 4-3　小赵家遗址（一）

图 4-4　小赵家遗址（二）

二百步，相传，始皇东游萦蒲系马之处。亦名蒲台。”始皇二十八年（公元前 219 年），遣徐福率童男童女数千人，去海上神山求长生不老药，久而不还。故下令各路大军每人一盔土，米浆和之，筑台以望。1979 年，滨县图书馆对这一高台进行了调查，发现台为人工夯筑而成，夯层较为分明，每层厚约 15 厘米，夯土内夹有红烧土块及红陶、灰陶器物残片，在台周围地表，暴露有东周至汉代的盆、罐等残片及完整的“长乐未央”瓦当。2009 年 2 月，滨城区文物管理所在该遗址发现战国盔形器一件及大量灰陶片、瓦片等。2009 年 4 月被滨城区人民政府公布为第二批县级文物保护单位。（图 4-6）

茅焦台遗址　年代待定，位于滨州市滨城区滨北街道办事处北街。世传为向秦王政进谏的茅焦隐居所在，后人立祠于其上。现台高 18 米左右，台上东西长 60 多米，南北宽约 50 米。从现存顶部土台剖面观察，夯筑层次清晰，每层都夹有大量陶片、

图 4-5　小赵家遗址标志碑

图 4-6　秦皇台遗址

图 4-7　茅焦台遗址

图 4-8　茅焦台遗址标本

图 4-9　宴贺台遗址陶片

图 4-10 宴贺台遗址

砖瓦、瓷片，土台曾出土过石斧、石凿、盔形器等。据了解，茅焦台上原有真武庙，明代重修过。台下保留有重修真武庙碑额。1983 年被滨县人民政府公布为第一批县级文物保护单位。（图 4-7、图 4-8）

宴贺台遗址 明，位于滨州市高新区小营街道办事处台西刘村东。宴贺台始建于明洪武年间，因建成之时，有群燕盘旋飞行，故称“宴贺台”。台高 10 米，顶部为一平台，建有两个套院的道观，西院上殿为泰山行宫，下为百子殿；东院上殿为玉皇阁，下为三官殿。原来台前立有三统石碑，记载有宴贺台的来历，可惜治理黄河时毁坏。1946 年，宴贺台道观被毁。后又由于长期取土，宴贺台现仅存北部部分。2009 年 4 月被滨城区人民政府公布为第二批县级文物保护单位。（图 4-9、图 4-10）

古建筑

黄县当铺 清代至民国年间建筑，位于滨州市滨城区滨北街道办事处西街，现存北屋 4 间，东厢房 2 间，其中仅北屋为原来建筑，其余皆为抗战胜利后在当铺原

图 4-11　黄县当铺（一）

图 4-12　黄县当铺（二）

址上修建的烈士祠。当铺开办最晚应在清末民初，为胶东黄县（今龙口市）田某所建。当时占地 20 多亩，房屋 100 余间，设有 16 个门头。后因故于 1930 年停业，房子被用做县属建设科和民众教育馆。抗日战争中，曾为日本军队驻滨县司令部。新中国成立后，当铺被改建为烈士祠和县党校。后因村民盖房，当铺建筑现存无几。2009 年 4 月被滨城区人民政府公布为第二批县级文物保护单位。（图 4-11、图 4-12）

第二节　惠民县

古遗址

张坊遗址　岳石文化、商周、汉，位于滨州市惠民县胡集镇张坊村西 300 米处，东西宽 120 米，南北长 120 米，总面积约 14400 平方米。原在清代庙台下，拆庙取土时发现汉代墓葬，出土汉陶马、陶俑，再往下是商周时期的夹砂陶器残片，最底层曾出土一由薄石片拼成的石棺，无随葬品，应为更早时期的葬具。1983 年 5 月被惠民县人民政府公布为第一批县级文物保护单位。

于大夫遗址　商周，位于滨州市惠民县皂户李镇于大夫村东南，为高出地面约 1 米的台形遗址，东西长约 80 米，南北长约 70 米，面积约 5600 平方米。《惠民县志》记载，该处原称“廉颇冢”。遗址中有一条南北沟穿过，两断面暴露有鹿角、陶纺轮、骨器、蚌器、夹砂陶鬲等器物残片，文化堆积厚达 4 米。1983 年 5 月被惠民县人民政府公布为第一批县级文物保护单位。

大李遗址　商周、汉，位于滨州市惠民县何坊乡大李村南，东西宽 120 米，南北长 120 米，总面积约 14400 平方米。遗址中心原有一高台，当地人及《惠民县志》称为“廉颇冢”，现高台已被夷为平地。遗址具体文化堆积厚度不详，曾采集有商周时期的陶豆、鬲足及口沿残片、陶罐残片等标本。遗址上还曾有汉代墓葬，出土过汉代陶罐。1983 年 5 月被惠民县人民政府公布为第一批县级文物保护单位。（图 4-13、图 4-14）

刘黄遗址　商代、战国、汉，位于滨州市惠民县城东 4 公里的何坊镇刘黄村北 50 米处，南北长 60 米，东西宽 60 米，面积约 3600 平方米。遗址北部是原始洼地，被一条东西水沟穿过，曾出土过青铜器、石镞、骨镞、石镰、纺轮、板瓦、陶罐、陶豆等。现遗址北部地表有大量陶器残片暴露，如罐、鬲、将军盔等残片，基本上饰以绳纹，多数为灰陶，少量为红陶。文化堆积厚约 1 米，土质为灰褐色。近年来，

图 4-13　大李遗址

图 4-14　大李遗址标本

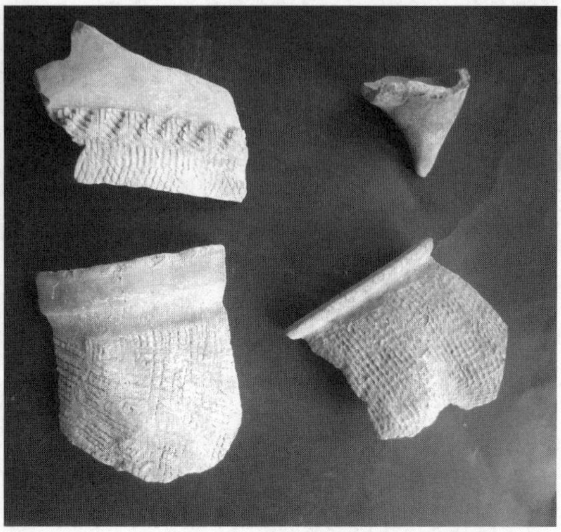

图 4-15　刘黄遗址标本

图 4-16　刘黄遗址

由于开发区公路从刘黄遗址北部经过，大量的取土造成文化层破坏，遗址上灰砖、人骨、绳纹陶片大量暴露于地表。刘黄遗址文化堆积内涵丰富，是一处比较重要的商代遗址，具有比较高的文物价值。另外，遗址上还有战国至汉代墓葬。1983 年 5 月被惠民县人民政府公布为第一批县级文物保护单位。（图 4-15、图 4-16）

朱家遗址　商周，位于滨州市惠民县何坊镇朱家村东 250 米处，遗址呈慢坡台形，台高约 0.8 米，东西宽 150 米，南北长 200 米，面积约 3 万平方米。遗址东部有大商沟穿过，地面暴露有商代夹砂绳纹陶鬲，周代灰陶罐口沿、鬲足、将军盔等器物残片。遗址是第二次全国文物普查时发现的，其文化堆积厚度不详。1992 年 7 月被惠民县人民政府公布为第二批县级文物保护单位。（图 4-17、图 4-18）

石庙赵遗址　商周，位于滨州市惠民县城西 20 公里的石庙镇石庙赵村。该遗址北至石庙赵村西，南至商河至济南公路扬水站以南，西到渠西耕地，一分干渠从遗址西部南北向穿过，遗址东西宽约 100 米，南北长约 200 米，面积约 20000 平方米。从沟渠断面看，文化层在距地表 0.5 米以下，文化堆积厚约 1.5 米。该遗址地势平坦，采集有夹砂陶鼎、鬲、簋、豆等器物残片，是一处商周时期遗址。1992 年 7 月被惠民县人民政府公布为第二批县级文物保护单位。

图 4-17　朱家遗址

图 4-18　朱家遗址标本

图 4-19　孙家沟遗址

孙家沟遗址 商周，位于滨州市惠民县麻店镇孙家沟村村北 100 米处。一条南北方向的水沟（支二排）从遗址东部穿过，遗址南端有一小桥。该遗址呈台形，中间略高，四周偏低，东西长约 200 米，南北长约 80 米，总面积约 16000 平方米。从沟的断面看，文化堆积距地表大约 0.5 米，厚约 1 ～ 2 米，土色为灰黑色，暴露有夹砂陶、泥质灰陶等器物残片。采集的器物标本有夹砂陶鬲及板瓦残片，并出土过完整器物。从采集器物的器形看，此处为商周时期的古文化遗址。1992 年 7 月被惠民县人民政府公布为第二批县级文物保护单位。（图 4-19）

文昌阁遗址 商周、明，位于滨州市惠民县城西南 16.5 公里处的淄角镇南，220 国道西侧。淄角在春秋战国时属于齐国临淄，取意于临淄之一角，故称“淄角”。遗址南北 200 米，东西 80 米，面积 16000 平方米，文化堆积厚约 1 米，地面暴露有灰陶瓮、陶鬲、陶豆等器物残片，应为商周时期遗物。明代曾在遗址上筑高台，建文昌阁，故也称“文昌阁遗址”。1992 年 7 月被惠民县人民政府公布为第二批县级文物保护单位。（图 4-20、图 4-21）

南小吴家遗址 周代，位于滨州市惠民县何坊乡南小吴家村南，紧邻南小吴家村。遗址东西长 120 米，南北宽 60 米，面积约 7200 平方米。遗址北部有一池塘，其他部分为平坦耕地。该遗址是第二次全国文物普查时发现，当时采集的标本有夹砂红陶鬲口沿残片、罐残片等，文化堆积厚度不详。1992 年 7 月被惠民县人民政府公布为第二批县级文物保护单位。

水波杨遗址 周代，位于滨州市惠民县孙武街道办事处水波杨村东，基本与村庄接界。该遗址为周代遗址，是第二次全国文物普查时发现。现遗址长 400 米，宽 250 米，面积约 10 万平方米。遗址西部是苇子地，接近村庄处由于村民挖鱼塘已将文化层破坏。遗址南部被一水沟打破。遗址表面采集到泥质灰陶簋、罐等残片。遗址文化堆积厚度不详。1992 年 7 月被惠民县人民政府公布为第二批县级文物保护单位。（图 4-22、图 4-23）

高家遗址 周代，位于滨州市惠民县孙武街道办事处高家村北 500 米处，遗址地势平坦，现为农田。遗址南北长 200 米，东西宽 150 米，面积约 30000 平方米。遗址距地表 0.2 米以下即是文化堆积，厚度不详。该遗址是第二次文物普查时发现，当时采集的标本有泥质灰陶瓮、罐、盆、豆、板瓦以及夹砂陶器物残片，根据标本特征判定为周代遗址。1992 年 7 月被惠民县人民政府公布为第二批县级文物保护单位。（图 4-24、图 4-25）

陈家湾遗址 周代，位于滨州市惠民县淄角镇陈家湾村南，南北长约 100 米，

图 4-20　文昌阁遗址

图 4-21　文昌阁遗址标本

图 4-22　水波杨遗址

图 4-23　水波杨遗址出土陶片

图 4-24　高家遗址

图 4-25　高家遗址地表陶片

图 4-26 陈家湾遗址

图 4-27 陈湾遗址标本

东西宽约 70 米，面积约 7000 平方米，地势东高西低，东边比西边高出约 1 米多。遗址东部建有淄角烈士陵园。遗址地表暴露有许多带绳纹的灰、黑陶器残片，经辨认断定应为周代遗物。2010 年 12 月被惠民县人民政府公布为第三批县级文物保护单位。（图 4-26、图 4-27）

王家店子遗址 周代至汉代，位于滨州市惠民县麻店镇王家店子村北略偏东方向，距离惠民县城 11.5 公里。遗址现为耕地，北部地势较高。整个遗址东西约 175 米，南北约 370 米，面积约 64750 平方米。遗址南段有一水沟穿过。遗址北部地表裸露的陶片较多，南部较少，从水沟的断面状况来看，文化堆积厚度自地表向下至少有 1 米以上，但是准确厚度尚不能确定。采集器物标本绝大多数为灰陶，极少数为红陶，年代应为周代至汉代。2010 年 12 月被惠民县人民政府公布为第三批县级文物保护单位。（图 4-28、图 4-29）

大朱家遗址 汉代，位于滨州市惠民县孙武街道办事处朱家村南 200 米处，沙河以东，沙河南岸，遗址东西长 200 米，南北宽 100 米，面积约 2 万平方米。遗址呈斜坡状，距地表 1.5 米以下是文化堆积，厚度不详。沙河清淤、拓宽时出土泥质灰陶罐、豆等器物残片，根据器物特征定为汉代遗址。1992 年 7 月被惠民县人民政府公布为第二批县级文物保护单位。

图 4-28 王家店子遗址

图 4-29 王家店子遗址标本

张上梁遗址 汉代，位于滨州市惠民县城西 20 公里的石庙镇张上梁村北 800 米处。该遗址地势明显高于四周耕地约 0.5 米，呈漫坡状台形地，东西约 150 米，南北约 120 米，面积约 16500 平方米，距地表 0.5 米以下为文化堆积。该遗址采集有汉代的泥质灰陶罐、盆、板瓦等残片。1992 年 7 月被惠民县人民政府公布为第二批县级文物保护单位。（图 4-30）

张龙泉遗址 汉、宋，位于滨州市惠民县大年陈乡张龙泉村西北 250 米处，地势平坦，距地表 0.5 米以下为文化堆积，保存良好，采集标本有汉代泥质灰、红陶盆、罐等残片和宋白釉瓷器残片。1992 年 7 月被惠民县人民政府公布为第二批县级文物保护单位。（图 4-31、图 4-32）

陷棣州遗址 晋、唐，位于滨州市惠民县辛店镇陷棣州村（现称先棣州村）东南角，史志记载此处曾为棣州故城址，唐太和二年（829 年）地震时被大水冲毁。1954 年出土过铜剑、铁器等。1983 年 5 月被惠民县人民政府公布为第一批县级文物保护单位。（图 4-33）

小新城遗址 五代，位于滨州市惠民县清河镇古城李村东 500 米处，《惠民县志》有记载，五代梁朝显德三年（956 年）刺史花温琪所建，因洪水毁于宋代大中祥符八年（1015 年），只存 59 年。现为平坦耕地。1983 年曾出土过铁器。1983 年 5 月被惠民县人民政府公布为第一批县级文物保护单位。（图 4-34）

杀猪徐遗址 宋代，位于滨州市惠民县何坊乡杀猪徐村西南 50 米处，南北长 250 米，东西宽 200 米，面积约 5 万平方米。第二次全国文物普查时发现。遗址位

图 4-30　张上梁遗址

图 4-31　张龙泉遗址

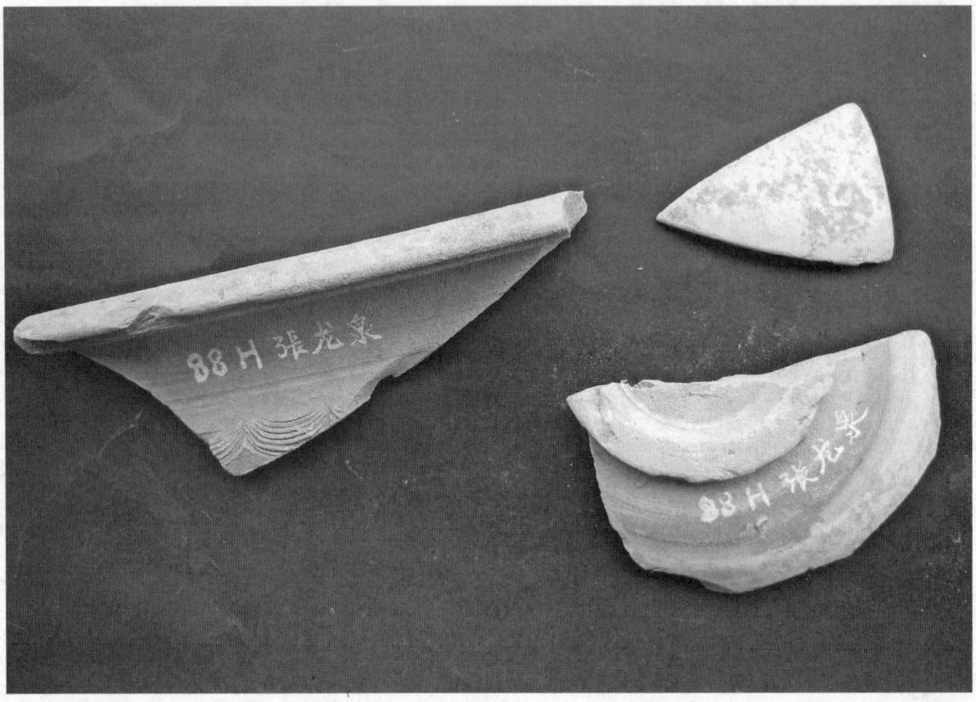

图 4-32 张龙泉遗址标本

图 4-33 陷棣州遗址

图 4-34　小新城遗址

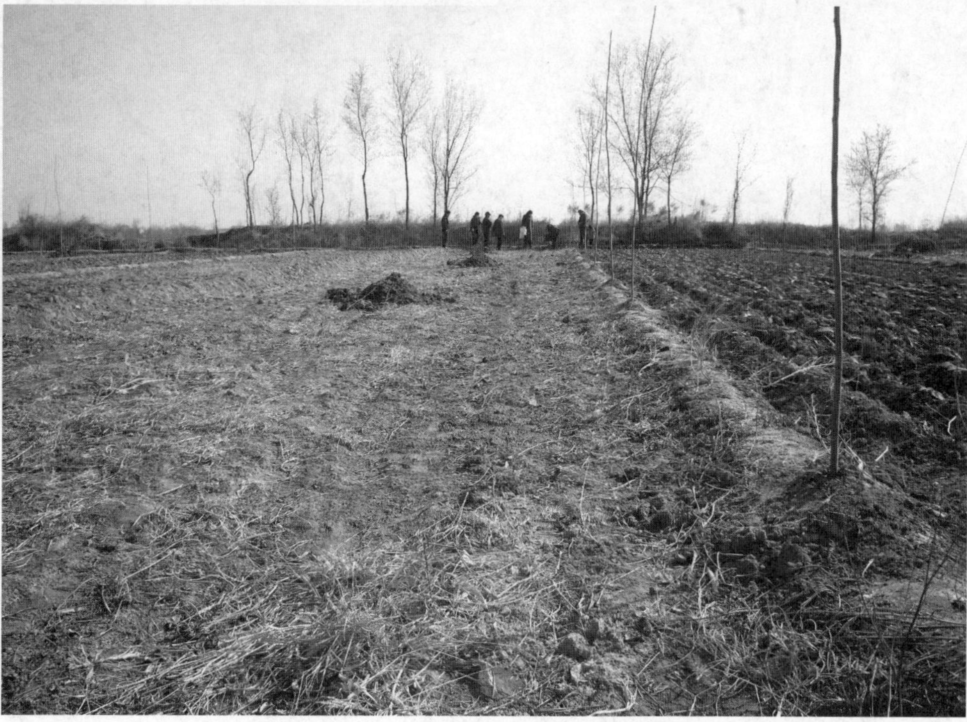

图 4-35　杀猪徐遗址

图 4-36　杀猪徐遗址标本

图 4-37　翟家遗址标本

图 4-38　翟家遗址

于平坦耕地之中，遗址南部有一条东西向的水渠穿过。遗址距地表 0.5 米以下是文化堆积，但厚度不详。采集到的标本有泥质红、灰陶罐、盆及白釉瓷残片。1992 年 7 月被惠民县人民政府公布为第二批县级文物保护单位。（图 4-35、图 4-36）

堤口杨遗址　宋代，位于滨州市惠民县桑落墅镇堤口杨村南 350 米处，东西宽 150 米，南北长 200 米，面积为 30000 平方米左右，现为农田，四周平坦，西部被一条南北水渠破坏，出土有灰陶盆、罐及白釉瓷等残片，文化堆积厚度不详。地表为黄色沙质土。1992 年 7 月被惠民县人民政府公布为第二批县级文物保护单位。

翟家遗址　宋元，位于滨州市惠民县孙武街道办事处翟家村西北 10 米处，遗址原为斜坡地，东高西低，现为平地。采集有泥质陶盆、罐及白釉瓷等残片。文化堆积厚度不详。1992 年 7 月被惠民县人民政府公布为第二批县级文物保护单位。（图 4-37、图 4-38）

老观赵遗址　宋元，位于滨州市惠民县石庙镇老观赵村东 500 米处，遗址大部分为台形地，台高 1.2 米左右，东西约宽约 200 米，南北长约 300 米，面积约 60000 平方米。该遗址现为可耕地，地表平坦，文化堆积暴露地表，厚度不详，有一排水沟在台形地西沿南北方向穿越遗址。采集有宋代泥质灰陶罐、盆、板瓦和元代白瓷碗等残片。1992 年 7 月被惠民县人民政府公布为第二批县级文物保护单位。

打箔路遗址　宋元，位于滨州市惠民县城西南 9 公里的皂户李镇打箔路村西南 500 米处。该遗址东西约 500 米，南北约 100 米，面积约 50000 平方米。该遗址地势平坦，土质碱化，南沿略高于平地 10 ～ 30 厘米，东、西、北三面与周围地面无明显界限，遗址上无断层，文化堆积暴露地表，厚度不清。采集到的器物标本有灰陶器和瓷器残片。从采集标本的器形特点确认该遗址为一处宋元时期的古文化遗址。1992 年 7 月被惠民县人民政府公布为第二批县级文物保护单位。（图 4-39）

第三堡遗址　宋元，位于滨州市惠民县辛店镇三堡村西南 300 米处，东西长 600 米，南北宽 400 米，面积 240000 平方米，遗址被一条南北沟打破，采集标本有泥质陶钵、灰陶罐及白釉瓷等残片，文化堆积厚度不详。1992 年 7 月被惠民县人民政府公布为第二批县级文物保护单位。（图 4-40、图 4-41）

陈谢遗址　元代，位于滨州市惠民县何坊乡后谢村东北 40 米，原为台型遗址，呈北高南低。遗址东西长约 300 米，南北宽 250 米，面积约 75000 平方米。遗址中部有水渠和东西向的乡间土路。该遗址是第二次全国文物普查时发现，当年采集的标本有泥质灰陶罐、盆及白釉瓷残片等，属元代时期遗址。1992 年 7 月被惠民县人民政府公布为第二批县级文物保护单位。（图 4-42）

常家遗址　元代，位于滨州市惠民县石庙镇常家村南 10 米处，东西约 350 米，南北约 500 米，总面积约 175000 平方米。遗址高出四周耕地 1 米余，遗址中心距地表约 0.3 米以下为文化堆积，地面暴露有大量建筑砖瓦残片和瓷器残片。据所采集标本分析，该遗址为元代时期的村落遗址。1992 年 7 月被惠民县人民政府公布为第二批县级文物保护单位。（图 4-43）

图 4-39　打箔路遗址

图 4-40　第三堡遗址

图 4-41　第三堡遗址标本

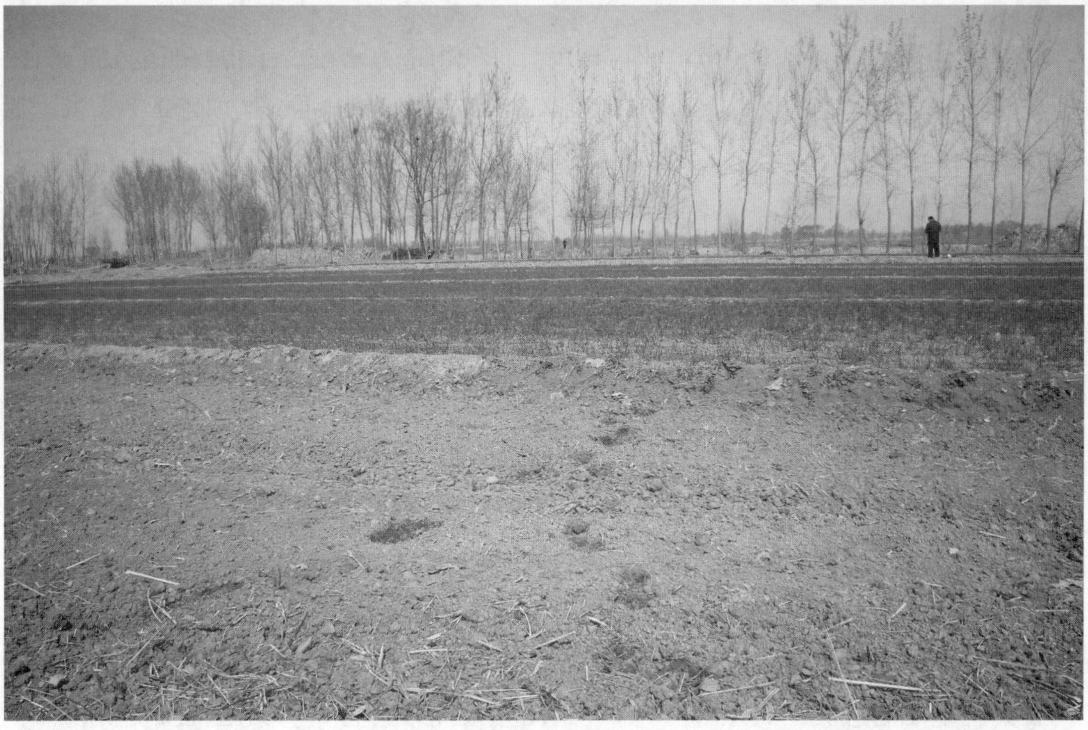

图 4-42　陈谢遗址

图 4-43 常家遗址

驻跸台遗址 明代，位于滨州市惠民县孙武街道办事处台子崔村西南150米处，是一处高台遗址，遗址现高3米左右，长50米，宽25米，面积约1250平方米。遗址原是明代宣德皇帝为纪念平定汉王朱高旭之乱修建的纪念性建筑。1981年以前，当地村民利用高台的土，在此立窑烧砖，将此遗迹破坏殆尽。目前仅留一处高3米左右的大土堆，土堆中心还有烧窑留下来的深坑。1983年5月被惠民县人民政府公布为第一批县级文物保护单位。（图4-44）

台子陈遗址 年代待定，位于滨州市惠民县孙武街道办事处台子陈村北200米处的农田之中，距惠民县城3.5公里。大体为正方形，南北75米，东西76米，面积大约5700平方米。遗址断面暴露有较多的青砖、灰瓦，应为一处建筑遗址。当地村民讲，此处原是八方寺寺庙遗址。八方寺曾是惠民县历史上比较有名的佛教寺庙，但是始建于何年没有记载。惠民县近年来屡有北朝时期的佛造像出土，说明惠民县历史上佛教曾经兴盛一时。据县志记载，古时惠民有20多处佛教寺院，现在大部分皆无处可查或被埋压在现代民房之下。故保护好台子陈遗址，对研究惠民县的佛教发展具有重要的意义。2010年12月被惠民县人民政府公布为第三批县级文物保护单位。（图4-45、图4-46）

刘阮寺遗址　年代待定，位于滨州市惠民县胡集镇刘院寺村内，距惠民县城30公里。刘阮寺遗址为一古代佛教寺庙遗址，遗址年代尚不能确定。现遗址东西宽50米，南北长50米，占地面积2500平方米。遗址上保留有一棵龙爪古槐，由于年代久远，树干已中空，但树冠巨大，树枝茂盛。2010年12月被惠民县人民政府公布为第三批县级文物保护单位。（图4-47～图4-49）

图4-44　驻跸台遗址

图4-45　台子陈遗址

图 4-46　台子陈遗址局部

图 4-47　刘阮寺遗址近景

图 4-48　刘阮寺龙爪古槐

图 4-49　刘阮寺遗址远景

古墓葬

娘娘坟古墓　唐代，位于滨州市惠民县何坊乡前娘娘坟村西北 100 米处，已被盗挖。现有封土高约 2 米，直径约 10 米，占地面积约 100 平方米。封土上有大柏树一棵，仍然翠绿茂盛。1983 年 5 月被惠民县人民政府公布为第一批县级文物保护单位。（图 4-50）

袁化忠墓　明代，位于滨州市惠民县清河镇袁家村东南 250 米，220 国道南边。《惠民县志》载：袁化忠，明万历御史，著名文学家，著有《袁化忠集》，因与权臣魏忠贤斗争被害。现墓葬为平地，无封土及碑刻。1983 年 5 月被惠民县人民政府公布为第一批县级文物保护单位。

图 4-50　娘娘坟古墓

古建筑

丁氏故居 清代，位于滨州市惠民县魏集镇丁河圈村，距魏集镇政府3公里，南邻黄河大坝。此民居现保留有三个院落，被一条东西街分隔。街南有两处相连的宅院，为叙述方便，我们暂称为一院、二院，街北的宅院称为三院。一、二两院相连，东西总长43.3米，南北长34.6米，占地面积1498.18平方米。三院东西宽19.18米，南北长18.15米，占地面积354.83平方米。三个院落的房屋均为青砖灰瓦，坡顶，硬山，抬梁式构架，保存房屋约有20多间。位于街北的三院房屋保护相对较好，现仍使用，并且保留有阁楼式建筑。二院的房屋大多屋顶坍塌，已无法使用。一院保留有几间北屋、西屋、一个门楼，其中保存较好，最具文物价值的是门楼。此门楼为砖、石、木结构，两层，高约6.31米，宽约3.31米，进深5米，非常有气势，

图4-51 丁氏故居

图4-52 丁氏故居三院阁楼及影壁

图4-53 丁氏故居一院门楼石雕

图 4-54　丁氏故居一院门楼背面

图 4-55　丁氏故居一院门楼

图 4-56　丁氏故居三院外景

图 4-57　丁氏故居三院门洞

门楼上的石雕是其精华所在。门洞的上方嵌有石质匾额，镌刻行书“集义”两字，匾额采用了扇面的表现形式，字的两边浮雕博古图案。门洞的上部为拱券形，顶部的图案刻一只蝙蝠衔一枚铜钱，寓意“福在眼前”，两边分刻暗八仙图案。门洞的两边分别刻有佛手瓜、寿桃、四季花卉、竹子、水仙、兰花、花瓶等图案。2010 年 12 月被惠民县人民政府公布为第三批县级文物保护单位。（图 4-51 ～图 4-57）

偶家神庙　清代，位于滨州市惠民县辛店乡偶家村，距惠民县城直线距离17公里。该庙共有三间，坡顶，硬山，抬梁式构架，砖木结构，前出厦，东西长8.62米，南北宽6.13米，进深3.65米，通高4.85米，墙体厚约0.57米，占地面积52.84平方米。神庙饰有砖雕，砖雕图案有狮子绣球、狮狮（事事）如意、花卉等。檐檩饰有彩绘，但由于年代较久，图案已模糊。前出厦两边上的垂脊为拱形。现神庙顶部已经修缮，为红瓦覆盖，其他结构保存较好。据当地村民介绍，神庙原有一个院落，新中国成立后曾作为小学校，学校搬迁后，部分建筑拆迁，现只保留三间主建筑。神庙始建于何时不详，供奉什么神佛，也无从得知。神庙前面保留有一棵柏树。从建筑风格上看，为清代建筑。2010年12月被惠民县人民政府公布为第三批县级文物保护单位。（图4-58～图4-63）

图4-58　偶家神庙

图4-59　偶家神庙砖雕

图4-60　偶家神庙檐檩彩绘

图4-61　偶家神庙梁架

图 4-62 偊家神庙前门

图 4-63 偊家神庙山墙

大巩家家庙 清代，位于滨州市惠民县李庄镇大巩家村内，距惠民县城25.6公里。现有北屋三间、柏树四棵、影壁一座，外有院墙构成一个完整的院落。房屋进深4.05米，出厦进深1.9米，房屋通高5米。整座房屋东西长9.10米，南北宽6.1米，占地面积55.51平米。北屋三间，一明两暗，明间较宽，有3.96米，暗间为2.55米。房屋为砖木结构，抬梁式构架，坡顶，硬山。坡顶前坡长，后坡短。屋顶已经过多次维修，早已换成了现代红瓦。有前出厦。房屋有一门两窗，门上的青砖上刻有民国维修时留下的铭文：“民国拾贰年四月重修。”四棵柏树分别种植在院子的东西南北四个角落。影壁高2.07米，宽2.13米，厚0.4米。外有门楼，高3.45米，宽2.7米。院墙为后来维修。整个院落长21.9米，宽9.1米，占地面积199.29平方米。据本村党支部书记介绍：该建筑原为本村一户村民祭祀祖先的家庙。从民国维修时留下的铭文以及建筑风格来看，应是清代建筑。2010年12月被惠民县人民政府公布为第三批县级文物保护单位。（图4-64～图4-68）

图4-64 大巩家家庙

图 4-65 大巩家家庙院内影壁

图 4-66 家庙前出厦

图 4-67 家庙砖雕

图 4-68 家庙维修时铭文

近现代重要史迹及代表性建筑

姜楼天主堂 始建于1878年，1931年完工，位于滨州市惠民县姜楼镇姜楼村，分别为意大利、德国、美国分三期建成。共建有神父楼、钟楼、修女楼、教堂、学校、医院、伙房等建筑，成为当时周村教区在黄河以北最大规模的教堂，也称“总堂”。当时占地面积10318平方米，建筑面积3473平方米，房屋计200余间，规模宏大。新中国成立后，大部分拆迁，今唯余神父楼一处。该楼占地593.4平方米，有三层21间房屋，现仍在继续使用。1983年5月被惠民县人民政府公布为第一批县级文物保护单位。（图4-69、图4-70）

图4-69 姜楼天主堂古槐

图4-70 姜楼天主堂神父楼

图 4-71　王家店子教堂地下室入口

王家店子教堂　民国，位于滨州市惠民县麻店镇王家店子村，距惠民县城 11 公里，现有房屋 24 间，其中北屋 12 间，西屋 7 间，东屋 5 间。所有房屋均以砖、木、土混合结构为主。砖为青砖，瓦已经换成现在的红瓦。均为硬山，坡顶。最北端的 7 间北屋体量最大，有前后厦、地下室，有通气孔、砖雕，建筑风格中西结合，以中式为主。王家店子教堂大约是民国时期修建，主要是以传播天主教为主。新中国成立后，曾作为乡镇医院使用，医院搬迁后，部分房屋被拆毁，现为王家店子村委会使用。2010 年 12 月被惠民县人民政府公布为第三批县级文物保护单位。（图 4-71、图 4-72）

图 4-72　王家店子教堂

沙窝翟烈士墓　1939 年，位于滨州市惠民县城西南约 19 公里的沙窝翟村。1939 年 2 月 23 日，八路军东进抗日纵队七连 200 人在此地阻击敌人，歼敌 500 余人。我军 50 名勇士也在战斗中壮烈牺牲，被合葬于沙窝翟村西。烈士墓封土高约 5 米，直径约 50 米，占地约 1970 平方米。为纪念革命烈士，进行爱国主义教育和革命英雄主义教育，惠民县委、县政府在烈士墓前树立了纪念碑，碑文为：“一九三九年二月二十三日抗击日寇光荣牺牲革命烈士永垂不朽，中共惠民县委惠民县人民政府立。”1983 年 5 月被惠民县人民政府公布为第一批县级文物保护单位。

夹河战斗遗址 1941年，位于滨州市惠民县辛店镇夹河村与前牛村之间。1941年9月3日，八路军一一五师教导旅在政治部主任杨忠的带领下路过此地准备休整，遭遇日军。杨忠同志率部奋战，光荣牺牲。八路军损失较重。死难烈士多数埋葬在淄角烈士陵园内。1983年5月，该遗址被惠民县人民政府公布为第一批县级文物保护单位。（图4-73）

归化烈士墓 1944年修建烈士墓并立碑，20世纪70年代建陵园，位于滨州市惠民县城西北25公里的石庙镇归化村，墓地安葬着原惠民、商河、阳信大队在商河战斗中阵亡的外籍烈士和“泊东惨案”中被反动道会门杀害的革命先烈。墓地呈高台形，东西约22米，南北约16.8米，面积约374平方米。烈士墓压在一处晋唐时期的寺院遗址上。1944年，惠民县人民政府立碑。现在烈士墓不仅成为人们清明凭吊的场所，也成了对青少年进行爱国主义教育的课堂。1983年5月被惠民县人民政府公布为第一批县级文物保护单位。（图4-74）

李茂战斗遗址 1945年，位于滨州市惠民县石庙镇李茂村北。1945年抗日战争时期，日军“三角部队”伪装当地便衣潜入惠民县李茂村，我三边县大队的侦查

图4-73 夹河战斗遗址

图 4-74 归化烈士墓

图 4-75 淄角烈士陵园

员误认为“便衣队”抢粮，将敌情向县委领导作了汇报。县委研究决定，命令县大队立即出动，消灭这股敌人。李茂村周围有高 5 米的围墙和深 3 米的壕沟，地势对敌人有利。日军埋伏在围墙内，围墙上架设有 10 多挺机枪和几门大炮。当我县大队攻入村内时，敌人伏兵四起，枪炮齐发，我军奋力还击，与敌人展开肉搏战。两小时后我县大队撤出战斗。由于敌强我弱，此次战斗虽给敌人严重杀伤，但我军也损失严重。县委书记丁洪泽、县大队副大队长陈立民壮烈牺牲，并有 60 余名战士伤亡。1983 年 5 月，该遗址被惠民县人民政府公布为第一批县级文物保护单位。

淄角烈士陵园　建于 1946 年 6 月，位于滨州市惠民县淄角镇陈家湾村南，占地面积 6700 平方米。陵园安葬了抗日战争时期在夹河战役中牺牲的八路军指战员，其中有八路军一一五师教导六旅政治部主任杨忠、书记陈天冲、敌工科科长杜杰等。1946 年 6 月，惠济商三边县县政府在淄角修建了烈士墓及陵园。现有墓葬多座，碑刻 5 处。1983 年 5 月被惠民县人民政府公布为第一批县级文物保护单位。（图 4-75）

惠民县烈士陵园　始建于 1956 年，位于滨州市惠民县城西南，共占地 15000 平方米。陵园内共埋葬 201 位烈士忠骨，墓前竖有墓碑，上面刻有烈士姓名、籍贯、

图 4-76　惠民县烈士陵园

部队番号等。院内建有“革命烈士纪念堂”，占地320平方米，分为三个展厅，共展出57名烈士的英雄事迹。每逢清明时节，当地干部、群众前来祭奠先烈，表达崇敬和怀念之情。1983年5月被惠民县人民政府公布为第一批县级文物保护单位。（图4-76）

孙子书院　建于1991年5月，一组现代仿古式建筑群，位于滨州市惠民县城中心，是孙子故园的主体建筑之一，占地4000平方米，建筑面积1600平方米，内建正殿、东西配殿、东西厢房等共三个院落35间，有回廊相连。里面有15位中央领导人的题词石刻，正殿内有110.5平方米的大型木雕壁画“孙子圣迹图”。书院东边有广场，广场上竖立巨型花岗岩孙武雕像。1992年7月被惠民县人民政府公布为第二批县级文物保护单位。

第三节　阳信县

古遗址

三崔遗址　岳石文化、商周，位于滨州市阳信县水落坡镇三崔村南30米处，长250米，宽120米，面积3万平方米。遗址中有一水渠穿过。采集的可辨陶器有岳石文化附加堆纹袋足灰陶甗残片，商周时期夹砂灰陶绳纹鬲、泥质灰陶豆、粗把豆柄等。1992年4月被阳信县人民政府公布为第二批县级文物保护单位。（图4-77、图4-78）

刘同智遗址　商周，位于滨州市阳信县河流镇刘同智村西400米处，长200米，宽100米，面积2万平方米，文化堆积厚约3米。遗址中有一交叉水渠。采集器物有泥质夹砂红、灰陶鬲足、鬲口沿、豆柄和泥质灰陶盆残片。1983年10月被阳信县人民政府公布为第一批县级文物保护单位。（图4-79、图4-80）

雾宿洼遗址　商周、春秋，位于滨州市阳信县劳店镇南朱村南2.5公里处，长1200米，宽700米，面积8.4万平方米，文化堆积厚约2米，遗址中有一南北向水渠穿过。出土器物有穿孔石铲、大口尊、夹砂灰陶和红陶鬲口沿、鬲足、鼎足等残片以及豆柄、豆盘、泥质灰陶盆、罐口沿等残片。1983年10月被阳信县人民政府公布为第一批县级文物保护单位。（图4-81、图4-82）

东魏遗址　商周，位于滨州市阳信县水落坡镇东魏村北800米处，长200米，宽150米，面积3万平方米。采集器物有夹砂灰、红陶鬲足，泥质灰陶盆、豆残片，

图 4-77　三崔遗址

图 4-78　三崔遗址标本

图 4-79　刘同智遗址

图 4-80　刘同智遗址标本

图 4-81　雾宿洼遗址

图 4-82　雾宿洼遗址标本

图 4-83 东魏遗址

图 4-84 东魏遗址标本

同时还见有粗把豆盘、将军盔等口沿残片。1992 年 4 月被阳信县人民政府公布为第二批县级文物保护单位。（图 4-83、图 4-84）

后刘店遗址 商周，位于滨州市阳信县洋湖乡后刘店村西北 100 米处，面积 4.9 万平方米。内中有一土台，俗称“王莽冢”，高 4 米，长 30 米，宽 20 米，面积 600 平方米。采集器物有泥质夹砂鬲足、口沿等残片和一些灰陶盆、罐等残片。1992 年 4 月被阳信县人民政府公布为第二批县级文物保护单位。（图 4-85、图 4-86）

邱家遗址 商周，位于滨州市阳信县商店镇邱家村南 1 公里处，长 150 米，宽 100 米，面积 1.5 万平方米。文化堆积较浅，残片暴露于地表。采集器物有夹砂灰、红陶鬲足、口沿，灰陶豆柄和灰陶盆、罐等残片。1992 年 4 月被阳信县人民政府公布为第二批县级文物保护单位。（图 4-87、图 4-88）

孙寨遗址 商周、春秋，位于滨州市阳信县商店镇孙寨村南 1 公里处，呈缓坡状，长 300 米，宽 200 米，面积 6 万平方米，文化堆积距地表深约 0.5 米。遗址中有一古墓俗称“黄巾冢”，大部分封土已不存。采集器物有泥质夹砂灰、红陶鬲足，鬲口沿等残片，同时还见有泥质灰陶盆、罐口沿，豆柄以及将军盔口沿残片，春秋时期彩陶尊等。1992 年 4 月被阳信县人民政府公布为第二批县级文物保护单位。（图 4-89、图 4-90）

中闫张遗址 商周，位于滨州市阳信县温店镇中闫张村西南 500 米处，呈缓坡状，长 105 米，宽 80 米，面积 8400 平方米。遗址中有一台丘，俗称“廉颇祠”，高 5 米，长 36 米，宽 30 米，面积 1080 平方米。采集器物有夹砂泥质红、灰陶鬲足、口沿残片，同时还见有泥质豆柄以及灰陶盆、罐口沿残片。1992 年 4 月被阳信县人民政府公布为第二批县级文物保护单位。（图 4-91、图 4-92）

图 4-85 后刘店遗址

图 4-86 后刘店遗址标本

图 4-87 邱家遗址标本

图 4-88 邱家遗址

图 4-89　孙寨遗址

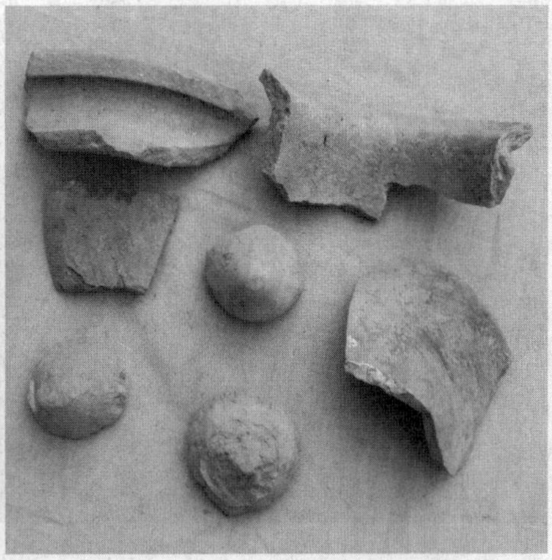

图 4-90　孙寨遗址标本

幽家遗址　战国，位于滨州市阳信县流坡坞镇幽家村东 40 米处，南北长 100 米，东西宽 80 米，面积 8000 平方米。经专家勘察，在该遗址 2.3 米黏土以下发现文化层，出土器物有泥质灰陶盆、罐及将军盔残片等，保存良好。2011 年 11 月被阳信县人民政府公布为第三批县级文物保护单位。（图 4-93）

富平遗址　西汉，位于滨州市阳信县水落坡镇李截半村南 500 米处，亦名“厌次故城”。该遗址长 500 米，宽 250 米，面积 12.5 万平方米，文化堆积厚 1.5 米左右。采集有大量的汉代泥质红、灰陶盆、罐残片和砖、瓦当、石磨等残片。1983 年 10 月被阳信县人民政府公布为第一批县级文物保护单位。（图 4-94、图 4-95）

程坞遗址　汉代，位于滨州市阳信县信城街道办事处程坞村西 100 米处，长 500 米，宽 300 米，面积 15 万平方米，文化堆积厚约 0.3 米，器物残片暴露于地表，采集器物有泥质灰陶豆、盘口沿、罐残片以及大量的汉代砖瓦残片。1992 年 4 月被阳信县人民政府公布为第二批县级文物保护单位。（图 4-96、图 4-97）

范家阁遗址　汉代，位于滨州市阳信县温店镇范家阁村东北 500 米处。遗址呈缓坡状，南北长 150 米，东西宽 80 米，面积 1.2 万平方米。采集器物主要有布纹瓦残片，现遗址保护良好。2011 年 11 月被阳信县人民政府公布为第三批县级文物保护单位。（图 4-98、图 4-99）

方城洼遗址　汉代，位于滨州市阳信县温店镇丁庙村西 2 公里处。该遗址呈长方形，西端宽 250 米，东端略窄，宽 150 米，东西长约 400 米，南北宽约 95 米，面积为 37500 平方米。地表采集器物有罐、缸等器物残片，汉代砖瓦残块等。方城洼遗址是第三次全国文物普查时发现。2011 年 11 月被阳信县人民政府公布为第三批

图 4-91　中闫张遗址

图 4-92　中闫张遗址标本

图 4-93　幽家遗址标本

图 4-94　富平遗址

图 4-95　富平遗址标本

图 4-96　程坞遗址标本

图 4-97　程坞遗址

图 4-98　范家阁遗址标本

图 4-99　范家阁遗址

图 4-100　方城洼遗址标本

图 4-101　方城洼遗址

县级文物保护单位。（图 4-100、图 4-101）

台子刘遗址 汉代，位于滨州市阳信县水落坡镇台子刘村东 200 米处，呈台形，长 300 米，宽 250 米，面积 75000 平方米。遗址之上种植大量的松柏及其他植物。采集器物以布纹瓦残片为多，还见有泥质灰陶盆、罐等残片。2011 年 11 月被阳信县人民政府公布为第三批县级文物保护单位。（图 4-102、图 4-103）

备马岭遗址 宋元，位于滨州市阳信县翟王镇东马村东北 1 公里处，呈台形，残高约 3 米，南北长 130 米，东西宽 80 米，面积约为 10400 平方米。地面西侧暴露有布纹瓦残片，同时还见有釉瓷碗残片，推断为宋元时期遗存。2011 年 11 月被阳信县人民政府公布为第三批县级文物保护单位。（图 4-104、图 4-105）

备马岭被当地人称为“白马岭”，翟王镇的东马村和西马村便因此而得名。备马岭有两个传说，一说秦始皇东游时，在此宿营备马，留下遗存；二说汉代大将韩信率军征战，命将士每人抓一抔黄土丢弃于此，铸成一座土城。

凤台吕遗址 清代，位于滨州市阳信县流坡坞镇凤台吕村西首。遗址中部隆起为缓坡状，四周渐缓降低，封土残高约为 5 米，东西长 120 米，南北宽 85 米，面积为 10200 平方米。据现场勘查无典型器物，该遗址为第三次全国文物普查时发现。相传，凤台吕乃凤凰落脚之地，并有狐仙光临，所以前来此处取药、许愿、祈祷者络绎不绝，成为阳信县有名的古迹之一。2011 年 11 月被阳信县人民政府公布为第三批县级文物保护单位。（图 4-106）

德安寺遗址 年代待定，位于滨州市阳信县流坡坞镇前营村西 500 米处。相传，德安寺始建于唐，兴盛于明，衰落于清，是原庆云县八大名寺之一，现归属阳信县。该遗址呈正方形，长宽各约 100 余米，面积 1 万平方米。采集有罐口沿残片及建筑

图 4-102　台子刘遗址标本

图 4-103　台子刘遗址

图 4-104　备马岭遗址标本

图 4-105　备马岭遗址

图 4-106　凤台吕遗址

图 4-107　德安寺遗址标本

图 4-108　德安寺遗址

物件等。该寺以前有院墙，院内有大殿数座，建筑高大壮观，还有石碑。1950 年利津县黄河决口，因政府征集石料，碑身被送于利津县堵填黄河河堤，现只留下碑座、赑屃。2011 年 11 月被阳信县人民政府公布为第三批县级文物保护单位。（图 4-107、图 4-108）

古墓葬

赵楼古墓 东周，位于滨州市阳信县洋湖乡赵楼村北 1000 米处。封土残高 1.5 米，南北长 80 米，东西宽 60 米，面积 4800 平方米，夯筑，《阳信县志》载为“蓝玉冢”，无典型器物，墓主不详。1983 年 10 月被阳信县人民政府公布为第一批县级文物保护单位。（图 4-109）

廉颇冢 战国，位于滨州市阳信县温店镇中闫张村西 50 米处。封土呈台形，夯筑，高 4 米，长 60 米，宽 50 米，面积 3000 平方米，《阳信县志》载为“廉颇冢”，采集器物有泥质灰陶盆、罐残片。1983 年 10 月被阳信县人民政府公布为第一批县级文物保护单位。（图 4-110）

西北村战国墓 战国，位于滨州市阳信县信城街道办事处西北村北 100 米处，东西长约 9 米，南北宽约 5 米，面积为 45 平方米，原有高达 10 余米的封土堆，现被夷平。1988 年 10 月在原封土堆下东侧发现并清理一战国时期器物陪葬坑，平面呈圆角方形，边长 2 米，残深 0.9 米。出土有泥质灰陶鼎、豆、壶、彩绘盖豆，铜鼎、敦、提梁壶、罍、漏铲、盘、匜、车马器、编钟以及石磬、瓿、管饰、片饰和骨、蚌饰件等。1992 年 4 月被阳信县人民政府公布为第二批县级文物保护单位。（图 4-111、图 4-112）

相如冢 战国，位于滨州市阳信县劳店镇刘洪路村东北 1 公里处。现封土残高约 1 米，长 12 米，宽 8 米，面积 96 平方米，在 1958 年打井时局部被破坏。2011 年 11 月被阳信县人民政府公布为第三批县级文物保护单位。（图 4-113）

八里泊古墓 汉代，位于滨州市阳信县洋湖乡八里泊村西 2000 米处。现存封土呈台形，残高 2 米，长 20 米，宽 15 米，总面积为 300 平方米，俗称“四里冢”，墓主不详，发现有汉代陶器残片。1983 年 10 月被阳信县人民政府公布为第一批县级文物保护单位。

窦王古墓 汉代，位于滨州市阳信县洋湖乡窦王村东北 30 米处。封土呈台形，残高 5 米，长 60 米，宽 50 米，面积 3000 平方米，其上植松柏数十棵。出土器物有泥质灰陶盆、罐等，当地村民还曾在此挖到过汉代砖块。1992 年 4 月被阳信县人民

图 4-109　赵楼古墓

图 4-110　廉颇冢

图 4-111　西北村战国墓标本

图 4-112　西北村战国墓

图 4-113　相如冢

图 4-114　流坡坞古墓群标本

图 4-115 流坡坞古墓群

政府公布为第二批县级文物保护单位。

流坡坞古墓群 汉代，位于滨州市阳信县流坡坞镇流坡坞村北 50 米处，东西长 80 米，南北宽 40 米，面积为 3200 平方米。出土器物有陶俑、陶马、陶鸡和泥质灰陶盆、罐等。现为一片开阔地，墓群中有一东西向水渠穿过。1992 年 4 月被阳信县人民政府公布为第二批县级文物保护单位。（图 4-114、图 4-115）

刀刘古墓 汉代，位于滨州市阳信县洋湖乡刀刘村东南 1 公里处。该墓南北长 30 米，东西宽 20 米，面积 600 平方米。现场发现少量汉代红陶罐残片。2011 年 11 月被阳信县人民政府公布为第三批县级文物保护单位。（图 4-116、图 4-117）

范家阁古墓 汉代，位于滨州市阳信县温店镇范家阁村东北 400 米处。古墓四周为农田，现封土残高约 2.5 米，东西长 65 米，南北宽 52 米，面积为 3380 平方米。据现场勘查无典型器物，保护良好。2011 年 11 月被阳信县人民政府公布为第三批县级文物保护单位。

栗家冢 宋元，位于滨州市阳信县河流镇栗家村西南 50 米处。栗家冢呈台形，高 4 米，南北长 20 米，东西宽 12 米，面积 240 平方米。出土器物有宋元时期的红陶盆、罐残片，同时还有布纹瓦残片。2011 年 11 月被阳信县人民政府公布为第三批县级文物保护单位。

明永乐年间，栗姓人由河北武邑、枣强一带迁此，在玉皇阁东侧立村，故其村

图 4-116　刀刘古墓

图 4-117　刀刘古墓标本

图 4-118　栗家冢

名为“栗家阁”，清末简称“栗家”。（图 4-118）

董琦墓　明代，位于滨州市阳信县商店镇大董村东首 30 米处，面积 40 平方米。现封土已平，墓中央偏北侧立有一统墓碑，碑文为“明朝大夫河南布政司右参议东楼董志先生墓表”。墓碑通高 2.57 米，宽 1 米，为青石质。1983 年 10 月被阳信县人民政府公布为第一批县级文物保护单位。（图 4-119、图 4-120）

烈女坟　明代，位于滨州市阳信县水落坡镇银刘村北 80 米处。封土呈正方形台状，夯筑，残高 3 米，边长为 10 米，总面积 100 平方米，俗称“王三姐墓”，现保护良好。1983 年 10 月被阳信县人民政府公布为第一批县级文物保护单位。（图 4-121）

相传王三姐为银刘村人。明永乐初年，村人为避乱兵而藏入地道，王三姐为乱兵所俘，为掩护村人而殉难。

广成子墓　年代待定，位于滨州市阳信县温店镇范家阁村北 300 米处，呈缓坡状，封土残高约 2 米，南北长 20 米，东西宽 18 米，面积 360 平方米。地表采集器物有布纹瓦残片以及青砖残块等。2011 年 11 月被阳信县人民政府公布为第三批县级文物保护单位。

图 4-119 董琦墓

图 4-120 董琦墓碑座

图 4-121 烈女坟

广成子，玉虚宫元始天尊门下阐教“十二金仙”之一，古代传说中的神仙。《神仙传》称其为轩辕时人，居住在崆峒山的石室之中，黄帝曾向他请教“至道之要”和“治身之道”。

古建筑

刘庙清真寺　始建于1495年，位于滨州市阳信县河流镇刘庙村，由明弘治皇帝赐银，朝廷命官杨修真监造，占地面积3600平方米，建筑面积840平方米。院落为正方形，正门朝东。寺内主体建筑有清真寺，又称“大殿”，坐西面东，由前殿、中殿、后殿三部分组成，前殿为亭阁式结构，中殿、后殿为殿堂式结构，三殿依次连接，首尾相顾，浑然一体。前殿正面高悬“清真寺”楷书，两旁为阿拉伯文字对联。大殿前有对厅和南北讲堂9间，西南角有沐浴室6间。群体建筑布局严谨，错落有致。1992年4月被阳信县人民政府公布为第二批县级文物保护单位。（图4-122、图4-123）

图4-122　刘庙清真寺（一）

图 4-123　刘庙清真寺（二）

长安石桥　年代待定，位于阳信县流坡坞镇西街。桥为汉白玉石质，长 8 米，宽 5 米。桥两旁的石栏上刻有文字，作者署名“竹轩山人”，但没有注明年代。2011 年 11 月被阳信县人民政府公布为第三批县级文物保护单位。

因受风化作用，字迹已漫漶不清且残缺不全。普查人员通过仔细观察和推敲，大体认为是两首绝句。（图 4-124）

图 4-124　长安石桥

近现代重要史迹及代表性建筑

小刘天主堂　始建于1916年，位于滨州市阳信县金阳街道办事处小刘村，占地面积为16000平方米，分路南、路北两个院落。路北有教堂1座、贞女宿舍10间、神父宿舍4间、更衣室1间。其中教堂坐北朝南，南北长20米，东西宽8米。东侧门额上端写有“星耀海世”四个大字，南门两旁各有两根石柱，顶端建有小阁楼，上写“天主教堂”四个大字。院中央立有一木制十字架，直刺云天，室内北端写有“天主受享，荣福于天，良人受享，太平于地”十六字。路南院落有经言堂6间、修女宿舍5间。1925年，教会开设教会学校，1934年改称“道德学校”，全部招收女生，讲授宗教、国文、算术、历史、地理、自然、公民等课程。1935年，高神甫创办磐石学校，全部招收黄河以北各县的男生。后两学校分别于1939年和1940年停办。1935年，还开设有教会医

图4-125　小刘天主堂正门

图4-126　小刘天主堂

院门诊，有3名美国籍修女为主治医生，全部使用西药，一年后改换中国籍修女为主治医生，1941年停诊。该教堂保存良好。2011年11月被阳信县人民政府公布为第三批县级文物保护单位。（图4-125、图4-126）

第四节　无棣县

古遗址

马谷山　形成于12万年前，又称“无棣山”、“盐山”、“大山”，现称“碣石山”，位于滨州市无棣县城北30公里处的碣石山镇政府驻地。海拔62.5米，方圆39万平方米，山体由玄武岩、火山蛋、火山灰构成，系由12万年前火山喷出物堆积而成。北宋曾建寺庙于山顶。1992年9月被无棣县人民政府公布为第二批县级文物保护单位。（图4-127、图4-128）

广武城（车辋城）遗址　秦、汉，位于滨州市无棣县埕口镇埕口村北偏东25公里，高坨子河东岸。据《海丰县志》载，该城相传为西汉初广武君李佐车所筑，故又名“车辋城”，后周及唐曾驻兵于此，当时是海关要塞，水路交通要道。因受

图4-127　马谷山观海阁

图 4-128　马谷山

海潮冲刷，现遗址面积约 20 万平方米，最高处高出地面约 2 米。出土的遗物有汉代的青铜剑、镞、秦汉陶残片和冶铁残渣、铁石等。1992 年 9 月被无棣县人民政府公布为第二批县级文物保护单位。

城坨台遗址　汉代，位于滨州市无棣县埕口镇埕口盐场四道北 30 公里处。该址形状不规则，南北长约 55 米，东西宽约 80 米，台基高于地面约 2 米，面积约 5000 平方米。1990 年，惠民地区文物考察组实地勘查，发现汉代铜箭头 3 支、残陶豆把 1 个，汉陶片若干及许多冶炼过的铁块，台北侧还有一车道，地下 1 米处有古灶膛遗址，每排 20 个，并有木灰状遗物，考证为汉代遗址。1992 年 9 月被无棣县人民政府公布为第二批县级文物保护单位。（图 4-129）

烽火台遗址　汉代，位于滨州市无棣县埕口镇北 25 公里处。据考为汉代烽火台。清代废，遗址可辨。现东西长约 70 米，南北宽约 70 米，面积约 4900 平方米，最高处高出地表约 0.8 米。1992 年 9 月被无棣县人民政府公布为第二批县级文物保护单位。（图 4-130）

图 4-129　城坨台遗址

图 4-130　烽火台遗址

秦台遗址　汉代，位于滨州市无棣县西小王乡后王坟村东北 5 公里处，遗址高出地面约 0.5 米，枕西迤东，面积约 8 万平方米。传秦始皇遣徐福带数千童男、童女入海求长生不老之药，由此出海，日久不见归来，筑此台望之。旧为无棣县八大景之一，称“秦台眺望”。1992 年 9 月被无棣县人民政府公布为第二批县级文物保护单位。（图 4-131）

韩家窑遗址　汉代、隋代，位于滨州市无棣县棣丰街道办事处韩家村北 1500 米处，205 国道北侧。东西长约 2500 米，南北宽 2000 米左右，面积为 500 万平方米。1988 年秋，韩家村砖窑取土时发现一古井，出土石夯、石磨、红陶残片、绳纹灰陶残片、黑陶残片、白陶鱼形彩绘盘。古井东北 1 公里处又发现隋代古窑址，呈椭圆形，五个窑口，附近有红烧土与灰烬层。出土有半釉青瓷碗。2002 年 11 月被无棣县人民政府公布为第三批县级文物保护单位。

白鹤观遗址及古槐　唐代，位于滨州市车王镇白鹤观村西首 50 米处，为唐代所建道教庙宇，毁于何年无考。现庙基为隆起高地，南北长 54 米，东西宽 26 米，面积约 1400 平方米，高出地面 0.5 米。白鹤观村杨氏谱书载：“唐代此处有一寺庙，庙前有一棵树，树南有一眼甜水井，庙西临小河，庙东有湾塘，环境幽静，景色宜人。传有白鹤飞来，故名白鹤观。”庙前古槐尚存。2002 年 11 月被无棣县人民政府公布为第三批县级文物保护单位。（图 4-132）

图 4-131　秦台遗址

图 4-132　白鹤观遗址及古槐

钟楼遗址　元至正十七年（1357 年）建，位于滨州市无棣县海丰街道办事处东南关村荷花湾北岸，为单脊城楼式建筑，碧瓦覆盖，飞檐凌空。楼内悬铜钟一口，是历代县治值更报时的处所。钟楼毁于民国初年，仅存楼基，高 10 米。1991 年复原重建。1986 年 4 月被无棣县人民政府公布为第一批县级文物保护单位。（图 4-133）

碣石山古井　明代，位于滨州市无棣县碣石山镇马谷山东南脚下，原为当地群众饮水之源，该井为周围区域唯一可供饮用水井，且水质甘甜，有 20 多种对人体有益的微量元素，可直接饮用。当地群众曾多次集资维修，现井壁上还可见“民国拾九年维修”的铭文。井口到井水面大约 12 米，水深 2 米，长年不干涸，春天水浅。2002 年 11 月被无棣县人民政府公布为第三批县级文物保护单位。（图 4-134）

崔家寨遗址及古柏树林　明代，位于滨州市无棣县水湾镇崔家桥村北，明代永乐年间改名“崔家寨”。崔家寨北面旧有土屋“白云居”，门悬黑地金字匾额“白云深处”。遗址内有明代古柏树 24 棵和成片的冬枣林。曾有村民掘土时发现钱币和陶砚。2011 年 7 月被无棣县人民政府公布为第四批县级文物保护单位。（图 4-135）

图 4-133　钟楼遗址

图 4-134　碣石山古井

图 4-135　崔家寨遗址及古柏树林

古墓葬

馆里村古墓 汉代，位于滨州市无棣县碣石山镇馆里村北偏西200米处。1967年，因德惠新河清淤，此墓被河泥覆盖，现封土四面边长为6～7米，残高约1.5米。1967年前，该墓封土四面边长均为45米，封土高约4米，墓顶有座小庙，墓侧有棵老榆树，周围村里群众经常来此烧香许愿。自古以来就有群众传说此处是李佐车墓。馆里村的来历据说就与李佐车在此处建屯兵馆有关。2011年7月被无棣县人民政府公布为第四批县级文物保护单位。（图4-136）

谷中虚墓 明代，位于滨州市无棣县海丰街道办事处大马村东南1000米处，封土残高约2.5米，占地50平方米。2011年7月被无棣县人民政府公布为第四批县级文物保护单位。（图4-137）

谷中虚为今无棣县水湾镇潘家村人，于1525年出生，嘉靖二十三年（1544年）中进士，官至兵部尚书。特别是在镇守山海关时，政绩卓著，其一生为官清廉正直，口碑颇好。

王清墓室 清代，位于滨州市无棣县海丰街道办事处西南关村西350米处，封土面积为270平方米。1965年该墓曾被打开。墓室南北长8米，东西宽7米，面积为56平方米。1992年9月被无棣县人民政府公布为第二批县级文物保护单位。

王清，清代海丰县（今无棣县）人，官至吏部左侍郎。（图4-138）

图4-136 馆里村古墓

图 4-137　谷中虚墓

图 4-138　王清墓室

古建筑

张衍重故居　建于道光二十五年（1845 年），位于滨州市无棣县海丰路北端西侧。现存院落南北长 26 米，东西宽 20 米，存主体建筑 2 排，抬梁式砖木结构，保存完好，是一处清代典型的官宅建筑。前排 5 间，挑檐。后排 5 间，廊厦相连。2002 年 11 月，被无棣县人民政府公布第三批为县级文物保护单位。

张衍重，道光九年（1829 年）进士，曾任翰林院庶吉士、检讨等职，后调任福建汀州、江西饶州知府。他所在的张氏家族为鲁北一方望族，有“科贡门第”、“官宦世家”之称。（图 4-139）

冯安邦故居　清末民初，位于滨州市无棣县海丰路 27 号，吴式芬故居北邻。清末民初于此建居，现存房舍 3 间、厅房 3 间、门楼耳屋 3 间、库房 3 间。冯安邦（1885 ～ 1938 年），信阳乡店子村人，著名抗日爱国将领，国民党陆军中将，曾担任过国民党四十二军军长，参加过著名的台儿庄大战，后牺牲在湖北襄阳对日作战中。2006 年 8 月，冯安邦纪念馆在冯安邦故居建成并对外开放，国民党荣誉主席连战为冯将军塑像题词，美中文化艺术交流协会会长爱新觉罗·恒懿女士题写匾额，著名画家李山题写“冯安邦将军故居”牌名，济南乡贤著名书法家王仲武为纪念馆题写楹联。1992 年 9 月被无棣县人民政府公布为第二批县级文物保护单位。（图 4-140、图 4-141）

图 4-139　张衍重故居

图 4-140　冯安邦故居（一）

图 4-141　冯安邦故居（二）

石窟寺及石刻

图 4-142 高氏先茔碑

高氏先茔碑 元泰定三年（1326 年）立，位于滨州市无棣县海丰街道办事处付高张村北 100 米处。碑体高 250 厘米，宽 95 厘米，厚 30 厘米；碑座宽 72 厘米，长 148 厘米。碑文 930 字，碑铭全文载民国《无棣县志·艺文志》，现字迹剥蚀严重。1992 年 9 月被无棣县人民政府公布为第二批县级文物保护单位。（图 4-142、图 4-143）

墓主高仁，官至亚中大夫、镇江路总管，封“渤海侯”，后追封“渤海郡公”。

张为仁墓碑 清康熙十八年（1679 年）立，位于滨州市无棣县小泊头镇张义井村东南 300 米处，是康熙皇帝御旨敕造的“神道碑”。碑通高 370 厘米，其中碑身高 320 厘米，宽 100 厘米；底座高 50 厘米。共有碑文 26 字，中间为“诰赠奉政大夫广东提学道按察司佥事临溪张公神道”，上方是“恩伦三锡”。碑冠浮雕蟠龙，碑体完整。2002 年 11 月被无棣县人民政府公布为第三批县级文物保护单位。（图 4-144）

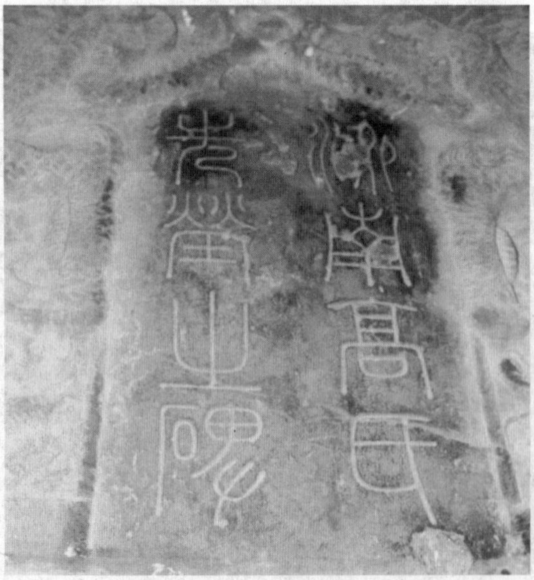

图 4-143 高氏先茔碑篆额

图 4-144 张为仁墓碑

近现代重要史迹及代表性建筑

中共无棣县第一届委员会礼堂　建于1955年，位于滨州市无棣县海丰街道办事处东南关村党校院内。1949年10月，中共无棣县委机关由车镇迁驻县城，以县高等小学堂作为县委机关所在地。1955年，在小学堂东侧建县委礼堂，占地2400平方米。现礼堂东西长41.5米，南北宽14.2米，高10米，砖木结构，拱形瓦顶，红砖红瓦。2002年11月被无棣县人民政府公布为第三批县级文物保护单位。（图4-145、图4-146）

中共无棣县第一届委员会常委会议室　建于1955年，中共无棣县第一届委员会常委会议室与礼堂同期建设，在礼堂北20米，坐北向南，东西宽8.5米，南北长12.6米，高起脊砖木结构。2002年11月被无棣县人民政府公布为第三批县级文物保护单位。（图4-147）

图4-145　中共无棣县第一届委员会礼堂（一）

图4-146　中共无棣县第一届委员会礼堂（二）

图 4-147 中共无棣县第一届常委会议室

毛泽东主席迎壁画像 建于1968年，位于滨州市无棣县西小王乡后王坟村东北500米原谭杨农场内。迎壁高10米，宽8米。画像为毛主席挥手致意，但因风吹日晒，褪色十分严重。2002年11月被无棣县人民政府公布为第三批县级文物保护单位。（图4-148）

文萃阁 建于1997年，位于滨州市无棣县商业街西首，总建筑面积为4500平方米，集文化馆、图书馆、展览馆三馆于一体，是由无棣籍著名的建筑设计大师张镈生前设计的。无棣籍美籍华人国画大师李山为“文萃阁”题写匾名，成为无棣县独具特色的一道风景。2011年7月被无棣县人民政府公布为第四批县级文物保护单位。

张镈墓 建于1999年，位于滨州市无棣县车王镇段家村南约300米处，德惠新河西岸。墓地占地1000平方米左右，封土底径约3米，高约1.5米。2011年7月被无棣县人民政府公布为第四批县级文物保护单位。（图4-149）

张镈先生为清末两广总督张鸣岐之子，世界级建筑设计大师，也是北京人民大会堂设计师，一生所营建的工程有120余项，为国家建设业做出了辉煌的成绩，并为无棣无偿设计了海丰塔的修复图纸。张镈先生于1999年病逝于北京，死后葬于家乡。

图 4-148 毛泽东主席迎壁画像

图 4-149 张镈墓

其他

唐枣树　初唐，位于滨州市无棣县信阳乡李楼村，主干通高7.5米，冠径东西6.4米，南北6.26米。主干部分朽裂，中有一扁平洞。现树长势旺盛，虬枝交错，枝繁叶茂，秋季结累累硕果。村里男女老幼皆尊其为“寿树”，从不折损其一枝一叶，称其果为“寿果”，传说食用一颗可延寿三载，四方乡邻常求索为药引子医治疾病。据当地传说，当年赴蟠桃盛会的龙宫虾将，把玉皇大帝恩赐的“天枣”带回龙宫吃光后，剩下的枣核扔在海底，海潮退出，海滩上便长出了这棵枣树，结出了金丝小枣。1990年10月1日，无棣县人民政府为唐枣树立碑保护，成为无棣的一大景观。1992年9月被无棣县人民政府公布为第二批县级文物保护单位。（图4-150）

元代古槐　元代，位于滨州市无棣县海丰街道办事处东关村大街北侧，树干周长2.3米，高8米，冠径东西15米，南北10米。据考，古槐植于无棣县旧城建立初期，至今已有640余年的历史。2002年11月被无棣县人民政府公布为第三批县级文物保护单位。（图4-151）

婆枣林　明代，位于滨州市无棣县西小王乡吴岔河村南100米处。据考，该村于明代永乐年间建立时随栽植一株婆枣树，后通过根部不断繁衍，加上当地村民的精心护理，逐渐形成了小型婆枣林。当前，婆枣树多数生长旺盛，有的长势奇特，形成当地一处自然景观。2002年11月被无棣县人民政府公布为第三批县级文物保护单位。（图4-152）

图4-150　唐枣树

图 4-151　元代古槐

图 4-152　婆枣林

古冬枣树 清代，位于滨州市无棣县小泊头镇文家村后街西首，据考该树植于清代嘉庆年间，距今已有200余年的历史，是无棣及黄河三角洲地区树龄最长的冬枣树之一。现树干直径达45厘米，东西冠径4米，南北冠径4米。2002年11月被无棣县人民政府公布为第三批县级文物保护单位。（图4-153）

图4-153 古冬枣树

第五节 沾化县

古遗址

酒店台遗址 宋元，位于滨州市沾化县冯家镇久山村西南约3公里处。遗址为不规则形台地，高出四周平地1～2米，分南北两段，南段东西约80米，南北约60米，北段东西约30米，南北约30米，总面积约6000平方米。遗址内布满了大量瓷器残片。采集标本有白瓷器残片、龙泉瓷片、钧窑瓷片和宋代“崇宁重宝”铜币。该遗址保护情况良好，具有较高的研究价值和保护价值。2004年6月被沾化县人民政府公布为第一批县级文物保护单位。（图4-154、图4-155）

敖山遗址 宋元，敖山俗称“老山”，位于滨州市沾化县冯家镇西山后村西北约2公里处，为一台形开阔地中突出一土丘，高约4米，南北长约200米，东西宽约120米，面积约2.4万平方米，台上野生酸枣、榆树等杂木，台下文化堆积暴露

图 4-154 酒店台遗址

图 4-155 酒店台遗址标本

图 4-156 敖山遗址标本

约2米厚，采集标本有双耳黄釉罐、灰陶盆、板瓦、白釉碗残片等，为一宋元时期遗址。2008年9月被沾化县人民政府公布为第二批县级文物保护单位。（图4-156、图4-157）

古城墙遗址 始筑于金明昌六年（1195年），位于滨州市沾化县古城镇东关村。招安县时无城池，金代更名为沾化县，始筑城墙，周长“五里十步”。据记载：明

图 4-157 敖山遗址

成化二年（1466 年）重葺。明正德十年（1515 年）再次缮修：“延袤二里三百步，高三丈，上广六尺，下一仞有半，堞一千二百五十”，至此，初具规模。后又经多次复修。清乾隆十九年（1754 年），修建工程最大，花费“帑银一万七千三百八十两四钱六分五毫一丝。除城门，城围共长六百二十一丈九尺，高二丈，顶宽八尺，底宽一丈四尺”。1931 年，又拨地方款修整，面目大为改观。城具四门，东曰崇礼，南曰由义，西曰砺廉，北曰明耻。门洞均呈拱形，顶上各建望楼。1939 年，日本侵略军陷城后，以此为据点，城池遭受严重破坏。现仅城东北角尚残存一段墙基，城东门尚残存墙基。东门城墙遗址现残存高 2.3 米，墙为土筑，夯土分明，夹有宋元时期陶瓷残片。古城墙已面目全非，不过城墙外壕沟尚存，城内部分建筑、街道和地名也尚有遗存。2008 年 9 月被沾化县人民政府公布为第二批县级文物保护单位。（图 4-158、图 4-159）

文庙遗址 始建于明洪武初年，位于滨州市沾化县古城镇南关村，后经历代多次重修、扩建，形成规模较为庞大的建筑群。现仅存一古井。据民国县志载：“学宫东井，东北风则咸，西南风则甘。”此井水脉很足，今人仍用来饮用和灌溉。2008 年 9 月被沾化县人民政府公布为第二批县级文物保护单位。（图 4-160）

图 4-158　古城墙遗址（一）

图 4-159　古城墙遗址（二）

图 4-160 文庙遗址古井

图 4-161 文峰台遗址

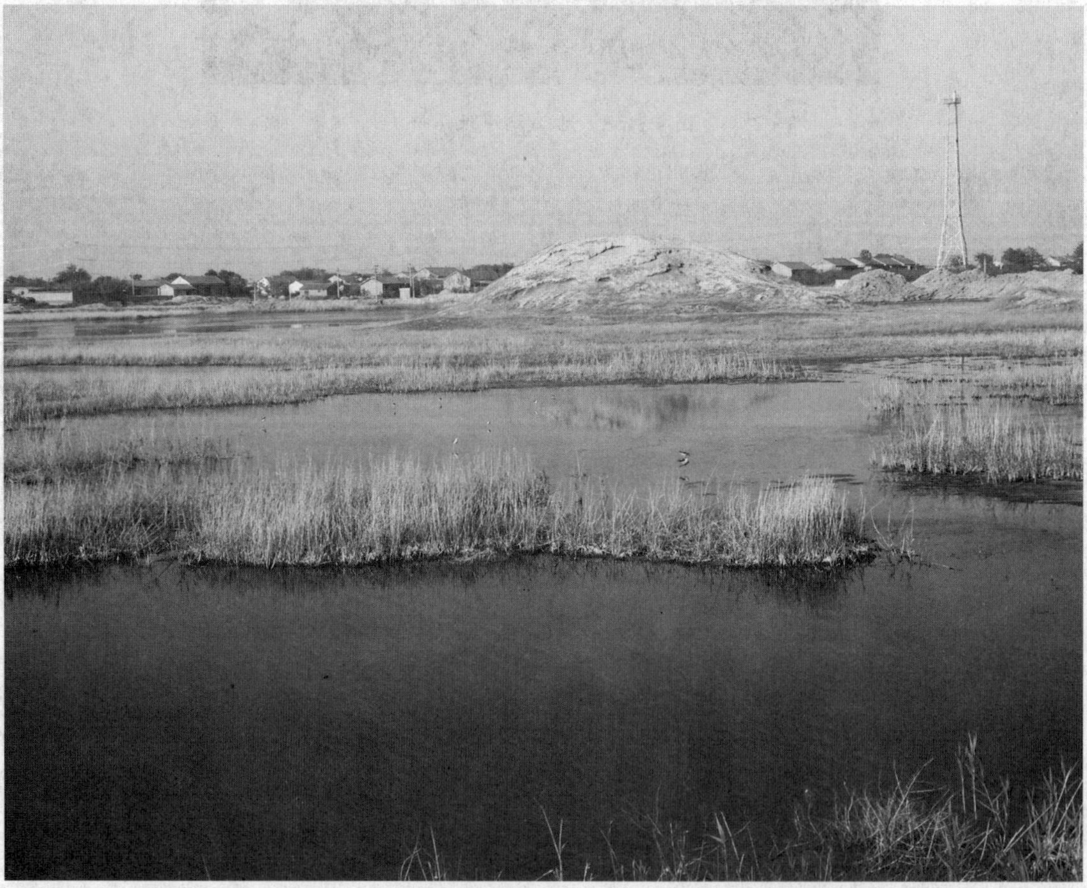

图 4-162 文峰台遗址全景

文峰台遗址　始建于明弘治年间，位于滨州市沾化县古城镇南关村东南约300米处的一洼地中。文峰台俗称“风水台”，初建时“高百尺，围二十余丈，上建一宝塔，与城头魁星楼相映”，“文峰耸秀”亦成为沾化古八景之一。现在，塔早已倾圮，与之相映的魁星楼也于1945年被拆除。台体亦因风雨侵蚀而大为减小，但台体夯土层次分明，里面夹有红烧土块及明代器物残片。2008年9月被沾化县人民政府公布为第二批县级文物保护单位。（图4-161、图4-162）

古建筑

白衣庵古井　白衣庵始建于明清时期，位于滨州市沾化县古城镇东街北首，现建筑早已消失，仅存水井两口，井口直径3米，深约8米，上有十字井架，南井名为“鏖天泉”。据民国县志记载：“白衣庵井，在城北濠岸，味甘洌，俗称甘泉井，又名玉露。”由于该井群西侧曾有一座尼姑庵，人们便把这里所有的井统称为“姑子庵井”。姑子庵井井水甜似奶水，哺育着一方人，因此当地人又尊称其为“妈妈井”。2008年9月被沾化县人民政府公布为第二批县级文物保护单位。（图4-163、图4-164）

图4-163　白衣庵古井（一）

图4-164　白衣庵古井（二）

其他

古槐 唐代，位于滨州市沾化县古城镇东关及北关，其中东关有2株，北关有1株。这些古槐生长期逾千年，历代文献多有记载，至今仍枝繁叶茂，古雅苍劲，绰然屹立。2008年9月被沾化县人民政府公布为第二批县级文物保护单位。（图4-165）

沾化冬枣嫡祖树 清代，位于滨州市沾化县下洼镇于一村西南“中国渤海高新技术苗木繁育场”院内，树龄300多年，树干高1.5米，直径45厘米，老干新枝错落其间，至今仍枝繁叶茂，生长旺盛，每逢秋季硕果累累。沾化县为“中国冬枣之乡”，冬枣嫡祖树除自身的自然属性外，又凝结了特殊的社会属性和人文情结。2008年9月被沾化县人民政府公布为第二批县级文物保护单位。（图4-166）

图4-165 古槐

图4-166 沾化冬枣嫡祖树

第六节　博兴县

古遗址

曹家遗址　龙山文化、岳石文化、商周、汉，位于滨州市博兴县纯化镇曹家村西南 300 米处，面积约 2 万平方米。文化堆积厚约 3.5 米。采集有龙山文化夹砂褐陶鼎、夹砂红陶三足盘、鬶、蛋壳黑陶杯及石斧、石凿，岳石文化泥质灰陶尊形器、夹砂黑陶鼎、方孔石器，商周时期夹砂红陶绳纹鬲、灰陶网坠、红陶绳纹罐，汉代泥质灰陶盆、壶、罐等残片。1982 年 5 月被博兴县人民政府公布为第一批县级文物保护单位。（图 4-167）

柳舒遗址　龙山文化、商周、汉，位于滨州市博兴县湖滨镇柳舒村东北 800 米处，面积约 1 万平方米。文化堆积厚约 2 米。采集龙山文化陶片以夹砂黑陶、夹砂红陶为主，纹饰多附加堆纹、弦纹，可辨器形有鼎、蛋壳黑陶杯；石器有斧、镰。还采集有商周时期夹砂红陶绳纹鬲口沿、绳纹罐口沿、大腹豆盘及汉代泥质灰陶壶、罐、盆口沿残片等。1982 年 5 月被博兴县人民政府公布为第一批县级文物保护单位。（图 4-168）

图 4-167　曹家遗址

图 4-168 柳舒遗址

辛张遗址 岳石文化、商周、汉，位于滨州市博兴县店子镇辛张村西南 500 米处，面积约 4 万平方米。文化堆积厚约 1.5 米。采集遗物有岳石文化的石凿、石镰、半月形双孔石刀、黑陶罐形鼎、骨锥；商周时期夹砂红陶绳纹鬲口沿、罐口沿、泥质灰陶大腹豆盘等残片；汉代泥质灰陶罐口沿、盆口沿、半两钱石范、榆荚钱石范等。1982 年 5 月被博兴县人民政府公布为第一批县级文物保护单位。（图 4-169）

张王遗址 商周、汉，位于滨州市博兴县店子镇张王村东北 200 米处，面积约 2 万平方米。文化堆积厚约 1.5 米。采集遗物有商周时期夹砂褐红陶素面鬲口沿、绳纹鬲口沿、鬲足、兽足鼎、泥质灰陶豆盘、豆把等残片及铜剑、戈等；汉代泥质灰陶罐口沿、陶壶及铜剑、镜等。1982 年 5 月被博兴县人民政府公布为第一批县级文物保护单位。

鲁刘遗址 商周、汉，位于滨州市博兴县湖滨镇鲁刘村南 500 米处，面积约 6 万平方米。文化堆积厚约 1.5 米。采集遗物有商周时期夹砂灰褐陶素面鬲、夹砂红陶绳纹鬲、泥质灰陶盘、粗柄豆、泥质红陶钵，汉代青釉陶壶、白陶壶、泥质灰陶罐、盆、板瓦等残片。1982 年 5 月被博兴县人民政府公布为第一批县级文物保护单位。

兴益遗址 商周、汉、北朝，位于滨州市博兴县兴福镇兴益村西，面积约 10 万平方米。文化堆积厚约 3～5 米。采集遗物有商周时期夹砂黑陶素面鬲口沿、鬲足、夹砂红陶绳纹鬲口沿、泥质灰陶豆；汉代泥质灰陶壶口沿、罐口沿、盆口沿、盘等。遗址原建有寺庙，已废圮。曾出土北朝石造像、泥质红陶罐口沿、瓦当、板瓦、筒瓦残片、泥质红陶罐口沿等。1982 年 5 月被博兴县人民政府公布为第一批县级文物保护单位。（图 4-170）

图 4-169　辛张遗址

图 4-170　兴益遗址

古墓葬

李佐车墓 东周、汉代，位于滨州市博兴县博昌街道办事处王木村北1000米处。现封土残高4米，径22米。黄黏土夯筑，内含有汉代陶片。墓前现存清康熙十九年（1680年）碑一统，高250厘米，宽85厘米，厚28厘米。碑文记叙李佐车生平和立碑之故；民国二十五年（1936年）碑一统，高200厘米，宽80厘米，厚32厘米，

图4-171 李佐车墓

文为“汉广武君李佐车之墓”。另在该处还采集有东周时的器物标本。1982年5月被博兴县人民政府公布为第一批县级文物保护单位。（图4-171）

李佐车，秦末谋士，初仕赵，封广武君，韩信破赵后募得，并师从之。

近现代重要史迹及代表性建筑

辘轳把胡同 抗日战争时期，位于滨州市博兴县纯化镇东王文村南部，南北长220米，东西长150米，面积约33000平方米。它的特点是胡同在东、西、南、北方向共有五个进出口，形如三个相连的辘轳把组成，从外边看是不相通的死胡同，而沿任何一入口进去，里面却是胡同相连，巷巷相通。胡同内全为老房子，大部分村民已经搬迁，只有30余户还在此居住。1940年，我军依托这里的有利地形同敌人周旋，最后以少胜多，这就是有名的“王文战役”。山东电台为纪念抗战60周年，

图 4-172　铲镳把胡同

在这里做了一期节目，“红色镳铲把”已是声名远扬。2010 年 4 月被博兴县人民政府公布为第三批县级文物保护单位。（图 4-172）

王文纪念烈士亭　1946 年秋，博兴县政府和群众为纪念八路军在王文村抗日战斗中牺牲的 21 名烈士而建，位于滨州市博兴县纯化镇王文村东北。亭呈方形，高 5 米，边长 3 米，底面积 9 平方米。砖木结构，四角攒尖顶。亭内四面砌石碑四块，均高 140 厘米，宽 64 厘米，厚 20 厘米。西面（正面）碑镌刻“精神不死”四个大字；东面镌刻战斗经过，南北两面刻立碑时间和烈士姓名，亭周围垒砌花墙，墙高 1.8 米，边长 12 米。烈士亭共占地 144 平方米。1976 年重修时，由村南移于此地。1982 年 5 月被博兴县人民政府公布为第一批县级文物保护单位。

王文纪念烈士亭碑文：

一九四零年三月三日，敌伪约计两千余人，在敌指挥官糟谷指挥之下，将我驻王文之部队团团包围。该村我仅有二排之兵力，约七十余人，且武器低劣，弹药缺乏，但为保卫人民利益与敌伪血战昼夜。该日拂晓，国民党部队，何逆思源、周逆芳于外线，敌伪分四路于内线，向我合击。至清早，即将王文包围得风雨不透。一日中，敌伪以猛烈炮火冲锋十余次，均被我以手榴弹击退，予敌以重大杀伤。黄昏，敌人冲入街内，与我展开逐屋战。我英勇同志在弹尽援绝与大部受伤的情况下，仍能以土块瓦片与敌厮杀，予敌狂妄企图以致命打击。当夜，敌遂即狼狈窜去。是役，我有二十一名战士光荣殉国。抗战已获胜利了，让我们向诸位殉国的战士致沉痛的哀悼，并向诸位宣誓：我们永远踏着你们的血迹，为你们的未竟事业而奋斗不懈。

马千里敬撰

王桥纪念烈士亭 1946年博兴县政府和群众为纪念1941年5月12日八路军某营在王桥村抗击日伪军而牺牲的指战员而建，位于滨州市博兴县兴福镇王桥村东。烈士亭坐东朝西，高5米，边长3米，一层六角，攒尖顶式。亭子正中有一方形石柱，四面镶嵌石碑，碑高160厘米，宽80厘米。西面刻“为国捐躯”四个大字，左下角刻“马千里题”。余三面镌刻战斗经过、烈士姓名及建造时间。亭四周有栏杆，西面进口两侧栏板上有浮雕。1982年5月被博兴县人民政府公布为第一批县级文物保护单位。（图4-173）

王桥纪念烈士亭碑文：

倭祸孔急，闾里不宁，周逆胜芳，效忠日本，配合扫荡，群众失了依托，含垢忍辱徒唤奈何。幸有八路军三旅基干一营转战渑水左右，临、博、广三县交会之地，群众赖以安居。维公元一九四一年五月十二日，我基干一营与百余地方工作同志驻于王桥村，发现敌情，系沙旺、博兴等处敌百余人，配以汉奸三百余人，由兴福直向南犯。我李营长仅率一连人，布置于王桥四周。接触后，敌伪受我重击，伏于王桥北，进退失措，只有待毙。我李营长亦在计划相机歼

图4-173 王桥纪念烈士亭

敌之际，十大队同志埋伏于吴家庄子，与周逆胜芳周旋于西南方面。而东方面有新编独立营设防，因其自动转移，南来敌人援兵乘隙直入，由马庄迤逦北行。十大队见众寡不敌，亦弃防地而直入王桥合并抵抗。这时鬼子、汉奸便相向我射击，直至在王桥南面布了新的防御。这时南来的鬼子有两个中队，北面敌伪已坚持了半天，西有周逆部的傅象震领了一个营的兵力，与广饶来的成逆建基带六百余人包围了王桥东南两面，共计敌伪足有一千七百人，把王桥村层层围住。我李营长以一个连的力量，一面打击敌人，一面保卫工作同志，在敌伪喊声连天、炮火齐鸣，小王桥房屋尽焚、林木摧折过半的情况之下，沉着应战。一村之内严肃镇静，敌人一进则噎，我方弹无轻发，我指导员岳华同志仅率一班武装同志，苦斗于小王桥，誓死抵抗，不幸于炮火下光荣殉国，剩下三人安稳退出。这时，天已将晚，使我工作同志徐徐列队退出，有武装继后。敌伪竟潜声匿迹而逃，未敢稍事追击。时，余随军，谨述事实，以志不朽云。

陈竹　敬撰

南隅老供销社百货大楼　建于 1954 年，位于滨州市博兴县锦秋街道办事处南隅村西部原老县城中心最繁华地段，是当时县城内最具代表性的建筑。楼为两层，长 26.8 米，宽 7.8 米，高约 9 米，地板楼梯全是木板铺成。现该建筑所有权归县供销社，南隅村租用为村委办公场所。2010 年 4 月被博兴县人民政府公布为第三批县级文物保护单位。（图 4-174）

图 4-174　南隅老供销社百货大楼

博兴县烈士陵园 始建于1956年，1980年将原平房纪念塔改建为两层楼纪念堂。位于滨州市博兴县锦秋街道办事处博城六路东首北侧。烈士陵园呈南北长、东西短的长方形，大门位于南侧，北侧为纪念堂，纪念堂东南、西南方向分别建碑亭，亭内分别有碑一方，分别刻“张静源烈士永垂不朽”、“恩德普及”。院内有43座烈士墓。纪念堂一楼正门上方横书“革命烈士纪念堂”，室内正面为2195名烈士英名录，二楼外壁挂“光照千秋”匾，室内陈列王博昌等8名烈士事迹及遗物，南面存放烈士骨灰盒。1982年5月被博兴县人民政府公布为第一批县级文物保护单位。（图4-175）

打渔张引黄闸 始建于1956年，位于滨州市博兴县乔庄镇北部打渔张森林公园内。打渔张引黄灌区是国家“一五”期间156个重点项目之一，是山东省建设最早的大型引黄灌渠。水流量是120立方米/秒，建成时灌区范围涉及博兴、广饶、垦利、利津、寿光5县，控制面积5126万亩，迄今运行50余年，为灌区内工农业生产和国民经济发展作出了巨大贡献。由于旧闸运行多年，各项设施面临报废边缘，严重影响工程的运行和效益的发挥，为此，1981年在旧闸后面兴建了新闸，同年11

图4-175 博兴县烈士陵园

图 4-176　打渔张引黄闸

月竣工，水流量仍为 120 立方米 / 秒，自 1985 年以来承担起向青岛引黄供水的任务。现打渔张灌区范围涉及博兴县境内 11 个镇、办事处，灌溉面积 66 万亩。2010 年 4 月被博兴县人民政府公布为第三批县级文物保护单位。（图 4-176）

王博昌烈士墓　建于 1991 年，位于滨州市博兴县博昌街道办事处王楼村内村委大院西侧。王博昌墓坐北朝南，四周由水泥栏杆护围着，墓呈金字塔形，高约 3 米，墓碑的背面记录着王博昌的生平事迹。王博昌原名王汉儒，字杰三，博兴县王楼村人，1931 年加入中国共产党，任博兴县师范讲习所所长。1932 年博兴“八四”暴动时任后备县委书记。1934 年 11 月在潍县被捕后，在狱中组织领导了绝食斗争。1937 年获释。1938 年 6 月任博兴县委书记。8 月，率博兴抗日志愿军南下临淄，编入八路军鲁东

图 4-177　王博昌烈士墓

抗日游击第八支队，任十三大队政委。9 月 18 日在临淄掩护部队转移时战斗牺牲，年仅 33 岁。1991 年，为纪念他的英雄事迹，县委、县政府和村委为其修建此墓。2010 年 4 月被博兴县人民政府公布为第三批县级文物保护单位。（图 4-177）

其 他

湾头古槐　年代不详，据说距今已有 400 多年的历史，位于滨州市博兴县锦秋

图 4-178　湾头古槐

街道办事处湾头村中部十字路口。古槐正北侧矗立着一座石碑，上刻“媒仙”二字。当地传说该古槐为董永的媒人。古槐树干枯空，树冠一半枯死，另一半却顽强而执着地长出繁密的树枝，郁郁葱葱，葱翠欲滴，堪称一个生命奇迹。2010 年 4 月被博兴县人民政府公布为第三批县级文物保护单位。（图 4-178）

第七节　邹平县

古遗址

西鲍遗址　龙山文化、商周，位于滨州市邹平县长山镇西鲍村南 100 米处，西北为北史村，东北、东南分别为后鲍、东鲍村。呈高阜状，其高处高于村庄 1 米许。地表为黄沙质黏土，下层为褐土，文化堆积厚达 1 ～ 2 米，暴露有灰坑。采集遗物

有龙山文化夹砂褐陶鬶足；商周时期夹砂白陶和夹砂灰陶绳纹鬲口沿、鬲足，泥质灰陶簋座、绳纹罐口沿、盆口沿、甑底等残片。为研究新石器文化和人类活动具有一定的参考价值。1984年4月被邹平县人民政府公布为第二批县级文物保护单位。（图4-179、图4-180）

芦泉遗址　龙山文化、岳石文化、商、周，位于滨州市邹平县西董街道办事处芦泉村南的山坡高台地，面积7696平方米，文化堆积厚约2米，暴露有灶、灰坑等，采集遗物有龙山文化夹砂黑陶鼎足、泥质灰陶拍子等；岳石文化夹砂红褐陶甗足、罐口沿等；商代夹砂褐陶绳纹鬲足、鬲耳等；周代夹砂灰陶罐底、绳纹鬲口沿等。该遗址文化内涵丰富，为研究当时的社会生活状况具有重大价值，同时丰富了黄河中下游地区新石器时代文化的研究内涵，有助于建立较为完备的文化演变系列，为探讨黄河中下游遗址的环境变迁提供了实物资料。1994年12月被邹平县人民政府公布为第三批县级文物保护单位。（图4-181、图4-182）

化庄遗址　商周，位于滨州市邹平县青阳镇化庄村北400米处。遗址东靠封山，西临河滩，梯田地势，总面积为9万多平方米。文化堆积厚1.7米，断崖处暴露陶片较多，距地表0.3米处发现夹砂陶片、木炭灰、红烧土块。出土器物标本主要有陶鬲、鬲足、豆把、豆盘等。该遗址为山东地区内文化聚落遗址、区域类型等研究提供了新的资料。1980年8月被邹平县人民政府公布为第一批县级文物保护单位。（图4-183、图4-184）

旧口遗址　商周、汉代，位于滨州市邹平县韩店镇旧口村北100米处，属平原高地遗址，面积70000平方米，文化堆积厚约0.5米，古为“梁邹古城”地片。地表采集标本多为商周时代的夹砂红陶绳纹鬲足、泥质灰陶豆把和汉代的泥质灰陶布纹瓦片等，该遗址为本地区聚落分布、区域类型、文化谱系等研究提供了宝贵的资料。2001年10月被邹平县人民政府公布为第四批县级文物保护单位。（图4-185、图4-186）

王薄起义遗址　隋代，位于滨州市邹平县青阳镇西窝陀村东南雕窝峪内。该峪三面环山，长约1500米，里面空阔。西北有宽约20米左右的峪口，俗称山门。峪两侧层峦叠嶂，林木茂密，地势险要，易守难攻。公元601年隋炀帝东征高丽，养马山东，横征暴敛，百姓苦不堪言，铁匠王薄聚众于此，首举义旗，先后转战齐鲁数十郡县，达8年之久。1980年8月被邹平县人民政府公布为第一批县级文物保护单位。（图4-187、图4-188）

王薄（？～622年），隋齐郡邹平（今山东邹平西北）人。大业七年（611年），

图 4-179　西鲍遗址

图 4-180　西鲍遗址标本

图 4-181　芦泉遗址

图 4-182　芦泉遗址标本

图 4-183　化庄遗址

图 4-184　化庄遗址标本

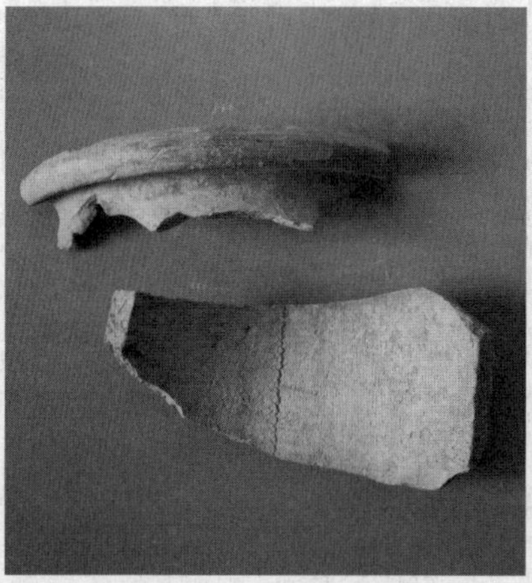

图 4-185　旧口遗址标本

图 4-186　旧口遗址

图 4-187　王薄起义遗址（一）

图 4-188　王薄起义遗址（二）

与同郡孟让首先起兵反隋，占据长白山（今山东邹平南），转战山东诸郡，称“知世郎”，作《无向辽东浪死歌》。百姓避役者争归之，至众数万。大业九年（613年），被隋将张须陀击败于泰山下。引余众渡黄河，北上与孙宣雅、郝孝德等部起义军联合，众至十余万人。攻章丘（今山东章丘西北），遭张须陀军袭击，败走。后降宇文化及，与之共守聊城（今山东聊城东北）。唐武德二年（619年），开城降窦建德。旋又降唐，任齐州总管，参与镇压徐圆朗。武德五年（622年），为仇人所杀。

伏生祠遗址 宋元，位于滨州市邹平县韩店镇苏家村西300米处，是后人为纪念有“《尚书》再造”之功的秦朝博士伏生、伏生女、晁错而建。祠堂3间，雕梁画栋，砖墙瓦顶；内有伏生、晁错、伏生女的雕像和“晁错授书”壁画；祠旁有书院，祠前有碑数统。该祠建于宋代，元至顺二年（1331年）重修，明、清多次修葺。正殿已毁，仅剩残墙和8个石柱基、西厢房及2尊石狮和石雕赑屃，可见当年独特的建造风格，昭示着自汉代至明清时期重视《尚书》传授的社会风尚，对研究“《尚书》再造”提供了实物资料，具有极高的研究价值。2012年4月被邹平县人民政府公布为第五批县级文物保护单位。（图4-189～图4-191）

伏生（约前268～约前178年），名胜，字子贱，山东邹平人。秦博士。秦始皇下令焚书时，他将《尚书》藏于屋壁中。汉初取出，传授于齐、鲁地区。汉文帝欲召之至京师讲授《尚书》，因他年已九十余，老不能行，遂遣太常掌故晁错前往受读。他是西汉《今文尚书》的最早传播者，当时著名的《尚书》学者如济南的张生、欧阳生等，俱出其门下。《汉书·儒林传》、《齐东县志》、《邹平县志》、《山东通志》、《古今人名大辞典》、《辞海》、《中国历史大辞典》等书均有记载。

图4-189 伏生祠遗址赑屃碑座

图4-190 伏生祠遗址一角

图 4-191 伏生祠遗址石狮子

晁错（前 200—前 154 年），西汉颍川（今河南禹州）人。初习申商刑名之学。文帝时，以文学任太常掌故。奉派至故秦博士伏生处受今文《尚书》。后迁博士、太子家令，为太子（即后来的景帝）所信用，号“智囊”。以对策高第，迁中大夫。上书主事凡三十篇，建议劝农立本、徙民备边，抵御匈奴侵扰，并力主削夺诸侯王权力，颇能切中时弊，得文帝赏识。景帝即位，任内史，迁御史大夫，宠幸倾九卿。景帝采纳其议，更定法令，着手削藩。景帝前三年（前 154 年），吴、楚等七国以诛晁错为名举兵。因为袁盎等所谗，晁错被斩于长安东市，父母妻子兄弟同时被杀。《汉书·艺文志》录有《晁错》三十一篇，今有清马国翰辑本。

柳庵遗址 明代，位于滨州市邹平县长白山脉摩诃峰北大谷，西董街道办事处杏林村之南山峪中，传说柳庵由明代僧人园湖创建，至今约 400 余年。柳庵又名“峪胜庵”，建筑分西院、中院、东院和下院、庵楼，依山随坡而建，计房舍 30 余间，总面积约 3800 平方米。西院是僧人生活之地；中院、东院是佛殿，供奉着千眼佛像；下院是尼姑居所。正殿大门上方镶嵌长方形青石一方，上刻“峪胜庵”，为明末邹平工部尚书张延登所书。遗址中有石灰石八棱碑一统，四面楷书碑文，刻有花式纹样，省内罕见。寺庙建成后，香火很快兴旺，香客如织。明工部尚书张延登，清代著名文人王渔洋、张实居、徐东痴、顾炎武等多次到庵内赋诗游玩，留下了许多赞赏柳庵的诗句。柳庵自明代创建，至清代为鼎盛，败落于民国。1937 年 7 月 7 日“卢沟桥事变”后，日军进山扫荡将其烧毁，僧人逃走，尼姑还俗。该遗址的发现丰富了邹平地区庙宇建造资料，对于研究明清时代长白山区的佛教庙宇文化，具有较高的

图 4-192 柳庵遗址

图 4-193 柳庵遗址八棱碑

研究价值。2012年4月被邹平县人民政府公布为第五批县级文物保护单位。（图4-192、图4-193）

张实居，字宾公，贡生，明末清初邹平人。约生于明朝天启年间，祖父张延登官至工部尚书，左右都御史，得宋版《昭明文选》，筑室宝藏，题“萧亭”匾额，实居因为号。崇祯十七年（1644年），李自成攻陷北京，父万钟南迁，任镇江府推官，实居曾随父任。后举家北归故里，家道中落。实居目睹明末清初战乱之苦，无意仕进，遂隐居长白山大谷深处。因于山中采到五色灵芝，便构室为“采芝山堂”，青山为邻，流水绕户，一瓢一卷，吟啸自娱，直至终老。有《萧亭诗集》行于世。《萧亭诗集》中山水诗居多，长白山之秀山丽水，皆汇于其中，可谓长白山水画卷。其诗文辞质朴，格调清新，旨趣纯真，生机盎然。《会仙山》一诗中“西来岳色孤烟秀，东望沧溟一勺流”两句，誉为写景佳句。王渔洋编《萧亭诗句》，作序云：“吾内兄萧亭先生有古今诗千余首，乐府古选尤有神韵，择其最者五百余篇，别为选集，后世诵其诗者庶以知其人焉。”另有《答诗问》二卷，收入《四库全书》。

顾炎武是明末著名的思想家、史学家、语言学家，字宁人，号亭林，江苏昆山人。顾炎武学问渊博，对典制掌故，天文、地理、经史、金石、书法、音律、训诂等都很精通。他以“博学于文”、“行己有耻”为宗旨，合学与行、治学与经世为一。他著作繁多，以毕生心力所著的《日知录》为代表作，另有《音学五书》、《亭林诗文集》等。

古墓葬

图4-194　伏征君墓碑

伏征君墓　汉代，位于滨州市邹平县魏桥镇寄驾冢村西20米处，群众俗称“伏生坟”，为秦末博士伏生之墓。坐北面南，封土原高8米，直径45米，呈覆斗状，现划定保护范围为东西长119米，南北宽114米，保护面积为13566平方米。清光绪二十五年（1899年）曾修花墙。1946年黄河涨水时因用砖拆毁。墓前原有牌坊、三间享堂，墓东有柏树、槐树等。墓地历经沧桑，几经破坏，面目已非。现墓封土残高约2米，墓前有刻立的墓碑两统，其一残高138厘米，宽65厘米，正面

图 4-195　伏征君墓序碑

图 4-196　伏征君墓

隶书“征君伏生墓”，碑阴刻迁庙修墓情况；其二为清光绪二十五年所立，高 158 厘米，宽 61 厘米，厚 20 厘米，正面刻伏生墓序，碑阴刻墓地规划情况，均系清光绪知事宫耀月撰书，正文 691 字，蕴藏着丰富精彩的人文史迹。1980 年 8 月被邹平县人民政府公布为第一批县级文物保护单位。（图 4-194 ～图 4-196）

相传唐太宗东征高丽，曾寄驾于此，伏生坟又易名“寄驾冢”。

天子墓　汉代，位于滨州市邹平县魏桥镇甜水村西 2 公里处，《齐东县志》载为赫胥氏墓，又谓李密墓，俗称“天子墓”。旧志记载，此墓周围数里有池隍遗迹。原封土直径 30 米，高约 2 米，保护面积 2000 平方米。黄土夯筑，内含汉代泥质灰陶豆把、板瓦残片、青砖等。由于年久和群众挖土，现封土几乎不存。1994 年 12 月被邹平县人民政府公布为第三批县级文物保护单位。（图 4-197）

马骕墓　清代，位于滨州市邹平县黄山街道办事处大李村北部。封土高约 1 米，直径约 8 米，曾被开掘，原有石碑一统。1959 年打井修闸时被毁。现划定保护范围为东西长 65 米，南北宽 54 米，总保护面积为 3510 平方米。1980 年 8 月被邹平县人民政府公布为第一批县级文物保护单位。（图 4-198）

马骕，字宛斯，一字骢御，邹平人，清代初期著名史学家，生于明天启元年（1621 年），卒于清康熙十二年（1673 年），顺治进士。《邹平县志》记载：“马公讳骕字宛斯，顺治己亥年进士，河南灵璧知县。”他一生博学好古，殚研经史，尤致力于《左氏春秋》，专治上古史，时人称之“马三代”。用纪事本末体改编《左传》，成《左传事纬》。又广搜古代典籍，编纂《绎史》，为当时学者所推服。

图 4-197 天子墓

图 4-198 马骕墓

古建筑

高孝祠 明代，位于滨州市邹平县临池镇红庙村，俗称“老姑庙”或“红庙”，是明正德年间为纪念孝女高豸而建的祠堂。祠堂坐北朝南，直观凤凰山峪口，经历次修缮，已形成结构严谨、布局合理的一古代小型建筑群。祠堂分为东西两院，主要建筑有大殿、娥江继迹楼、文昌阁等，共计房屋22间，保护面积615.6平方米。整个建筑青砖碧瓦古色古香，具有浓厚的明清建筑风格，极具保护价值。2001年10月被邹平县人民政府公布为第四批县级文物保护单位。（图4-199、图4-200）

菩萨庙 明代，位于滨州市邹平县黄山街道办事处碑楼村东北部，系明代工部尚书、左都御使张延登于万历年间所建，该建筑雕梁画栋，豪华大气，目前仅存大殿、东侧楼房及大门。大殿三间，坐北朝南，为单层建筑，共有16根柱子支撑，进深6米，面阔7.7米。东侧楼房为双层建筑，共有8根立柱支撑，坐东朝西，进深3.8米，面阔6.5米，高约8米，在楼房南侧有一石质台阶直通二楼。大门面阔3.3米，进深2.9米。该寺庙建筑风格独特，在周边县区已属罕见，其文化内涵丰富，为挖掘研究邹平人文风情具有重要价值。2012年4月被邹平县人民政府公布为第五批县级文物保护单位。（图4-201）

图4-199 高孝祠远景

图 4-200　高孝祠娥江继迹楼

张延登（？～1641 年），明代，山东邹平人，字济美。万历进士，授知县，擢给事中。天启初迁太仆寺卿。不附魏忠贤，托病归。思宗立，擢右副都御史，巡抚浙江，疏请毁魏忠贤生祠。崇祯二年（1629 年）请申海禁。五年晋工部尚书，改左都御史。七年致仕归。

永安桥　清代，位于滨州市邹平县长山镇范公村北 20 米处的孝妇河上，为南北向青石板方孔桥，南北长 42 米，东西宽 3.4 米，桥面两侧原有竖石栏杆相护，4 个桥墩。桥东侧有三处雕刻，呈龙头状昂首向东，桥墩西侧为船尾状。桥面有 105 块石板组成。原桥面被车轮压碾凹凸不平不便使用后，后人将石板翻转形成现在的桥面。该桥据地势水流精心设计，建造精良，坚固耐用，虽经百余年急流冲刷，人车踏压，仍能通行使用，极具研究保护价值。1994 年 12 月被邹平县人民政府公布为第三批县级文物保护单位。（图 4-202～图 4-204）

李家祠堂　清代，位于滨州市邹平县好生镇李营村。据考证，该祠堂是明末清初刑部尚书李化熙家族的祠堂。祠堂西靠黄山，面向正东，劈山坡而建，南北宽 16.12 米，东西长 49 米，占地面积 789.88 平方米，建有房屋 3 排 9 间，三进院落，

图 4-201　菩萨庙

图 4-202　永安桥

图 4-203　永安桥路面

图 4-204　永安桥兽头

前院大厅和南厅（已拆除）是祭祖聚会之地。第一排屋内有一组御笔石刻共 8 块，其中南、北墙 6 块刻有康熙临写宋代书法家黄庭坚书法；北间西墙上镶砌的两块，一块刻有御笔楷书“清慎”二字，两字上方刻有“康熙御笔”大印一方，另一块刻有小楷数百字，暂不能识。该组石刻系汉白玉石质，雕工精细，刀法娴熟，字里行间显示出高超的刻制工艺。据史料记载，康熙帝御笔是御赐时任大理寺卿李斯义的。中院为举行祭祖仪式之地。后院为李世熙之母宋氏灵位摆放之地。三厅均为硬山式台基建筑，抬梁式出厦结构。前厅为灰筒瓦屋面，中厅、后厅为灰板瓦屋面。梢檐有阴阳鱼和花瓣砖雕装饰，具有较高的历史艺术价值。2001 年 10 月被邹平县人民政府公布为第四批县级文物保护单位。（图 4-205）

李化熙，字五弦，号长白小樵，生于明万历二十二年（1594 年），祖籍山西太原府盂县，明代其曾祖带家人迁入山东原长山县周村古城村。崇祯七年（1634 年）进士，先后授任湖州府推官、河间府推官、天津兵备道、四川巡抚、陕西总督、兵部右侍郎、榆林三边总督防务等职。1644 年李自成攻陷北京，明朝灭亡。李化熙见报国无望，率部分军士回山东长山周村，静观时局变化。其间，制止了李自成农民军和清军对周村一带的骚扰，设集布市，整顿秩序，代纳市税，周济乡人，从而使

图 4-205　李家祠堂

周村在兵荒马乱的大环境下，暂时保持了经济的繁荣和政治的稳定，发展成为鲁中经济重镇。后来清军入关建立政权，李化熙见明朝大势已去，便率部降清，被清廷授工部右侍郎职，第二年升任左侍郎，顺治四年（1647 年），兼兵部尚书，两年后又加都御史衔，顺治八年（1651 年）晋太子太保，第二年升任刑部尚书。任期内多有建言，大都被清廷允准实行。后以归养老母为由，辞官返回故里。康熙八年（1669 年）元月二十一日卒于家中，享年 76 岁，葬于今邹平县古城村南。为感激他对地方的贡献，周村商民为他建立祠堂，确定每年九月九日为公祭日。

梯子坝险工 清代，位于黄河下游右岸邹平河段中部，码头镇小牛家村北黄河滩内，始建于清光绪十年（1884 年）。当时是为保护下游 11 公里处的齐东县城而建。该坝为单一的挑水坝，呈“丁”字形。此坝直插河心，意在挑溜北移，形似架于黄河之上的梯子而得名。现坝基长 1640 米，坝高 20 米，坝顶宽 10 ～ 15 米，7 段护砌石坝，长 372 米，系历代加修、续建、改建而成，它与两岸大堤、控导工程一起构成了坚固的防洪工程体系，是目前黄河上土坝基最长的险工堤岸，被誉为“黄河险工第一坝”。梯子坝的修建对于防止险工坝以下滩岸坍塌，保护滩内村庄起到了重要作用。该险工堤坝为研究黄河水文，探讨黄河的治理，发展旅游事业具有重要价值。2012 年 4 月被邹平县人民政府公布为第五批县级文物保护单位。（图 4-206）

基督教浸礼会教堂 建于 1900 年，位于滨州市邹平县黄山三路西首路南，坐北朝南，是一座中西合璧的重檐式砖木结构建筑，房顶原为小灰瓦，现为板瓦，檐下有砖雕花卉图案。南北各有一拱门，门旁有窗，内部为 8 根合抱粗的木质立柱和 4 根横梁连接形成的穹隆形屋架，屋架横木上镌刻着“主降世一千九百年”字样。

图 4-206 梯子坝险工

仲牧德教碑和白师母纪念碑砌于教堂西墙内，记述英国传教士仲均安来华传教及建造教堂的情况。教堂设上下两层坐席，可同时容纳 500 人做礼拜。2001 年 10 月被邹平县人民政府公布为第四批县级文物保护单位。（图 4-207 ～图 4-209）

图 4-207　基督教浸礼会教堂

图 4-208　基督教浸礼会教堂碑（一）

图 4-209　基督教浸礼会教堂碑（二）

石窟寺及石刻

醴泉寺志公碑 唐代，位于滨州市邹平县青阳镇醴泉寺佛头殿内，全称为“大唐齐州章丘县长白山醴泉寺志公之碑”，碑立于唐开元三年（715年），青石质。螭首，方座。碑首两侧各浮雕三龙，正面首部刻一尖楣状拱龛，龛内浮雕三佛结跏趺坐于束腰须弥座之上。其下有三方形格龛。中龛雕一博山炉。两侧龛内雕两个相对作跪状的供养人像。外侧刻“大唐齐州章丘县长白山醴泉寺志公之碑”，下为碑文，千余字，行书阴刻，为琅琊人王筠所作，记述高僧志公弘扬佛法和唐中宗时重建醴泉寺的经过情况。碑阴线刻手持锡杖的志公半身像，右上角阴刻“晋朝大士志公和尚本容作传”。1939年，醴泉寺被日军烧毁后，现仅存此碑。因风雨侵蚀及人为损坏，字迹已模糊不清。据清代王渔洋《长白山录》中所抄录的碑文，可辨认的仅有千余字，具有较高的佛学、历史研究价值。1980年8月被邹平县人民政府公布为第一批县级文物保护单位。（图4-210）

宝志（418～514年），又称“保志”，南朝僧。世称“宝公”、“志公和尚”，金城（江苏句容）人。

图4-210 醴泉寺志公碑

袁守侗墓神道碑　清代，位于滨州市邹平县焦桥镇东平村北200米处。该碑为石灰石质，高310厘米，厚31厘米，宽85厘米，碑首浮雕二龙戏珠图案，在正面碑首下部刻有“诰命”二字；碑身正面刻有碑文，记载清户部、刑部尚书袁守侗官讳爵位及赐葬谥号；碑座四周图案保存完整。对研究清代官吏褒奖制度提供了实物资料，具有较高的艺术、历史价值。1984年4月被邹平县人民政府公布为第二批县级文物保护单位。（图4-211）

袁守侗（1723～1783年），字执冲，号愚谷。为袁紫兰第三子袁承绂之长子，出生于雍正元年（1723年）七月二十三日。乾隆九年（1744年）甲子乡试，以五经夺魁。试礼部落第，便循例捐纳入贡，后授予内阁中书。与卢文弨、纪晓岚、张松坪等人结为文社，更加刻苦学习词章，虽阁中事务繁杂，始终笃为不废。

此后，袁守侗任吏部文选司郎中、广西按察使、三品京堂、吏部左侍郎兼署工部右侍郎、户部尚书、刑部尚书、河东河道总督、直隶总督，乾隆四十八年（1783年）五月十六日，因病卒于任，享年61岁。赐太子太保，入贤良祠，并于国史立传。袁守侗一生爱诗，署有《双桐轩诗稿》行于世。

太湖石　清代，坐落于滨州市邹平县焦桥镇牛家村。此石系一观赏石，其高5.5

图4-211　袁守侗神道碑

图4-212　太湖石

米，腹围 6.1 米，中宽 1.9 米，侧宽 1.2 米，底部宽 1.2 米，埋深约为 1.5 米，上粗下细，玲珑剔透，状如龙钟老人，此石天然而成，形状世之罕见。清咸丰年间袁氏第十六世孙袁启耀（居牛家庄）在牛家庄西南角修建了乡勇祠，桓台新城王家知道后便将家珍“太湖石”相赠，作为镇祠之宝。耗费 3 年时间，利用冬季结冰将其运至于后花园内，至今未被挪动过，具有较高的观赏价值。1994 年 12 月被邹平县人民政府公布为第三批县级文物保护单位。（图 4-212）

东平石刻 清代，位于滨州市邹平县焦桥镇东平村原学校教室内，石碑共 4 统，呈长条形，皆高 133 厘米，宽 45 厘米，厚 15 厘米。四统石碑正背面皆有刻字，其中两面刻有清代大书法家铁保书写清代诗人刘凤诰的“四面荷花三面柳，一城山色半城湖”名句，其余六面刻有北宋书法家黄庭坚行草《墨竹赋》，赋后刻元代书法家赵孟頫书写的跋语。碑石质地细腻，雕刻精美，集宋、元、清三代著名书法家名作于一身，弥足珍贵，具有较高的文学、历史、艺术价值。这四统石碑是曾任清吏部尚书、刑部尚书、直隶总督的袁守侗从刘墉处得来，因来之不易，恐怕丢失，在修建袁氏祠堂时便将其砌于墙壁内。1968 年，时任村民兵连长的何晋远发现了这四统石碑，收藏至今。据考证，该石碑是泉城济南大明湖上的原碑，而现在大明湖上的对联和市面上的拓印本皆源于此。2012 年 4 月被邹平县人民政府公布为第五批县级文物保护单位。（图 4-213、图 4-214）

刘墉（1719 ～ 1804 年），字崇如，号石庵，清代书法家、政治家。山东诸城人，

图 4-213　东平石刻

图 4-214　东平石刻拓片

祖籍江苏徐州丰县。乾隆十六年（1751 年）进士，刘统勋子。官至内阁大学士，为官清廉，有乃父刘统勋之风。刘墉的传世书法作品以行书为多。嘉庆九年（1804 年）十二月二十五日卒于京。卒后赠太子太保，谥文清。入祀贤良祠，谕祭葬。代表作品有《石庵诗集》。

铁保（1752 ～ 1824 年），清满洲正黄旗人，栋鄂氏，字冶亭，号梅庵。乾隆进士，官礼部侍郎。嘉庆间历任漕运总督、两江总督、吏部尚书等，充八旗通志馆总裁。善诗文，辑《白山诗介》，仁宗作序，赐名《熙朝雅颂集》。工书法，与永瑆、刘墉、翁方纲并称清代四大书法家。

刘凤诰（1765 ～ 1830 年），清江西萍乡人，字丞牧，号金门。乾隆进士。由翰林官至吏部右侍郎。早岁从彭元瑞游，元瑞尝病欧阳修《新五代史》简略，欲仿裴松之注《三国志》例作补注，未成而卒。刘凤诰博采宋人载籍，为之续撰。嘉庆十二年（1807 年）任浙江学政时，取文澜阁书详校，加以搜掇，于次年夏排次粗竟；十八年至京师重事订补，至二十年著成《新五代史补注》。尚著有《存悔斋集》等。

近现代重要史迹及代表性建筑

大英畏烈士殉难纪念碑　1929 年立，位于滨州市邹平县孙镇辉里村西北角桥头路北，西为创业河，西南为民房。碑体坐北朝南，分碑首、碑身、碑座三部分，总高 3.66 米，碑座宽 1.2 米。碑首正背面均雕有二龙戏珠图案，在中部偏下位置分别阴刻着“节烈”、“景仰”字样；碑身正面两侧雕有八仙图样，右上为“大英畏烈士殉难纪念碑”，碑文为“不畏强御”，背面两侧刻有花草纹饰，中有文字记述该碑系邹平、长山 19 村民为纪念抗击土匪张鸣九骚扰，保护民众而殉难的辉里庄村民李机庆、李友长、李恭厂、段维烈四人而立。1984 年 4 月被邹平县人民政府公布为第二批县级文物保护单位。（图 4-215 ～图 4-217）

图 4-215　大英畏烈士殉难纪念碑

图 4-216　大英畏烈士殉难纪念碑标志碑

图 4-217　大英畏烈士殉难纪念碑远景

共成斯举碑　1934 年，该碑碑体长 148 厘米，宽 90 厘米，厚 31.5 厘米，为石灰石质，碑石正面刻有“共成斯举”字样，右上方有“民国廿三年四月”，左下方落款为“桂林梁漱溟题”。现碑存放于辉里村西部，保存较好。2012 年 4 月被邹平县人民政府公布为第五批县级文物保护单位。（图 4-218、图 4-219）

“共成斯举”由我国近代著名爱国人士、哲学家、教育家梁漱溟先生题写，以赞扬邹平孙镇辉里村民重视教育，自力办学的义举。1929 年，辉里村李北辰、李竺庆等几个文化人竭力倡导自办学堂，动员村民捐钱捐物。旧宦人家李梅葆首先响应，献出清代“五子登科”旧宅 3 处，同时捐资大洋二百元。其后各种组织和村民也踊跃捐献，不到一年时间学校基本建成。1930 年初，学校正式开学，第一批招收儿童 43 人。开展乡村教育，兴办乡学村学，开发民智是梁漱溟先生在邹平进行乡村建设实验的重要内容之一。1934 年初，梁先生闻辉里村民之义举，为之感动，欣然命笔，题写“共成斯举”四个苍劲有力、含义深刻的大字相赠。辉里村民为感谢梁先生的鼓励，将字刻于石碑上，作为勉励后人重视教育的永久纪念。

图 4-218　共成斯举碑

图 4-219　共成斯举碑局部

刘井战斗遗址　1939 年，位于滨州市邹平县魏桥镇刘井村村东，保护面积为 3395 平方米。1963 年，为纪念 1939 年八路军山东纵队在刘井战斗中牺牲的烈士，在遗址东部建烈士陵园，1974 年再次整理扩建。陵园南北长 65.5 米，东西宽 30 米，总计 1965 平方米。陵园内有纪念碑一座，碑身高 5.3 米，宽 1.85 米，厚 0.9 米。正面碑文为“为人民而死虽死犹荣”，背面为“为国牺牲永垂不朽”，陵园内有烈士墓 73 座，墓间植柏树，该遗址已成为革命传统教育的重要阵地。1980 年 8 月被邹平县人民政府公布为第一批县级文物保护单位。（图 4-220、图 4-221）

杨家峪抗日沟　1943 年、1947 年，位于滨州市邹平县西董街道办事处鹤伴山森林公园内，宽约 8 米，长约 2500 米，南、北、西三面环山，沟内林木繁密，基本保持了原生态植被。沟中怪石林立，山水不断。1943 年 9 月，我长山县大队二中队——

图 4-220　刘井战斗遗址

俗称“钢八连”——在此与进山扫荡的千余名日伪军进行了殊死战斗，因地形对我不利，且敌众我寡，二中队指战员大部壮烈牺牲。1947 年 7 月，国民党某部到杨家峪山沟，寻找曾伏击过他们的我新五军某营二连进行报复，敌有备而来，战斗异常激烈，因敌我力量悬殊，二连将士全部阵亡。新中国成立后，邹长人民为了纪念殉难烈士，将此山沟起名为抗日沟，并修一桥曰“抗日桥”（该桥系单孔石桥，长 5.9 米，宽 8.15 米，高 5.2 米；护栏宽 0.54 米，高 0.45 米）。1984 年 4 月被邹平县人民政府公布为第二批县级文物保护单位。（图 4-222）

图 4-221　为人民而死虽死犹荣纪念碑

图 4-222　杨家峪抗日沟

马函三烈士墓　建于1943年，位于滨州市邹平县西董街道办事处由家河滩村南部，墓冢高约1.8米，直径3.2米。2003年10月，邹平县人民政府为其重修墓并立碑。2012年4月被邹平县人民政府公布为第五批县级文物保护单位。

马立元（1902～1943年），字函三，邹平县西董街道办事处由家河滩村人。1930年，被聘为长山县第八区高等小学国文教员。1936年，被选为长山县第八区自卫队队长。1937年冬，日军举兵南侵，国势艰危，马函三去找马耀南，并与共产党员姚仲明、廖容标促膝长谈，赞同共产党抗日救国主张，当即表示接受共产党的领导。回八区后，投入抗日洪流，以八区自卫队为基础，收集武器，组织抗日武装。1938年1月下旬，廖容标带领山东抗日救国第五军到由家河滩休整，马函三即率部参加第五军，被任命为三支队七团三营营长。同年，加入中国共产党。参加过面山、刘家井、马旺庄等十多次战斗，显示出优秀的军事指挥才能。（图4-223）

1940年，马函三被选为长山县抗日民主政府县长，经常深入边缘地区和敌占区，宣传抗日政策，扩大民主政府影响，全力组织抗日武装斗争。1942年，马函三倡议尚庄、西庵村建立集市，在东峪办起抗日高小，村村建起抗日小学。在马庄和回路峪办起后方医院。

马函三严于律己，平易近人，与群众同甘共苦，被群众誉为“我们的好县长”。1942年大旱歉收，政府筹粮困难，马函三与战士们一齐吃糠菜度荒。1943年8月，上级调马函三到北海银行工作，未及到任，便于11月11日在反“扫荡”中被日伪

图4-223　马函三烈士墓

军包围，牺牲于由家河滩以南的山坡上。时年 41 岁。

1944 年后，长山县抗日民主政府将县第八区改为“函三区”，以志纪念。

长山烈士陵园 1953 年由长山县人民政府修建，位于滨州市邹平县长山镇南坛村东部高埠上。陵园南北长 128 米，东西宽 74 米，占地面积约 9500 平方米。陵园坐北朝南，烈士陵园碑刻置于东、西两座纪念碑中，东纪念碑镌刻时任山东省省长赵建民“先烈创业永志不忘”的题词和中共长山县委、长山县人民政府于 1953 年修建烈士陵园的碑记；西纪念碑镌刻时任山东省副省长晁哲甫“为革命牺牲永垂不朽”的题词和马宝三“革命烈士之功永志勿忘”的题词。两统石碑镌刻着为抗日战争、解放战争、抗美援朝战争捐躯的 1590 位革命烈士的英名，“一马三司令”中的马耀南、马晓民、马天民位列其中。亭北为烈士陵墓，东西 26 座，南北 10 排，共 262 座。陵园周围为砖砌花墙。整个陵园掩映在青松翠柏之中，庄严肃穆。陵园见证了革命烈士为革命事业做出的巨大牺牲，表达了人们继承先烈遗志把革命进行到底的决心，为研究清河地区革命史提供了实物参考，成为当地重要的爱国主义教育基地。2012 年 4 月被邹平县人民政府公布为第五批县级文物保护单位。（图 4-224、图 4-225）

图 4-224 长山烈士陵园

图 4-225　烈士纪念碑亭

其 他

尚庄古槐 明代，位于滨州市邹平县西董街道办事处尚庄村东公路南侧。国槐树高约 12 米，胸围 4.2 米，树冠直径约 9 米，植株树心腐朽，树干大部分已空裂，但枝叶繁茂。相传明崇祯年间，周村太和庄有个刘阁老即刘鸿训，喜欢饮茶，每天必差仆人到八柱台村的茶泉担水泡茶，因两地往返 60 余里，路途遥远，便在沿途每隔三里植种国槐，供挑水人歇脚纳凉之用，尚庄古槐就是其中之一。2001 年 10 月被邹平县人民政府公布为第四批县级文物保护单位。（图 4-226）

刘鸿训（1561 ～ 1634 年或 1632 年），明山东长山（治今邹平）人，字默承，号青岳。万历进士。天启时迁少詹事，因忤魏忠贤而被削籍。崇祯元年（1628 年）复官，擢礼部尚书兼东阁大学士，入预机务。次年为贿改敕书案所累，革职谪戍代州。后卒于戍所。著有《四素山房集》，编有《玉海纂》。

图 4-226 尚庄古槐

第五章　古文物藏品

第一节　古生物化石

麋鹿角化石　全新世时期化石，距今20万年左右。鹿角完整，长86厘米，头骨已不存在。1977年惠民地区广饶县境内支脉河水利工程挖土时发现。

除广饶外，博兴县境内及滨城区侯家遗址（原李屋遗址）在2003年考古发掘时均有麋鹿角化石出土。由此可证实，当时渤海西南岸一带植被繁茂，气候适宜，曾是麋鹿繁衍生息之地。（图5-1）

鸵鸟蛋化石　距今约5万年至10万年，邹平县临池镇一带出土。鸵鸟本生活于沙漠地带，为现代生存鸟类中体积最大者，高2米多，一般雄性高大，雌性娇小，力强善走，翼不能高飞。该鸵鸟蛋化石为椭圆形，径长19厘米。它的发现对研究古梁邹一带的地质、地层的变化具有重要意义。

象牙化石　距今2万年左右，1993年出土于博兴县兴福镇南吴村。长约3米，

图5-1　麋鹿角化石

出土时保存完整，发现者挖出后用自行车往回运送时，半路掉在地上摔成了几段。由于石化程度较差，局部已出现风化。

第二节　骨器、贝蚌器

一、骨器

骨锥 1　新石器时代，滨城区卧佛台遗址出土。长 16.2 厘米，保存完好。（图 5-2）

骨锥 2　新石器时代，滨城区卧佛台遗址出土。长 13 厘米，残。（图 5-3）

骨梳 1　新石器时代，残。整体呈半月形，剖面为锐角扇形，骨质坚硬，呈土褐色。长 4 厘米，宽 1.8 厘米，厚 0.6 厘米。（图 5-4）

骨针 1　新石器时代，滨城区卧佛台遗址出土。整体扁长，黄褐色，尖端黑色，断失。顶端中部钻有小空。长 5.7 厘米。（图 5-5）

骨针 2　新石器时代，滨城区卧佛台遗址出土。通体浅褐色，细长圆柱状，两端略尖。长 10.3 厘米，顶直径 0.6 厘米。（图 5-6）

骨梳 2　商代，滨城区兰家遗址出土。长 7.2 厘米，残。（图 5-7）

骨锥 3　商代，滨城区兰家遗址出土。长 12.4 厘米，保存完好。（图 5-8）

骨针 3　商代，滨城区兰家遗址出土。长 10.2 厘米，保存完好。（图 5-9）

二、贝蚌器

蚌刀　新石器时代，邹平县丁公遗址出土。长 11 厘米，宽 3.5 厘米，呈土黄色，中部边侧有孔。磨制精细，为先民生活切割用具。（图 5-10）

蚌锯　龙山文化，邹平县长山镇鲍家遗址出土。长 12.5 厘米，宽 2 ～ 7 厘米。扁方刀形，呈土黄色，有两孔，锯齿痕迹清晰可见，用于切割木、竹、骨等。（图 5-11）

蚌镰　新石器时代，1991 年堡集镇（今滨城区三河湖镇）水利工程施工时在后尹村出土。长 8.3 厘米，宽 5.2 厘米，微残。（图 5-12）

蚌饰　新石器时代，邹平县苑城西南村（今邹平县长山镇西南村）发掘出土。圆形锯齿纹蚌饰，直径 2.1 厘米，厚度 0.12 厘米，中空直径 0.4 厘米，外沿为均衡锯齿纹，为手工制作的工艺饰品，应为女性佩戴。（图 5-13）

穿孔贝　新石器时代，滨城区卧佛台遗址出土。长 3.1 厘米，宽 2.6 厘米，保存完好。（图 5-14）

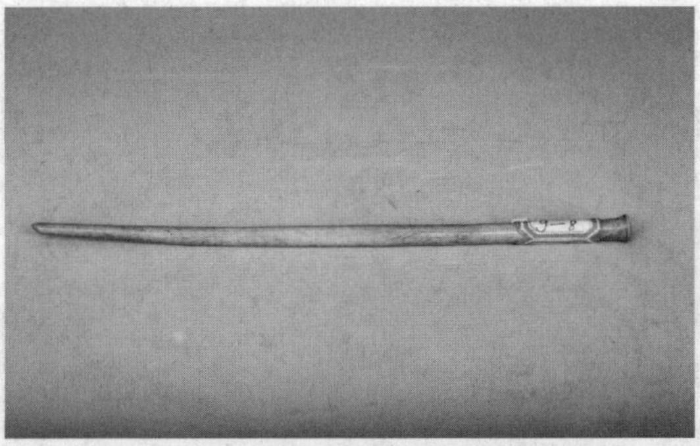

图 5-2　骨锥 1

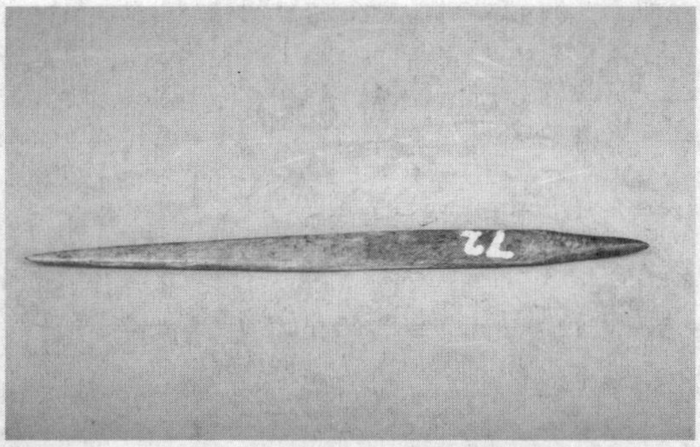

图 5-3　骨锥 2

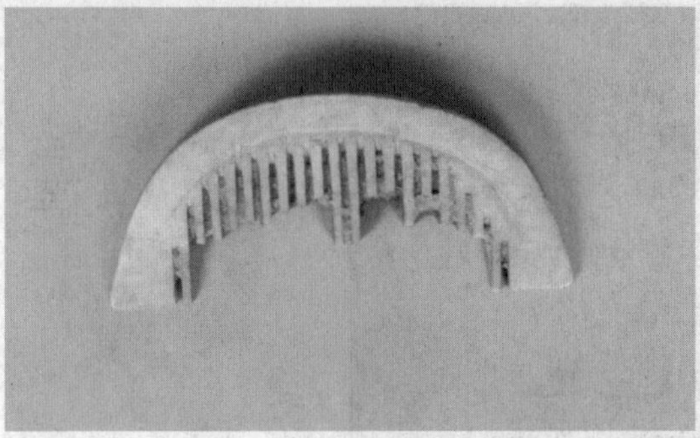

图 5-4　骨梳 1

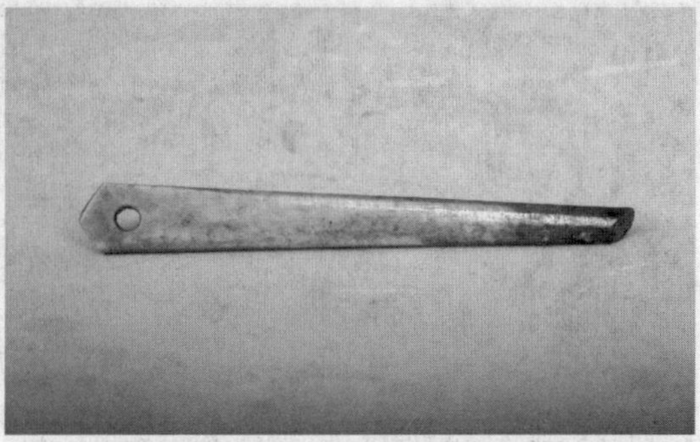

图 5-5　骨针 1

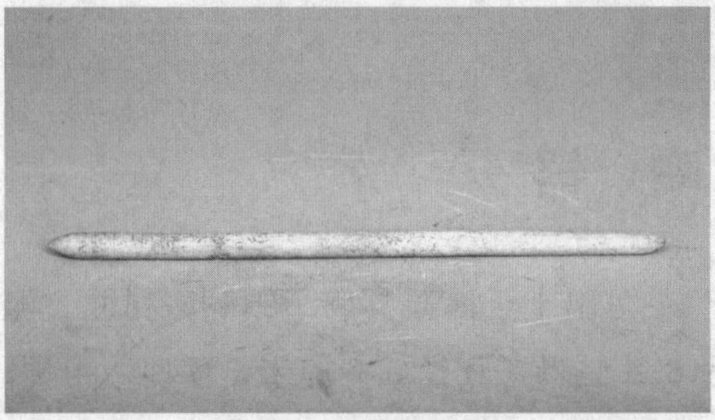

图 5-6　骨针 2

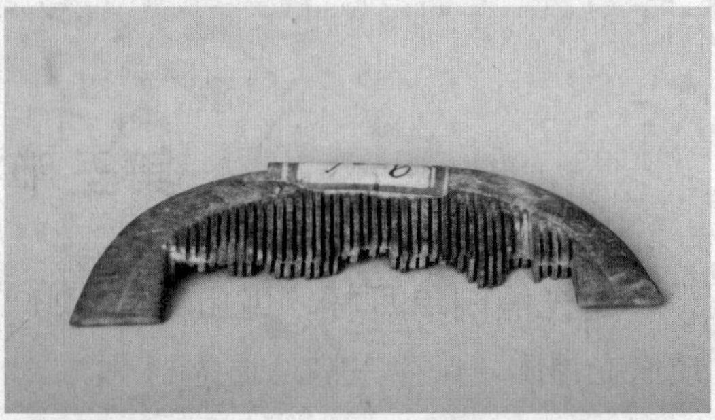

图 5-7　骨梳 2

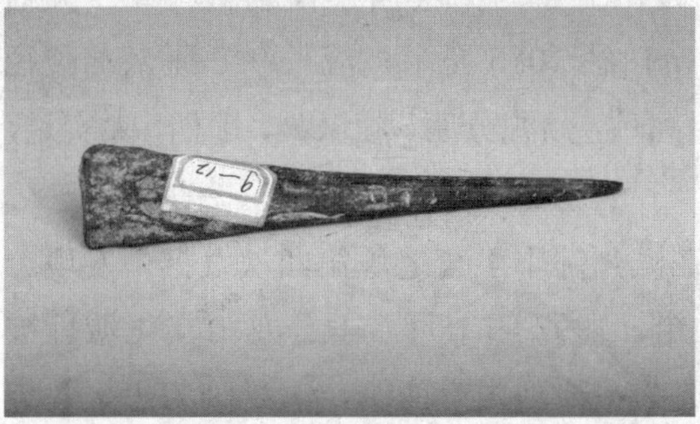

图 5-8　骨锥 3

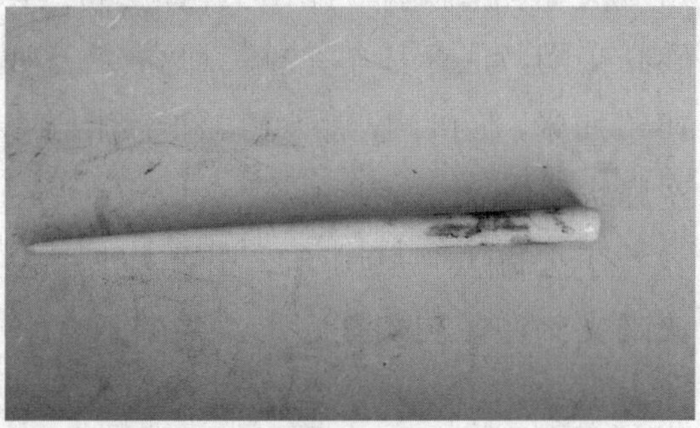

图 5-9　骨针 3

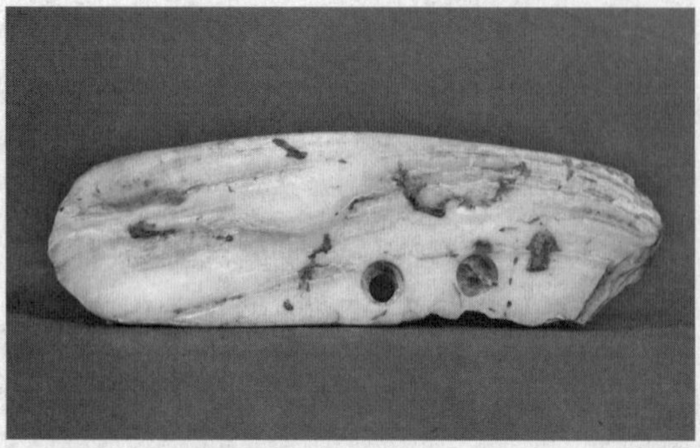

图 5-10 蚌刀

图 5-11 蚌锯

图 5-12 蚌镰

图 5-13 蚌饰

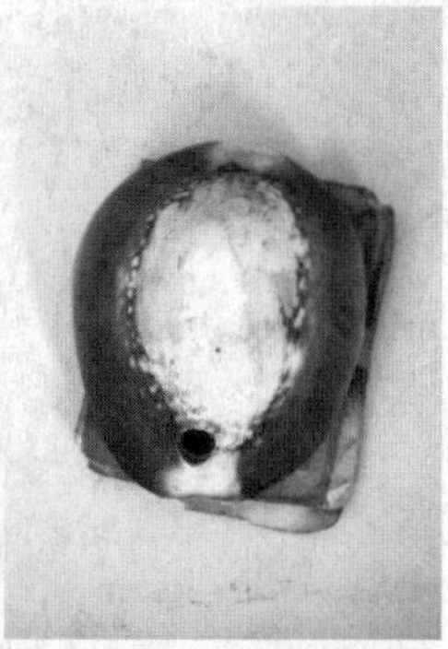

图 5-14 穿孔贝

第三节 陶 器

磨光黑陶单耳杯 龙山文化，2002 年 11 月出土于博兴县店子镇利戴村北。泥质磨光黑陶，保存完整。通高 14 厘米，口径 8.8 厘米，底径 6.5 厘米，侈口，粗颈，鼓腹，腹侧有一环形柄，平底，颈腹饰十多周凹弦纹，陶胎较薄，漆黑光亮。（图 5-15）

夹砂红陶鬶 龙山文化，2002 年 11 月出土于博兴县店子镇利戴村北。夹细砂红褐陶，保存基本完整。通高 32.5 厘米，口径 10.5 厘米，流长 9.8 厘米，腹径 15.3 厘米，侈口，圆唇外翻，仰流斜上冲，粗高颈，颈腹分明，腹微鼓，平档，尖实足，宽扁状柄。

丁公陶文 1991 年，山东大学考古系在滨州邹平丁公遗址第四次发掘中发现。该陶文刻在一灰陶盆底上，共刻画文字 11 个。1992 年 1 月，丁公龙山文化城址被评为 1991 年中国十大考古新发现之一，入选的主要理由有两个，一是因为出土各类遗物标本 5000 余件，二是因为发现有 11 个文字的龙山文化陶片。据专家推论，该

图 5-15 磨光黑陶单耳杯

图 5-16 丁公陶文

陶文比甲骨文早了800余年，对于研究中国文明起源具有重要的学术价值。该陶片不十分规则，长4.6～7.7厘米，宽约3.2厘米，厚0.35厘米。（图5-16）

黑陶杯 龙山文化，邹平县长山镇鲍家遗址出土。黑色，壁薄，素面，收腰，把手靠下端，把手处有条线纹。高12.5厘米，口径9.5厘米，底径8厘米。为日常生活用器，稍残。（图5-17）

陶纺轮 岳石文化时期生产纺织用具，邹平县长山镇石羊村丁公遗址出土。白色陶制品，正面光滑，背面有浅纹。直径4.5厘米，厚0.8厘米，稍残。（图5-18）

夹砂红陶鬲 商代，1975年5月出土于博兴县店子镇店子村。夹砂红陶，保存基本完好。通高16.5厘米，口径15.4厘米，口微侈，束颈，低档内凹，袋足较矮，器表面饰绳纹。（图5-19）

灰陶罐 商周，滨城区兰家遗址出土。高21.5厘米，口径14.5厘米。敞口，圆肩，斜腹，平底，通体饰绳纹，口沿微残。（图5-20）

陶鬲1 商周，滨城区兰家遗址出土。高16.5厘米，口径19厘米，敞口，直腹，袋足，分裆底。陶色深灰，通体饰细绳纹。（图5-21）

陶鬲2 商周，滨城区兰家遗址出土。高12厘米，口径16厘米，口沿残。敞口，直腹，袋足，分裆底，外壁饰绳纹。（图5-22）

陶鬲3 商周，滨城区兰家遗址出土。高13厘米，口径19.6厘米。敞口，直腹，袋足浅，分裆底不明显，外壁饰绳纹。（图5-23）

陶纺轮 商周，滨城区兰家遗址出土。呈砖红色圆饼状，中间有圆孔，边缘为圆弧形，一周均匀分布有长条凹槽。直径4.5厘米，厚1.8 厘米，保存完好。（图5-24）

灰陶环 东周，沾化县泊头镇陈家古窑址出土。扁圆形，外径8厘米，内径4厘米。（图5-25）

陶尊 商周，高14.6厘米，口径23厘米，腹径21.1厘米，底径9厘米。泥质黑陶，质地坚硬。敞口折肩，深腹，平底略内凹，肩部印有方形戳记和圆形印文，是研究古文字的珍贵资料。（图5-26）

灰陶高柄豆 春秋，1980年3月出土于博兴县店子镇张王村。泥质灰陶，保存完好。通高32厘米，口径15.9厘米，盘口，高细柄，柄中部有陶文，刻有“豆、里、遄”三个字，喇叭形圈足。（图5-27）

灰陶漏器 东周，沾化县泊头镇陈家古窑址出土。高27厘米，口径25厘米，底12厘米，口沿至腹部有12厘米裂纹。口大底小似盔形，腹下部内缩，底部有两个漏洞。（图5-28）

图 5-17 黑陶杯

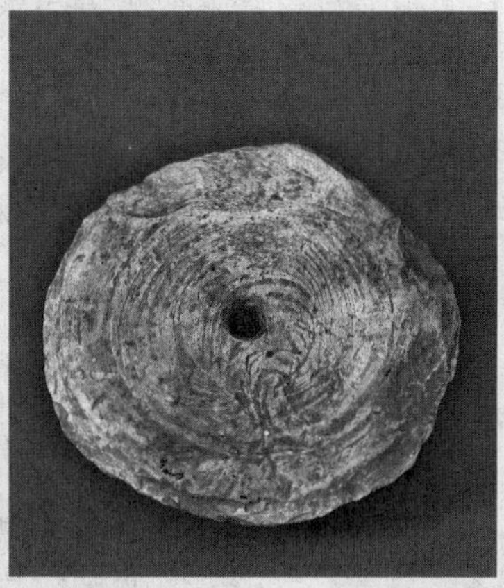

图 5-18 陶纺轮

图 5-19 夹砂红陶鬲

图 5-20 灰陶罐

图 5-21 陶鬲 1

图 5-22 陶鬲 2

图 5-23 陶鬲 3

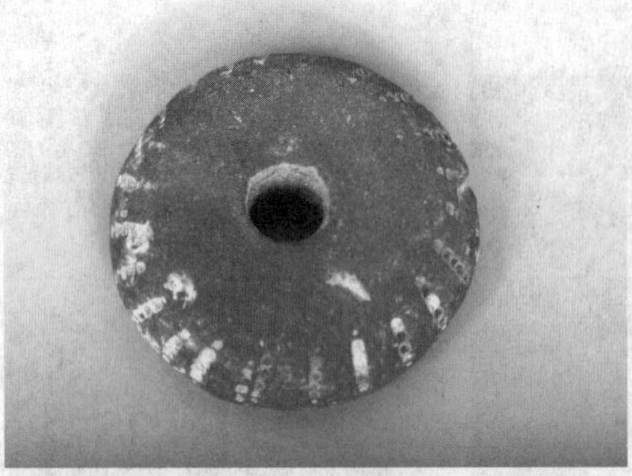

图 5-24　陶纺轮

图 5-25　灰陶环

图 5-26　陶尊

图 5-27　灰陶高柄豆

图 5-28　灰陶漏器

灰陶坠 东周，沾化县古城镇西范沙台子出土。长7厘米，截径2.5厘米，有三道凹沟，一端微残。（图5-29）

灰陶璜形器 东周，沾化县泊头镇陈家古窑址出土。长4厘米，宽1.8厘米，两端尖。（图5-30）

绿釉陶猪 汉代。长17厘米，宽6厘米，通高8.5厘米。脸呈长形，四足呈三角形，后足较前足较粗，有亦耳朵微残，通体呈圆柱形，表面是黄绿色釉，整个形态活泼可爱。（图5-31）

彩绘陶罐 汉代，邹平县西董镇河滩北水库出土。该陶罐圆底阔口，口颈与腹部均饰有几何云雷纹图案，色彩厚重，为土红色，黄色、黑色为图案骨架。高31厘米，口外径18厘米，腹径23厘米。（图5-32）

彩绘陶壶 汉代，沾化县古城镇单家村出土。高22.5厘米，口径10.5厘米，底径8厘米。（图5-33）

灰陶猪 汉代，泥质灰陶，身上残留白色陶衣，原来应有彩绘。通高12厘米，长19厘米，两耳微残。（图5-34）

敞口平沿长颈陶壶 战国，1991年3月滨州市堡集镇（今滨城区三河湖镇）后尹村水利工程施工时出土。高24厘米，口径13厘米，保存完好。敞口平沿，粗长颈，斜肩，鼓腹，圈足微外撇。肩部绘有几何纹。（图5-35）

彩绘灰陶壶 西汉，1981年4月出土于博兴县店子镇利戴村北。泥质灰陶，略残。通高24厘米，口径10厘米。撇口，粗颈，鼓腹，高圈足。壶身有彩绘，腹部有铺首衔环纹饰，色彩鲜艳。（图5-36）

灰陶俑 汉代，1971年于阳信县一汉墓出土。泥质灰陶，通高60厘米。身着交领阔袖系腰袍，发垂脑后，合拢扭结，阔眉朗目，神态自若，通身敷粉红色彩。（图5-37）

灰陶马 汉代，1981年4月出土于博兴县店子镇利戴村北。泥质灰陶，保存基本完好。通高70厘米，颈部断裂。马作直立状，昂首挺胸，鼻翼翕张，口张开，四肢柱立，蹄块较高，身躯匀称健壮，造型敦实，具有质朴的汉像风格。双耳及尾根部有孔，估计尾巴及双耳应为插件，现缺。（图5-38）

陶缸 汉代，2001年无棣县车镇乡李什村村民在田地耕作时发现，缸高82厘米，灰陶质。

红陶猪 东汉。高12.9厘米，长20厘米。泥质红陶，身敷白色陶衣，造型肥头大耳，身体肥壮，呈站立状，形象逼真，憨态可掬，是为珍品。（图5-39）

图 5-29　灰陶坠

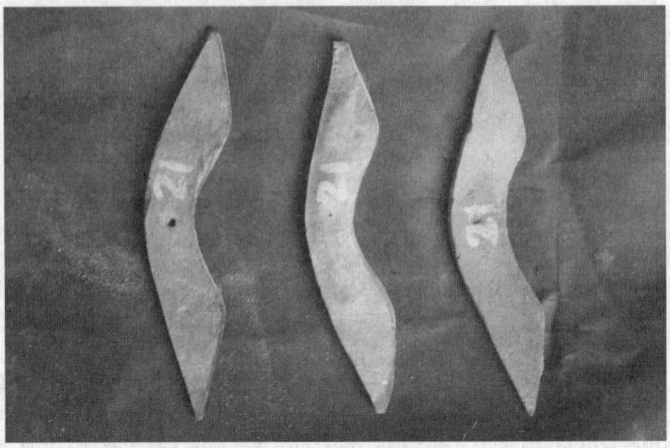

图 5-30　灰陶璜形器

图 5-31　绿釉陶猪

图 5-32　彩绘陶罐

图 5-33　彩绘陶壶

图 5-34　灰陶猪

图 5-35　敞口平沿长颈陶壶

图 5-36　彩绘灰陶壶

图 5-37　灰陶俑

图 5-38 灰陶马

图 5-39 红陶猪

泥质灰陶罐　东汉，1983 年滨县堡集区（今滨城区三河湖镇）汲家湾汉墓出土。高 34 厘米，口径 22 厘米，敞口，短颈，阔肩，圆腹下收，平底。上腹部饰菱形纹、网格纹，下腹部饰绳纹。口沿残。（图 5-40）

釉陶盆　东汉，1983 年滨县堡集区（今滨城区三河湖镇）汲家湾汉墓出土。泥质红陶，敞口，敛腹，平底。高 7.3 厘米，口径 31.8 厘米，底径 19 厘米，釉彩脱落。（图 5-41）

图 5-40　泥质灰陶罐

图 5-41　釉陶盆

绿釉陶熏炉 东汉，1983年滨县堡集区（今滨城区三河湖镇）汲家湾汉墓出土。泥质灰陶。器表施釉，火候较高，陶质坚硬。通高28厘米，小口，直颈，外附有四个兽形鋬，其中一兽形鋬残缺，鋬之间镂雕菱形孔四组，每组四孔，腹下为盘形座。（图5-42）

图5-42 绿釉陶熏炉

釉陶博山炉 东汉，1983年滨县堡集区（今滨城区三河湖镇）汲家湾汉墓出土。泥质釉陶，器盖为云气缭绕、层峦叠嶂的仙山形状，布满镂孔。器身如豆，子母口，下接浅盘。炉身饰凹弦纹两周，通高24厘米，保存完好。（图5-43）

图5-43 釉陶博山炉

釉陶奁 东汉，1983年滨县堡集区（今滨城区三河湖镇）汲家湾汉墓出土。高14.5厘米，口径24厘米，敞口，筒形，平底，三足。表面施釉，口沿下部和底足上部各有一圈突起弦纹。一足修复，腹有裂纹。（图5-44）

图5-44 釉陶奁

釉陶长颈壶 东汉，1983年滨县堡集区（今滨城区三河湖镇）汲家湾汉墓出土，数量一对。通高48厘米，腹有裂纹，口、底残。（图5-45）

釉陶平盘 东汉，1983年滨县堡集区（今滨城区三河湖镇）汲家湾汉墓出土。直径41.5厘米，厚2.6厘米，平底，保存完好。（图5-46）

釉陶鼎1 东汉，1983年滨县堡集区（今滨城区三河湖镇）汲家湾汉墓出土。高12厘米，口径8厘米，一足修复，一足粘合。（图5-47）

图 5-45 釉陶长颈壶

图 5-46 釉陶平盘

图 5-47 釉陶鼎 1

捣米器 三国两晋，1991年3月滨州市堡集镇（今滨城区三河湖镇）后尹村水利工程施工时出土。通体呈长方形，土红色。长19厘米，高13.5厘米，宽5厘米。残。（图5-48）

釉陶鼎2 东汉，1983年滨县堡集区（今滨城区三河湖镇）汲家湾汉墓出土。高15厘米，口径10厘米，两足修复，耳残。（图5-49）

陶力士像 南北朝，沾化县下洼镇陈家村出土。一像高13厘米，胸宽6厘米，臂宽14厘米，头及双臂残缺。一像高14厘米，宽11厘米，头顶部残。（图5-50）

绿釉陶棺 唐代，沾化县古城镇北关村出土。长91厘米，呈前宽后窄的梯形形状，较宽一边高28厘米，残断，较窄一边高13厘米，棺盖亦断为多块，边残。棺体施以绿釉，但大部分脱落，分盖与身两部分，盖上部呈梯形，盖下凹槽与棺身套和。（图5-51）

铺首灰陶壶 汉代，邹平县西董镇皇后村村民捐献。该器物为灰陶盛器，高31厘米，口沿外翻，口外径14厘米，底径16厘米，腹径24厘米，腰部、肩部饰凸弦纹，肩残，有一对对称铺首。（图5-52、图5-53）

绿釉陶鸭 五代。高7厘米，外敷白色陶衣，绿釉脱落严重。整体呈长勺状，尾部伞状翘起，头部前伸，双眼突出，双翅闭合。底部圈底，内中空。保存完好。（图5-54）

图5-48 捣米器

图 5-49 釉陶鼎 2

图 5-50 陶力士像

图 5-51 绿釉陶棺

图 5-52　铺首灰陶壶

图 5-53　铺首灰陶壶局部

图 5-54　绿釉陶鸭

图 5-55　陶砚

陶砚　宋代，征集自滨城区张集乡西丁村。共一套五件，长 10 厘米左右，宽 5.5 厘米左右，保存完好。（图 5-55）

三彩炉　宋代鼎状香炉。高 15 厘米，口径 11.5 厘米。圆唇，外翻沿，短颈，鼓腹，釜形底，蹄形足，三足贴附腹下部，足长 5 厘米。红陶胎质，外施绿釉，肩部模印三处兽面纹，腹部印有两头狮形兽和一匹飞马，狮形兽回首腾空怒目龇齿，飞马四蹄蹬开，展翅奔腾，形象生动，印纹及三足皆施绿、黄、白三彩釉。（图 5-56）

三彩虎形枕　辽代。高 10.5 厘米，长 18.2 厘米。造型为一只俯卧的老虎，施黄绿釉，枕面较平，有水波纹。额头上有“王”字，两边有戳印的小圆圈，大眼睛，阔嘴巴，神态威猛。民间传说虎能辟邪，三彩枕塑成虎形，既美观又有辟邪求平安的作用。（图 5-57）

三彩福字纹枕　金代，出土于惠民县何坊乡头堡村。高 13 厘米，长 40 厘米。腰圆造型，施黄绿彩。枕面纹饰分为三个部分，中间为行书“福”字，两边为荷花纹，周边饰荷叶纹。枕壁饰卷草纹，线条流畅。（图 5-58）

六棱莲花纹三彩器座　金代，邹平县西董镇河滩出土。该座呈六棱形，座底部饰莲花纹，中部饰变形莲花纹，高 11.5 厘米，上径最大尺寸 10 厘米，下径最大尺寸 11 厘米，彩釉华丽动人。（图 5-59）

三彩黄釉鸡头调羹勺　金代。通长 11 厘米，保存完好。勺体深大圆润，头部略尖，整体成半桃形。勺柄略向斜上方伸出，顶部雕刻为鸡头状。施黄色三彩釉。（图 5-60）

图 5-56　三彩炉

图 5-57　三彩虎形枕

图 5-58　三彩福字纹枕

图 5-59　六棱莲花纹三彩器座

图 5-60　三彩黄釉鸡头调羹勺

三彩黄釉刻划花缠枝纹枕　元代磁州窑制品。高 13.5 厘米，枕面长 24.5 厘米。通体施黄色三彩釉。花边，腰圆造型。纹饰采用刻、划花的方法。枕面中心饰花朵纹，周边饰一圈连续的卷草纹；枕壁刻划花朵纹饰。线条流畅连贯，技法高超。（图 5-61）

灰陶古寺脊雕饰　明清，沾化县富国镇胡家营村出土。长 36 厘米，高 40 厘米。（图 5-62）

图 5-61　三彩黄釉刻划花缠枝纹枕

图 5-62 灰陶古寺脊雕饰

第四节 瓷 器

青釉四系瓶 隋代，1981 年 4 月出土于博兴县陈户镇张官村。通高 43.5 厘米，口径 18.5 厘米，腹径 35.6 厘米，底径 15 厘米。喇叭口，卷唇，溜肩，鼓腹，口沿略残，通体施青釉，釉不及底，造型美观大方，为隋代青瓷精品。（图 5-63）

模印贴花青釉八系罐 隋代，1958 年出土于博兴县陈户镇冯吴村。通高 32 厘米，口径 12.5 厘米，腹径 29 厘米，底径 13 厘米。直口方唇，短颈，球腹，平底。肩部、腹部、腹下部均有凹弦纹。肩部有四大、四小共八个复式系。系之间及上腹部贴有化生童子、舍利塔等有关佛教内容的图案。通体施青釉，施釉不及底，釉色晶莹，胎质较细成灰白色。该器物造型美观，工艺精湛。（图 5-64）

青釉盘口瓶 隋代，1987 年征集。通高 29.5 厘米，口径 8 厘米，底径 7.5 厘米，腹径 14 厘米。盘口，卷唇，细长颈，溜肩，鼓腹，圆饼状底足。通体施青釉，釉不及底，胎质为浅灰色。此品为典型的北方青瓷，保存完好。（图 5-65）

青釉瓶 1 隋代，村民捐献的生活用具。高 47 厘米，口径 13 厘米，腹径 33 厘米。唇口，束颈，溜肩，鼓腹，腹下部内敛，颈部和腹部饰以凸弦纹，肩部饰有弧线纹，肩腹部饱满，圆饼状底足。（图 5-66）

青釉瓶 2 隋代，原滨县（今滨城区滨北街道办事处）南干排工地出土。高 20 厘米，口径 5.5 厘米，保存完好。（图 5-67）

青釉瓶 3 隋代。高 16 厘米，口径 4.5 厘米，保存完好。（图 5-68）

图 5-63 青釉四系瓶

图 5-64 模印贴花青釉八系罐

图 5-65　青釉盘口瓶

图 5-66　青釉瓶 1

图 5-67　青釉瓶 2

图 5-68　青釉瓶 3

青釉蒜头瓶 隋代，村民捐献。高 24 厘米，口径 3 厘米，底径 5 厘米。器物造型挺拔、修长，通体饰五道暗釉纹饰，蒜头口，釉面有细小碎纹。（图 5-69）

青釉碗 1 隋代，滨城区三河湖镇中尹村出土。高 9 厘米，口径 13 厘米。敞口，圆饼状底足。内外皆施青釉，底有四个支钉。口沿微残。（图 5-70）

青釉碗 2 隋代，滨城区三河湖镇中尹村出土。高 7 厘米，口径 12.5 厘米。敞口，圆饼状底足。内部施青釉，底有三个支钉，外部釉脱落严重。（图 5-71）

两系罐 隋代。通高 16 厘米，口径 5.2 厘米，腹径 13.5 厘米，底径 6.6 厘米。双系，平肩，圆饼状底足。施半釉。（图 5-72）

四系罐 隋代。通高 25 厘米，口径 11 厘米，底径 12.5 厘米。直口，圆唇，四系，上腹部施釉。（图 5-73）

图 5-69 青釉蒜头瓶

图 5-70　青釉碗 1

图 5-71　青釉碗 2

图 5-72　两系罐

图 5-73　四系罐

青釉席纹执壶　唐代。高 22.5 厘米，口径 7 厘米。大敞口，外折唇，粗颈，丰肩，腹下收，平底。施釉均匀，整体为棕黄色，也有深黄及黑色，釉仅及下腹部。颈为后接，颈以下通体饰席纹，颈上无纹饰。壶嘴短粗，下宽上细，外有层叠的环突。壶柄与壶嘴相对，双系对称分布于左右。（图 5-74）

水盂　唐代。通高 3 厘米，口径 2 厘米，底径 2 厘米。

白釉瓷碗　唐代，沾化县古城镇北关村出土。高 11 厘米，口径 15.5 厘米，底径 7.5 厘米，口至腹部有 7 厘米裂纹。

图 5-74　青釉席纹执壶

白地黑花喜鹊踏枝桃形枕　宋代磁州窑产品，枕面长37厘米，宽32厘米，底长29厘米，宽22厘米，通高15厘米。上宽下窄呈桃形，米黄色胎，枕面画喜鹊踏枝，侧面以卷草纹组成二方、四方连续图案，均白地黑花。绘画技法质朴大方，具有宋代典型的北方绘瓷特点。1984年于惠民县城关镇李和木村（今惠民县孙武街道办事处李和木村）掘土时发现。（图5-75）

白地黑花花草纹四系罐　宋代磁州窑制品。高54.6厘米，腹径35.6厘米。体形硕大，小口大腹，颈部有四系。胎体之上先覆盖一层化妆土，然后再施以白釉，下腹近圈足处涂施酱色釉。用黑彩绘画，主题纹饰为草叶纹，绘画采用一笔点画的技法，笔意潇洒、流畅，线条粗细结合，颇有中国传统水墨写意画的味道。（图5-76）

白釉熏炉　宋代北方瓷窑产品。1963年于民间征集。通高28厘米，口径13厘米，足径13厘米。胎质细腻，色泽发白，内外施釉，釉色白中泛黄。熏炉成塔形，子母口，高圈足，盖中心有一圆形钮，周围有四个小支钉装饰，器盖高为6厘米，盖身有镂孔浮雕童子。炉体为建筑型的八组楼栏杆，并浮雕花生童子宝相花图案，形成建筑式的阁楼，造型美观，工艺精细，有一定的历史价值和艺术价值。炉盖有破损。（图5-77）

风花雪月四系罐1　宋代，1981年5月出土于博兴县兴福镇西毛村。通高34厘米，口径5.3厘米，腹径21厘米，底径11厘米。器物口沿、肩部饰黑彩，腹部有“风、花、雪、月”四字，保存完好。（图5-78）

风花雪月四系罐2　宋代，原滨县（今滨城区）寇家村收购。高33厘米，口径5厘米。小口，圆唇，短颈，削肩，长鼓腹，圈底，整体近长椭圆形。自下腹部至圈底外侧，为酱釉色。四系位于颈肩之间，四系间均匀分布有八个树叶状黑色花纹。中腹绘有“风、花、雪、月”四字行草。（图5-79）

海水婴戏纹影青斗笠碗　宋代，1990年出土于利禹公路城关镇邱家村南建设工地。高7厘米，口径20厘米，口沿残。大敞口，深斜腹，小圈足，状如倒置斗笠。碗内以底为中心，刻划圆形海水婴戏纹饰。两婴孩均顺时针直立奔跑争球，周围填充对称海水纹。纹饰以写意手法刻划，生动活泼。（图5-80）

磁州窑白釉刻划纹碗　宋代，1986年滨县滨城镇（今滨城区滨北街道办事处）南关水库施工时出土。高6.8厘米，口径21.9厘米，保存完好。敞口，斜腹，圈足外撇。内壁施满釉，外壁施釉不到底。内底有涩圈，内壁有刻划纹。（图5-81）

小碗　宋代，原滨县（今滨城区滨北街道办事处）东关村收购。高4.3厘米，口径13.5厘米，保存完整。敞口，斜腹，玉璧形底足。内壁施满釉，外壁施釉不到

图 5-75　白地黑花喜鹊踏枝桃形枕

图 5-76　白地黑花花草纹四系罐

图 5-77　白釉熏炉

图 5-78　风花雪月四系罐 1

图 5-79　风花雪月四系罐 2

底。胎色灰白，釉显黄褐色。内壁底有支钉痕三个，分布均匀。（图 5-82）

酱釉水波纹刻划花罐 宋代，征购。高 22 厘米，口径 5 厘米，保存完好。口沿内收，丰肩，鼓腹，腹下部渐收，圈足。颈部和腹部绘有水波纹。（图 5-83）

白釉划花碗 宋代，征购。高 6.5 厘米，口径 21.5 厘米，保存完好。敞口，圈足，施白釉，碗内刻划花纹。（图 5-84）

白地黑花四系罐 宋元，滨城区张集乡（今杨柳雪镇）双刘村征集。高 52.5 厘米，口径 11 厘米，缺两系，口沿残。敛口，壶身瘦长，圈底。腹上部施白釉，绘有黑色花纹，颈部有四系，腹下部施酱釉。（图 5-85）

葫芦形双耳小罐 宋代，征购。高 12 厘米，口径 2.1 厘米，保存完好。葫芦形，小口，肩部有双耳，腹部下鼓，圈足。（图 5-86）

白釉盖罐 宋代，于滨城区张集乡（今杨柳雪镇）李金门村征集。通高 23 厘米，口径 14.8 厘米，底径 11.4 厘米，腹径 29.1 厘米，盖直径 16.8 厘米。敛口，圆盖，短颈，球形腹，圈底。外部施白釉，底部圈足部无釉。内部无釉。（图 5-87）

黑釉双耳罐 宋代，沾化县古城镇北关村出土。高 16.5 厘米，口径 10 厘米，底径 6.3 厘米。平口，溜肩，鼓腹，下腹部内缩，施釉不到底，口沿两侧有两耳，可穿系绳带。（图 5-88）

宋白釉双系罐 宋代，高 17 厘米，口径 12 厘米，保存完好。敞口，鼓腹，小圈足。外部施半釉，内施酱釉。（图 5-89）

黑釉罐 宋代，沾化县古城镇北关村出土。高 21 厘米，口径 14.5 厘米，底径 9 厘米。平口，溜肩，鼓腹，下腹部内缩，通体施黑釉。（图 5-90）

白釉罐 宋代，沾化县富国镇樊桥村出土。高 14.5 厘米，口径 11 厘米。（图 5-91）

黑釉四系罐 宋代，沾化县古城镇北关村出土。高 18 厘米，口径 10.5 厘米，底径 8 厘米。平口，溜肩，鼓腹，下腹部内缩，通体施棕釉，口沿周围有四耳，可穿系绳带。

子母口白釉碗 宋代，沾化县古城镇北关村出土。高 7.2 厘米，口径 11.5 厘米，底径 6.8 厘米。子母口，鼓腹，下腹部内缩，通体施白釉。（图 5-92）

彩绘四系壶 宋代，沾化县古城镇沙洼村出土。高 31 厘米，口径 5.5 厘米，底径 11 厘米，底残。

小口梅瓶 元代龙泉窑系制品。口径 5 厘米，底径 7 厘米，通高 30 厘米，上粗下细，腹最大处偏上近肩部，通体施青釉并有细小冰裂纹，底呈凹形，无釉，造型美观大方。

图 5-80 海水婴戏纹影青斗笠碗

图 5-81 磁州窑白釉刻划纹碗

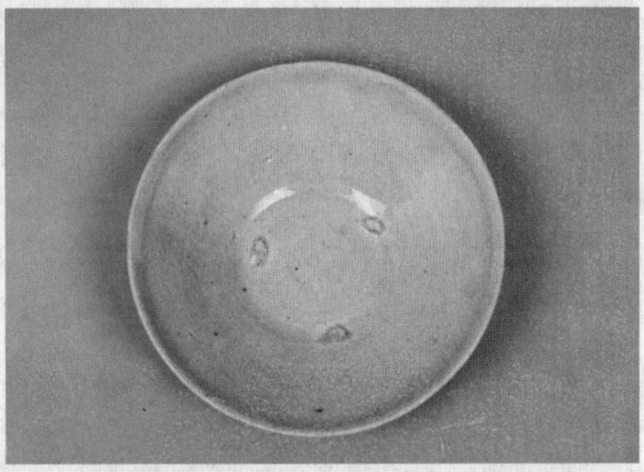

图 5-82 小碗

图 5-83 酱釉水波纹刻划花罐

图 5-84 白釉划花碗

图 5-85　白地黑花四系罐

图 5-86 葫芦形双耳小罐

图 5-87 白釉盖罐

图 5-88 黑釉双耳罐

图 5-89 宋白釉双系罐

图 5-90　黑釉罐

图 5-91　白釉罐

图 5-92　子母口白釉碗

白地黑花牡丹纹罐 2 元代磁州窑系产品。通高 38 厘米，口径 22 厘米，腹径 38 厘米，底径 18.5 厘米。平口，圆唇，溜肩，鼓腹，下腹部内收，通体施白釉，呈象牙白色，白中泛黄，腹部绘有祥云纹与怪鸟纹饰。（图 5-93）

龙泉窑青釉印花纹盘 元代龙泉窑制品。高 3.7 厘米，口径 16.5 厘米，底径 11 厘米。敞口，弧腹，圈足。内底有印花纹饰，外底有一圈火石红色垫圈痕。（图 5-94）

白地黑花牡丹纹罐 1 元代磁州窑系产品。通高 38 厘米，口径 22 厘米，腹径 36 厘米，底径 21 厘米。平口，溜肩，鼓腹，下腹部内收，通体施白釉，白中泛黄，肩部绘有卷草纹，腹部绘有牡丹花卉。此品属釉上彩，画风豪放流畅，具有典型的北方绘画特点。（图 5-95）

绞胎双耳瓶 元代。高 38.5 厘米，腹径 17 厘米。绞胎最早出现在唐代河南巩县窑，是一个比较稀少而珍贵的品种。它是将白、褐两种不同的陶土挤压成型，然后再施以透明釉入窑烧造。绞胎器多小件，大件器物少见。此器物为模制，长颈，双耳，两耳带环，造型庄重大方，时代特征明显。纹理自然天成，有一种内在的神韵。（图 5-96）

龙泉窑青釉双鱼洗 元代龙泉窑制品，出土于惠民县何坊乡郑孟村。高 3.6 厘米，口径 10.5 厘米。釉色青翠，有细微的开片纹。宽平折沿，洗内底贴塑有双鱼纹，外壁刻划莲瓣纹，圈足内满釉，圈足无釉。双鱼洗从宋末至明代都有烧造，是龙泉窑比较有代表性的产品。（图 5-97）

龙凤纹罐 元代，1986 年 6 月出土于博兴县陈户镇王集村。通高 29.8 厘米，口径 19 厘米，腹径 33 厘米，底径 13 厘米。直口，鼓腹，腹下部内收，罐身脱釉，胎质细致，呈灰白色，口、底处残留孔雀蓝釉，腹部绘有一龙一凤的图案，图案绘制精美。（图 5-98）

图 5-93 白地黑花牡丹纹罐 2

图 5-94 龙泉窑青釉印花纹盘

图 5-95　白地黑花牡丹纹罐 1

图 5-96　绞胎双耳瓶

图 5-97　龙泉窑青釉双鱼洗

图 5-98　龙凤纹罐

龙泉窑青釉碗　元代龙泉窑系产品，1990 年出土于利禹公路城关镇邱家村南建设工地。高 10 厘米，口径 21.9 厘米，保存完好。（图 5-99）

龙泉窑印花花草纹大盘　元代。高 9 厘米，口径 48.5 厘米，口沿微残。敞口，弧腹，圈底。胎体灰白，青釉较厚。盘内壁饰有一圈花草纹，内底为桃叶纹。（图 5-100）

双系鼓形罐　元代，滨城区尚集乡李金门村征购。高 19 厘米，口径 17 厘米，保存完好。

元白釉双系罐　元代，征购。高 15 厘米，口径 15 厘米，保存完好。（图 5-101）

白釉罐　元代。通高 13 厘米，口径 11 厘米，底径 3.5 厘米。卷沿、宽肩、鼓腹，下腹微收，通体施白釉。

瓷香炉　元代。通高 7.3 厘米，口径 10.3 厘米，平口，直颈，溜肩，下鼓腹，三足残。

红釉盘　明宣德。高 3.5 厘米，口径 15.8 厘米，底径 9.3 厘米。釉色深红，外底有白釉，有“大明宣德年制”青花双圈楷书款。盘心下塌，有浅浅的月亮底，造型有明显的明代早期风格，属宣德官窑产品。宣德高温铜红釉瓷器制造工艺难度大，存世量较少，非常珍贵。（图 5-102）

图 5-99　龙泉窑青釉碗

图 5-100　龙泉窑印花花草纹大盘

图 5-101　元白釉双系罐

图 5-102　红釉盘

五彩人物罐 明万历年间景德镇窑制品。通高25厘米，口径24厘米，底径22厘米。直口，溜肩，鼓腰，腹下部内收，通体施白釉，并有冰裂纹。凹形底，底中心刻有仿“成化年制”四字二行楷书款。该器物图案人物生动，自然逼真，具有一定的艺术价值。

青花缸 明天启年间景德镇窑制品。通高33厘米，口径50厘米，底径35厘米。直口圆唇，平底无釉，胎体厚重，瓷质洁白。青花料绘制纹样。口沿绘制波浪纹，腹部绘池塘荷莲，其景色远有高低起伏的小山，近有池塘，荷莲直露水面，一对水鸭自由游动，高大的仙鹤立水而望，花草之间飘云衬托，形成一幅美丽的图案。（图5-103）

白釉高足杯 明代。通高10.2厘米，口径14.7厘米，底径5厘米。敞口，圆底，高圈足，上细下粗，内微凸龙纹一周，通体施白釉。（图5-104）

图5-103 青花缸

图5-104 白釉高足杯

青花盖罐 明代。通高14.5厘米，保存完好。（图5-105）

青花人物罐 明代，征购。高16厘米，口径8厘米，保存完好。（图5-106）

龙泉窑刻划花盘 明代，征购。高7厘米，口径37厘米，口沿微残。盘口及盘内壁刻划花卉纹。（图5-107）

白瓷蒜头壶 明代。通高7厘米，口径2厘米，底径2.5厘米。

祭蓝釉描金葫芦瓶 清乾隆年间景德镇窑烧制。高54.5厘米，口径12厘米，底径19厘米，腹径35厘米。通体施祭蓝釉，线形描金图案。上腹部画两个对称的葫芦形轮廓图案，轮廓线内分别绘黄鹂牡丹和喜鹊登梅。下腹部绘四个两两相对的葫芦形轮廓图案，轮廓线内分别绘牡丹花鸟、蜻蜓花卉、青竹蝴蝶和松鹿图。在六个大葫芦图案之间又通体遍饰小葫芦图案作衬底。整个画面笔法细腻，线条流畅，绘画工整，素雅大方，瓶底刻有“大清乾隆年制”六字款。（图5-108）

图 5-105 青花盖罐

图 5-106 青花人物罐

图 5-107 龙泉窑刻划花盘

图 5-108　祭蓝釉描金葫芦瓶

蓝釉铺首衔环双耳瓶 清乾隆，高 55 厘米，口径 22 厘米，腹径 41 厘米。洗口，束颈，肩部塑铺首衔环双耳，圆形腹，圈足。通体施天蓝色釉，釉面光滑匀净。瓶颈下部有一圈如意纹。此瓶大而规整，显示出高超的制作工艺。（图 5-109）

六棱青花花盆 清乾隆年间景德镇窑产品，1977 年收购。通高 15 厘米，口径 27.5 厘米，底径 19.7 厘米。葵口，直腹，大圈足，口沿用青花料绘制缠枝花。腹三面绘花鸟纹饰，另三面青花料书写楷书诗句，底有镂孔装饰。花盆内施青白釉，底芯有一小孔，造型别致，有一定的价值。（图 5-110）

青花灯笼瓶 清乾隆年间景德镇窑制品，1979 年收购。通高 27 厘米，口径 8

图 5-109 蓝釉铺首衔环双耳瓶

图 5-110 六棱青花花盆

厘米，腹径17厘米，底径12厘米。敞口，广肩，下腹部内收，平底。胎质细薄，有透明感。青花料绘制图案，有直通到河的瀑布，狂风吹打的树木，姿态雄健的仙人以及露出水面的怪石及花草。图案清晰，气势磅礴，有山有水有人有物，山水相连，人物逼真。

青花瓷食盒　清乾隆年间景德镇窑制品，1979年收购。通高9厘米，直径23厘米。食盒呈子母型，通体均施白釉作地，器盖上面用青花料绘制缠枝菊花纹饰，盖钮为镂孔菊花状，四周菊花纹围绕，食盒内做一凸形圆饼为中心，内施青花料绘制花叶纹，其四周围绕中心做凸起的弧形花瓣，内部各用青花料绘制蜜蜂纹样，图案别具一格。

祭蓝釉金龙盘　清乾隆，原渤海区委文管会旧藏。腹径12厘米，口径8.4厘米，底径7.6厘米，高28厘米，保存完好。敞口，圈足，底部有“大清乾隆年制”六字篆书款。外壁绘竹叶纹，内壁施祭祭兰釉，用金彩绘龙纹。（图5-111）

祭蓝釉皮球花纹盘　清乾隆，原渤海区委文管会旧藏。口径19.8厘米，底径11.8厘米，高3.4厘米，保存完好。敞口，圈足。底部有“大清乾隆年制”六字篆书款，盘外壁绘有竹叶纹，内壁施蓝釉，阴刻卷草纹和皮球花纹饰。（图5-112）

朱釉描金花卉山水诗文盘　清乾隆，原渤海区委文管会旧藏。口径19.9厘米，底径12厘米，高3.35厘米，保存完好。敞口，圈足，外壁绘有竹叶纹，内施朱釉，绘描金卷草纹和对称山水、诗文图。（图5-113）

豆青釉描金竹叶纹盘　清乾隆。高3厘米，口径15厘米，底径9厘米，保存完好。敞口，圈足。底足有“大清乾隆年制”六字篆书款，施豆青釉，口沿描金一圈，盘内有描金竹叶纹。（图5-114）

粉彩云龙纹笔洗　清道光。高4.5厘米，口径15厘米，底径7.5厘米，保存完好。卷敞口，圈足。底足有“大清道光年制”六字篆书款，外壁绘四只蝙蝠嘴叼寿桃，内绘海水云龙纹。（图5-115）

外红釉内青花五福捧寿纹碗　清道光。高7厘米，口径14厘米，保存完好。敞口，圆腹，圈足。底足有“大清道光年制”六字楷书款，外壁施红釉。碗内底绘“五福捧寿”花纹。（图5-116）

粉彩荷叶口高圈足盘　清咸丰。高6.8厘米，口径23.2厘米，底径9.3厘米，保存完好。口沿为荷叶形，高圈足。底部有“大清咸丰年制”六字篆书款，圈足外部绘有描金回旋纹。外壁绘荷叶纹理，内壁绘有各种花草鸟虫纹饰。（图5-117）

朱釉贴塑盘龙长颈瓶　清乾隆。高12.5厘米，口径2厘米，微残。（图5-118）

图 5-111　祭蓝釉金龙盘

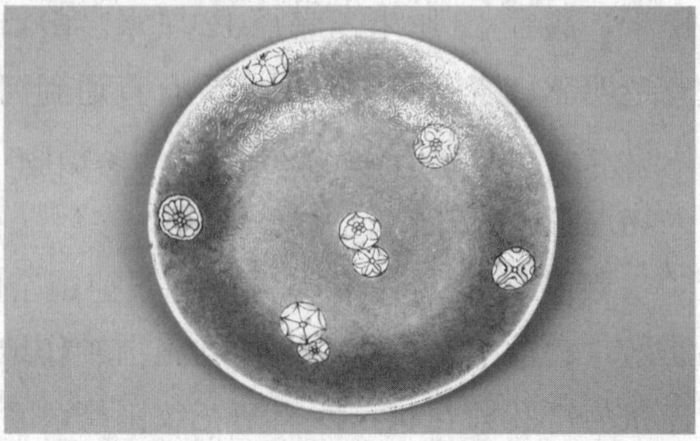

图 5-112　祭蓝釉皮球花纹盘

图 5-113　朱釉描金花卉山水诗文盘

图 5-114　豆青釉描金竹叶纹盘

图 5-115　粉彩云龙纹笔洗

图 5-116　外红釉内青花五福捧寿纹碗

图 5-117　粉彩荷叶口高圈足盘

图 5-118 朱釉贴塑盘龙长颈瓶

青花缠枝莲纹赏瓶 清光绪。高 38.6 厘米，腹径 13.3 厘米。侈口，长颈，圆腹，圈足，底有“大清光绪年制”青花楷书款。釉面洁白、光滑，青花颜色纯正，勾线填色准确，有浓笔重点。口沿处绘海水如意纹，长颈绘蕉叶纹，肩部绘缠枝莲纹和如意云肩纹，腹部的主题纹饰为缠枝莲纹，近圈足处绘莲瓣纹，圈足绘卷草纹，纹饰层次繁多，体现了一种繁缛的装饰风格。赏瓶是皇帝赐给大臣的器物，用青花绘缠枝莲纹，寓意“清廉”。（图 5-119）

粉彩开光水浒人物瓶 清同治年间景德镇窑制品。1963 年征集。口径 32 厘米，腹围 120 厘米，底径 32 厘米，通高 85.5 厘米。圆口，长颈，双狮双耳贴颈，颈腹两次成型，圈足，釉色白中泛青。通体绘五彩图案，耳为双狮相斗，颈开光为双面，内绘人物，正面坐宋江，右侧鲁智深等四人习武。开光四周环绕葵花纹样，肩部浮雕五彩小龙四条。腹部两面开光，中心绘有五彩水浒人物，宋江坐立厅阁中央之上，左右各有文武官员，厅阁下分别有拿刀、斧之武器人物正在习武。右上方挂“替天行道”义旗。人物形象以工笔为主，面目饱满，姿态优美。下腹部内敛，绘有缠枝莲花纹饰，底无款。（图 5-120）

图 5-119 青花缠枝莲纹赏瓶

图 5-120　粉彩开光水浒人物瓶

粉青釉八卦纹琮式瓶 清光绪。高 27.6 厘米，腹径 13.2 厘米。造型仿古代礼器玉琮的形状。釉面为粉青色，饰八卦纹，有大开片。釉质精细，制作精良，是光绪官窑产品。底有“大清光绪年制”青花楷书款。（图 5-121）

茶叶末釉贯耳瓶 清光绪。高 30.2 厘米，腹径 19 厘米。贯耳瓶又称“穿带瓶”。此瓶釉面光滑，呈褐黄色，习称“茶叶末釉”，造型古朴，制作规整，有一种内在的含蓄美，是光绪官窑产品。（图 5-122）

青花石榴纹缸 清代。通高 16.8 厘米，口径 22.1 厘米，腹径 22.8 厘米，底径 10.8 厘米。敞口，圆唇，腹部绘有石榴花卉。（图 5-123）

图 5-121 粉青釉八卦纹琮式瓶

图 5-122 茶叶末釉贯耳瓶

图 5-123 青花石榴纹缸

豆青釉回纹缸　清代。通高 17.6 厘米，口径 23.1 厘米，腹径 23 厘米，底 10.5 厘米。敞口，圆唇，腹部绘有回纹。（图 5-124）

蓝地白花花鸟纹六棱瓷墩　清代。高 46.2 厘米，宽 26.5 厘米，腹径 32 厘米。中空，下底空，两侧面连珠钱形镂空，饰花草纹，顶部为钱形镂空，顶为四季花卉纹，四侧面为蓝地白花花鸟纹。（图 5-125）

祭蓝釉象耳瓶　清代。高 51 厘米，口径 20.5 厘米，保存完好。（图 5-126）

粉彩开光云雷纹地花卉婴戏纹玉壶春瓶　清代。高 15 厘米，口径 4.5 厘米，微残。撇口，细颈，圆腹，圈足。颈部浮雕蕉叶纹。外壁以云雷纹为地子，有两处开光，开光内为婴戏图，开光外为花卉纹。圈足外部饰如意云头纹。（图 5-127）

粉彩开光人物兽耳瓶　清代。高 60 厘米，口径 20 厘米，底径 20 厘米，腹径 23 厘米，保存完好。（图 5-128）

豆青釉刻划花缠枝牡丹纹瓶　清代。高 23.5 厘米，口径 10 厘米，保存完好。颈部刻划蕉叶纹，腹部刻划缠枝牡丹纹。（图 5-129）

青花山水楼阁花卉纹盘　清代，日本产。高 5.5 厘米，口径 40 厘米，保存完好。外壁绘海水纹，盘心绘山水楼阁图，四周绘有树木花草纹。（图 5-130、图 5-131）

孔雀蓝釉瓶　清代。高 29 厘米，口径 8.5 厘米，保存完好。（图 5-132）

祭红釉瓜棱瓶　清代。高 22 厘米，口径 5.5 厘米，保存完好。（图 5-133）

图 5-124　豆青釉回纹缸

图 5-125　蓝地白花花鸟纹六棱瓷墩

图 5-126 祭蓝釉象耳瓶

图 5-127 粉彩开光云雷纹地花卉婴戏纹玉壶春瓶

图 5-128 粉彩开光人物兽耳瓶

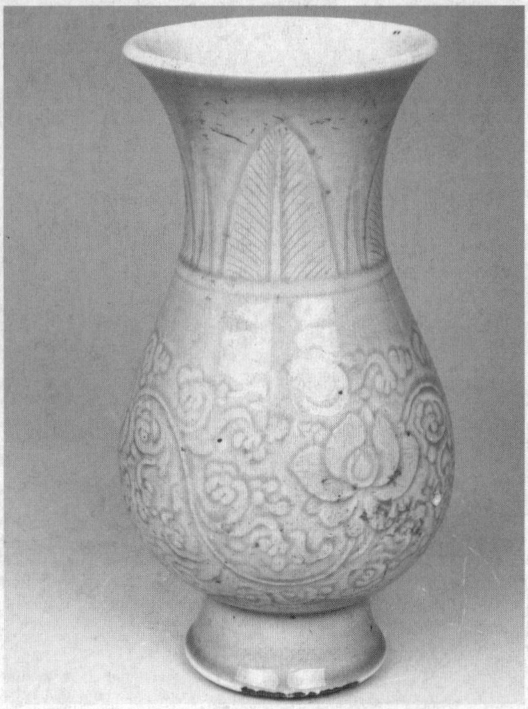

图 5-129 豆青釉刻划花缠枝牡丹纹瓶

图 5-130　青花山水楼阁花卉纹盘

图 5-131　青花山水楼阁花卉纹盘底部

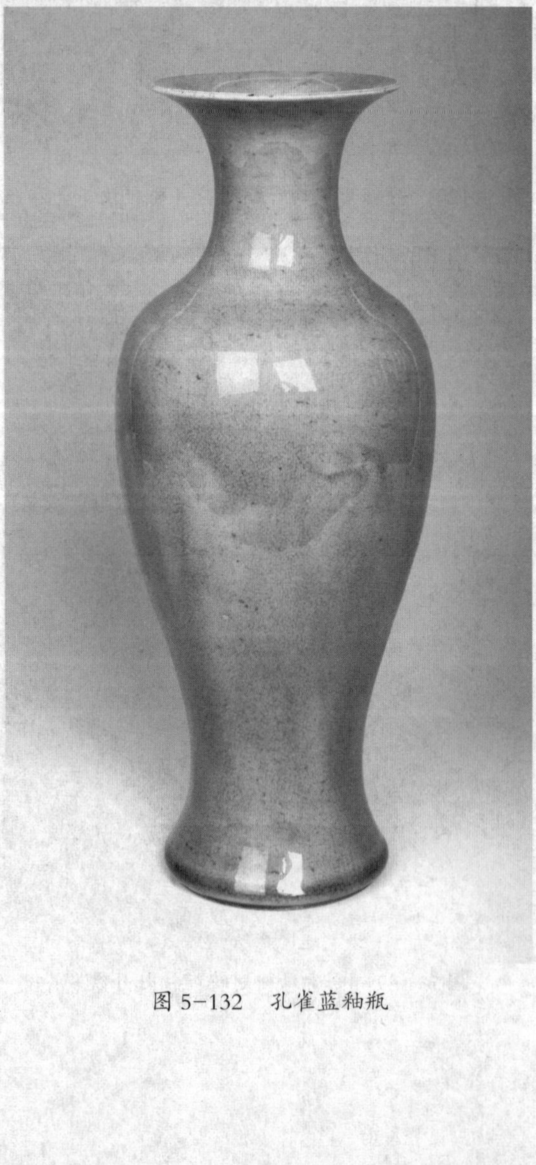

图 5-132　孔雀蓝釉瓶

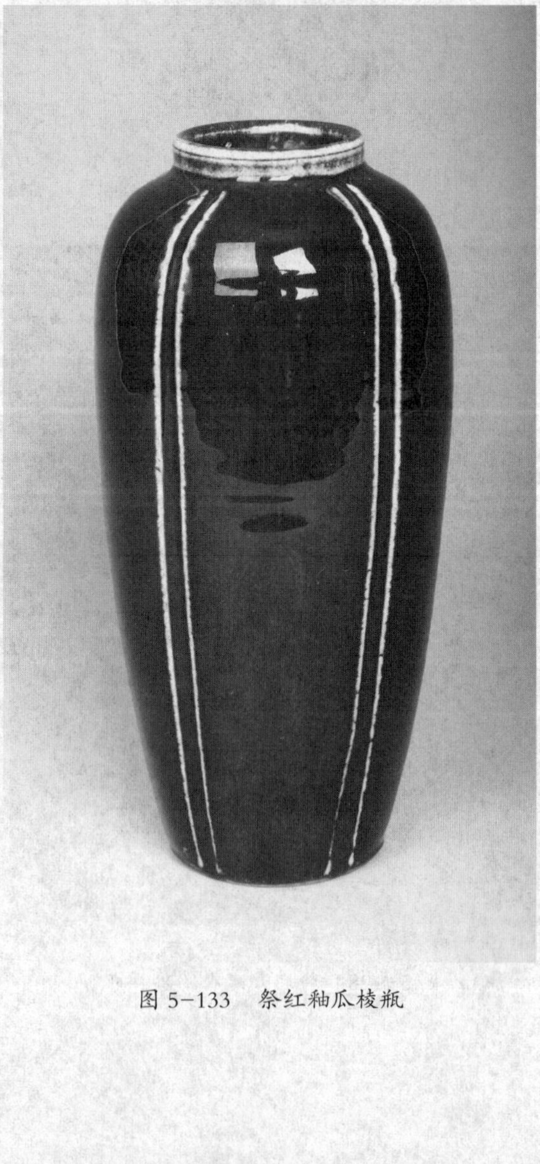

图 5-133　祭红釉瓜棱瓶

第五节 石器、玉器

石铲 新石器时代，距今约6000年，1964年在无棣县西小王乡王家坟村出土。长12.5厘米，宽9.5厘米，厚1厘米。扁长形，平顶双面刃，刃部呈平圆形，顶部中端有一小圆孔，由青石磨制而成。（图5-134）

石埙（或为子母准石） 新石器时代，滨城区兰家遗址出土。长6.5厘米，腹径4.6厘米，器物近似鸡蛋形，周体光滑圆润。石质深灰色，遍布黄斑。大头部顶有一圆孔，肩部有左右对称两孔，三个石孔在石内相通。（图5-135）

方孔石器 新石器时代，1987年3月在博兴县椒园村出土。质地为青石，保存基本完好。长21厘米，宽10.5厘米，厚度为1.5厘米。呈长方形，中间有一方孔，尾端呈燕尾状，使用痕迹不明显，是岳石文化中比较典型的器物。（图5-136）

半月形双孔石刀1 新石器时代，1984年1月在博兴县店子镇西郑村出土。质地为青石，保存基本完好。长10.5厘米，宽4.5厘米，厚度为0.3厘米，呈半月形，中间有两孔。该类“半月形双孔石刀”是岳石文化中比较典型的器物。（图5-137）

半月形双孔石刀2 新石器时代，1984年1月在博兴县店子镇西郑村出土。质地为青石，保存基本完好。长10.8厘米，宽5.7厘米，厚0.7厘米。器身呈半月形，中有两圆形穿孔。（图5-138）

半月形双孔石刀3 岳石文化时期。长11厘米，宽6.5厘米，厚1.2厘米。石灰岩质地，青灰色，半月形，中间有两个圆孔，用于系绳固定把柄。石刀刃部较钝，使用痕迹明显。

石祖 新石器时代，1976年邹平县小清河水利工程出土。据专家推断为先民图腾崇拜的产物。该器物长19厘米，直径4厘米。雕刻细腻，富有质感，顶根部有孔，呈土黄色，材质讲究。（图5-139）

弧形磨光器 新石器时代，滨城区卧佛台遗址出土。灰色青石质，长18.4厘米，宽7.1厘米，厚1.6厘米，保存完好。器物扁平，长椭圆形，两头翘起近似小船。正面边缘有两圈阴刻线，圈内阴刻花草纹饰。（图5-140）

石镞1 滨城区卧佛台遗址出土。长7.4厘米，宽1.7厘米，厚1厘米。青石质，整体呈柳叶形。刃部锐利，上下两面略鼓，有棱线。柄与两侧刃部相连略收，呈长扁圆锥状。（图5-141）

石镞2 滨城区卧佛台遗址出土。长7.2厘米，厚1.2厘米。青石质，三棱长梭形，一端雕刻为较细较短的插头。（图5-142）

石镞3 新石器时代渔猎用器，邹平县小清河水利工程出土。长11厘米，宽3.5厘米，厚1厘米。呈青灰色，磨制极为合理，刃锋利，棱角明显，杀伤力强。（图5-143）

石斧1 新石器时代，邹平县城关滕家村南马家墓出土。器物长14厘米，宽4.5厘米。呈黄褐色，刃锋利，中上部有孔，可固定把柄。（图5-144）

石斧2 新石器时代，滨城区卧佛台出土。长12厘米，刃宽5.6厘米，顶宽4.5厘米，厚3.8厘米。青石质，整体呈扁长梯形，刃端较长较薄，顶部厚重。（图5-145）

石斧3 新石器时代，滨城区茅焦台出土。长15.5厘米，刃宽5.2厘米，顶宽3.7厘米，厚2.9厘米，保存完好。整体呈扁长梭形，刃端较薄，顶部厚重，一侧有弧形凹槽。（图5-146）

石斧4 新石器时代，为邹平县青阳镇化庄遗址拣选标本。器物长10厘米，宽5厘米。呈铁灰色，刃钝，打制精致，并有与木制柄相固定的凹痕，实属难得。

图5-134 石铲

图5-135 石埙

图5-136 方孔石器

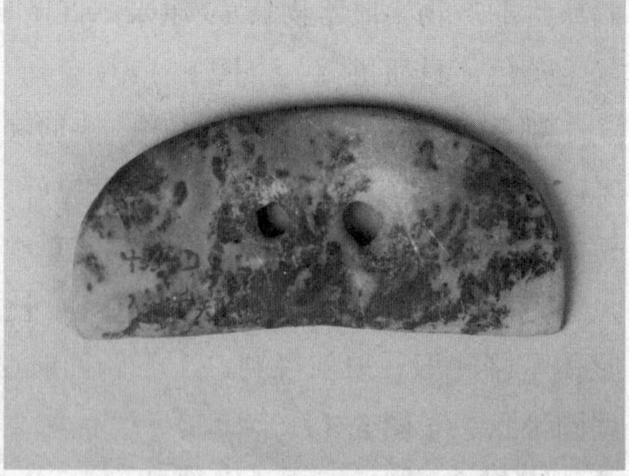

图5-137 半月形双孔石刀1

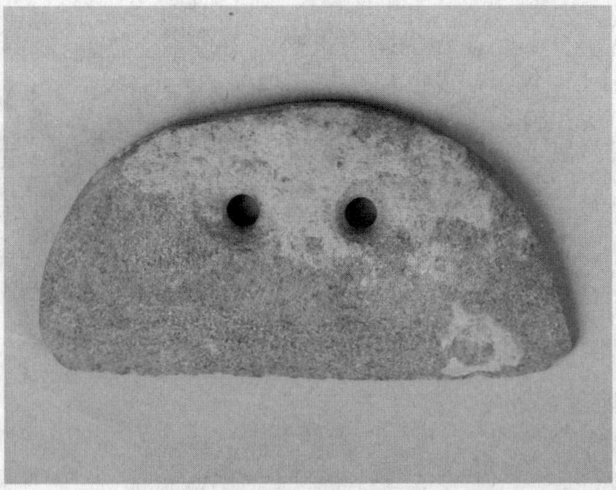

图 5-138　半月形双孔石刀 2

图 5-139　石祖

图 5-140　弧形磨光器

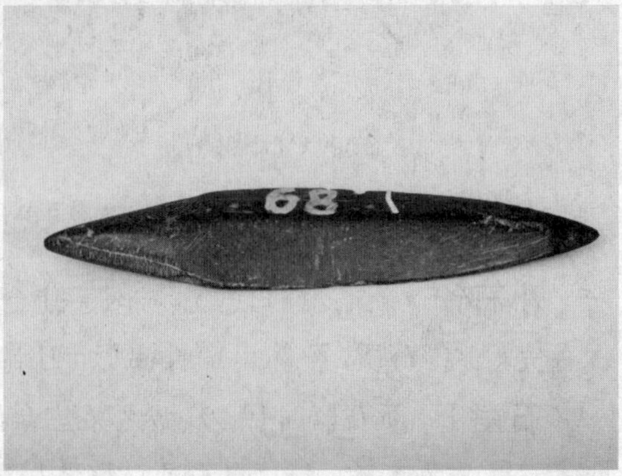

图 5-141　石镞 1

图 5-142　石镞 2

图 5-143　石镞 3

图 5-144　石斧 1

图 5-145　石斧 2

图 5-146　石斧 3

小石斧　新石器时代，滨城区茅焦台出土。长 11 厘米，宽 4.9 厘米，厚 3.4 厘米，保存完好。青石质，整体呈扁长梯形，刃端较长较薄，顶部圆柱状，较厚重。（图 5-147）

石凿 1　新石器时代，滨城区茅焦台出土。长 14.9 厘米，刃宽 5.1 厘米，顶宽 4.3 厘米，厚 2.7 厘米，残。青石质，整体呈扁长梯形，刃端较长，双面刃。表面不规则。（图 5-148）

石凿 2　新石器时代，滨城区茅焦台出土。长 8.9 厘米，刃宽 4.5 厘米，顶宽 4.1 厘米，厚 2.2 厘米，残。青石质，整体呈扁长梯形，刃端较长，单面刃。表面不规则。（图 5-149）

石锛　新石器时代，为邹平县长山镇鲍家遗址拣选标本。器物长 9.5 厘米，宽 3 厘米，高 2.5 厘米，呈铁青色，其材质坚硬，刃部钝，使用痕迹明显。（图 5-150）

石镰　新石器时代。1981 年 6 月在博兴县店子镇西郑村出土。质地为青石，略残。长 16 厘米，宽 5 厘米，厚度为 1.5 厘米。弯月形，尚保留有使用过的痕迹。（图 5-151）

玉钺　商代。长 20.3 厘米，宽 8.8 厘米，厚 0.6 厘米。玉钺最早见于新石器时代，山东大汶口文化、龙山文化，甘肃、青海一带齐家文化都有出土。玉钺的形制源于

图 5-147　小石斧

图 5-148　石凿 1

图 5-149　石凿 2

图 5-150　石锛

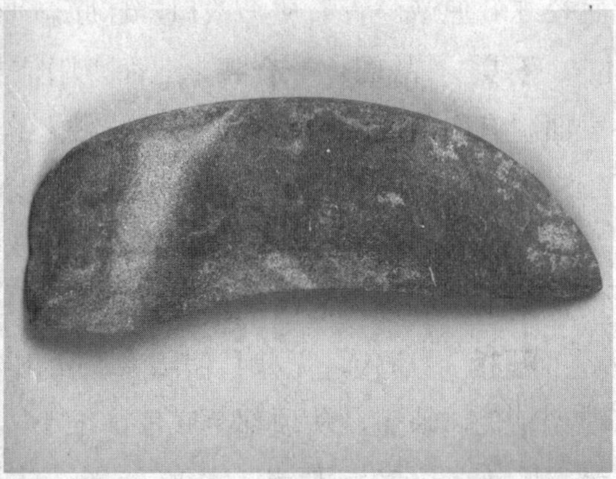

图 5-151　石镰

图 5-152 玉钺

新石器时代的工具石斧。从考古出土的玉钺观察，一般无使用痕迹，可以断定它已从使用的工具中分离出来，成为氏族社会祭祀或仪仗专用器物，是权力的象征。该玉钺扁平，呈长梯形，两面弧刃，钺的端部有钻孔，两端直径分别为 1.3 厘米和 1.1 厘米。玉质呈青灰色，通体磨光，质地坚硬细腻。（图 5-152）

石镞 4 商周，1991 年堡集镇（今滨城区三河湖镇）水利工程施工时在后尹村出土。长 6.8 厘米，宽 1.9 厘米，厚 0.7 厘米，保存完好。石镞为青石质，刃部锐利，上下两面略鼓，有棱线。柄与刃部呈“T”形。（图 5-153）

玛瑙瑗 商周，1991 年春堡集镇（今滨城区三河湖镇）水利工程施工时在后尹村出土。外径 4.6 厘米，内径 2.7 厘米，厚 0.8 厘米，有裂纹。圆环状，晶莹剔透。内环为竖直切面，外环呈圆饼状，通体圆润。（图 5-154）

石盂 商周，滨城区兰家遗址出土。高 2.3 厘米，腹径 4.9 厘米，口径 2.8 厘米，底径 3.8 厘米。青石质，敛口，球腹，平底。（图 5-155）

石磬 战国。一套共十三面，阳信县西北村战国墓器物陪葬坑中出土。出土时表面附有朱红色颜料，大小有序，敲之音纯正，带有半音。（图 5-156）

石兽 东汉，1973 年出土于博兴县兴福村东南 50 米处。青石，圆雕，足残，高 97 厘米，身长 142 厘米。昂首，凸胸，头似鹿，独角，角残。身刻四翅，造型生动，刻工洗练，为东汉陵墓前石雕。

石棺 唐代，无棣县信阳乡城角出土。头处有门形图饰，两侧各有 4 个花饰，雕刻精美，缺盖，从顶部至底依次缩小。一端长 50.5 厘米，宽 21 厘米，通高 15 厘米；另一端长 50.5 厘米，宽 17 厘米，通高 13 厘米。微残，无棺盖。重 22 千克。（图 5-157）

宋持笏文官石人像　宋代，邹平县里八田乡苏庄工程出土。通高 183 厘米，宽 60 厘米，头高 44 厘米，厚 29.5 厘米，重 774.3 千克。青石圆雕，人像呈立姿，头戴朝冠，身穿朝服，双手持笏板，神态恭敬庄重，眼、鼻、口、耳线条清晰，轮廓鲜明，栩栩如生。（图 5-158）

宋佩剑武官石人像　宋代，邹平县里八田乡苏庄工程出土。通高 192 厘米，宽 63.5 厘米，头高 47 厘米，厚 32 厘米，重 928.4 千克。青石圆雕，呈立姿，头戴朝冠，身着朝服，广袖宽袍，双手按剑，目视前方，神态威严，造型浑厚、肃穆，时代特点明显，衣纹的处理简洁且赋有质感。（图 5-159）

宋卧姿石羊像　宋代，邹平县里八田乡苏庄工程出土。石像头部高 100 厘米，背部高 45 厘米，长 100 厘米，宽 30 厘米。青石材质，姿势为卧姿，表情温顺。造型手法概括，有汉代遗韵。

玉雕卧牛　明代。纵 22.5 厘米，横 10 厘米，重 2.9 千克。玉质白中泛黄，伏卧于木雕座之上。目光炯炯，仰首眺望，两角呈弧形托于背上。从头部至腹部勾勒出一条弯曲阴刻线条，体肥膘壮。后身下卧一小麒麟于身边。后背上原有一带苇笠小牧童，现缺。形象逼真，栩栩如生。（图 5-160）

图 5-153　石镞 4

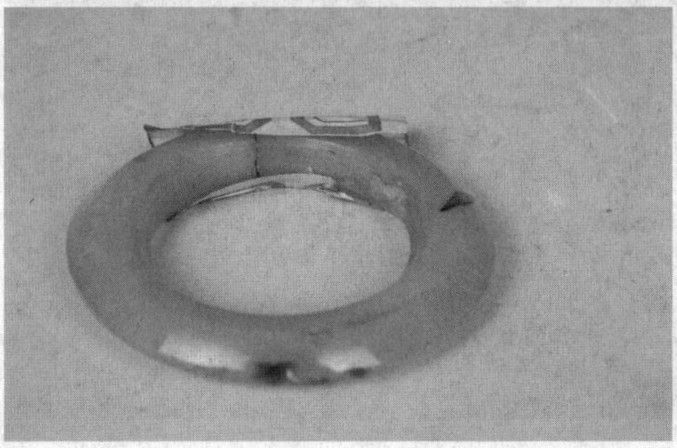

图 5-154　玛瑙瑗

图 5-155　石盂

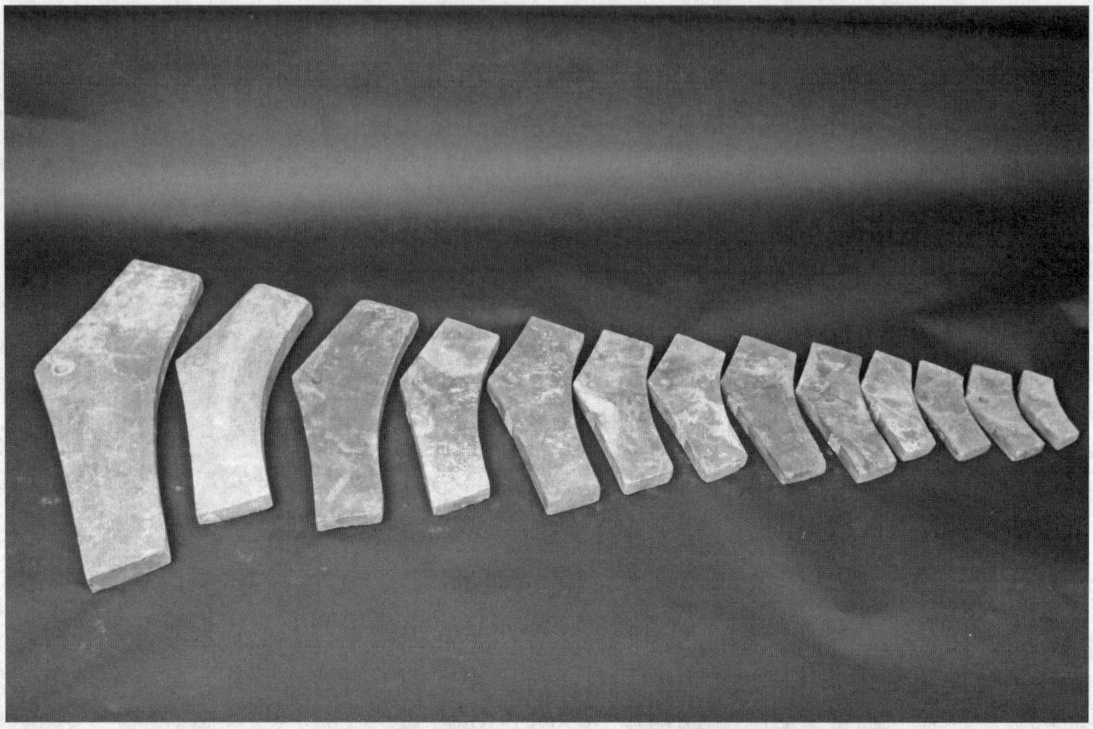

图 5-156　石磬

图 5-157　石棺

图 5-158　宋持笏文官石人像

图 5-159　宋佩剑武官石人像

图 5-160　玉雕卧牛

五福捧寿双耳琥珀瓶　清代，1965年出土于邹平县焦桥乡爱贤村。口径4.8厘米，腹径7.5厘米，足径4.3厘米，通高14.2厘米，重250克。平口，圆肩鼓腹，圈足。唇下刻有回纹，双耳贴肩，呈红色，通体透明，有冰裂纹。腹部阴刻“五福捧寿”的吉祥图案。内心有一层层色条，工艺极高，具有典型的清代艺术风格。（图5-161）

珊瑚人像　清代，1952年由原渤海区党委文管会征集。通高8.5厘米。光头，前额有一点竹，大耳垂肩，面带微笑，身披袈裟，赤足站立。共有两件，一仙右手拿拂尘，左手微抬起；另一仙双手捧钵于胸前。雕刻层次分明，工艺精细，有一定的历史价值和艺术价值。（图5-162）

玉簋　清代。高5.5厘米，口径13.5厘米。敞口，圈足。兽型双耳，腹部刻有纹饰，保存完好。（图5-163）

图5-161　五福捧寿双耳琥珀瓶

图 5-162 珊瑚人像

玉流玉柄诗画文锡壶 清代。通高 10 厘米。一面刻有诗文，一面刻有兰草，保存完好。（图 5-164）

双耳乳钉纹玉杯 清代。高 4 厘米，口径 13 厘米，微残。敞口，圆腹，圈足，腹部有乳钉纹饰。坯质好，造型优美，刻工细腻精湛。（图 5-165）

青玉卧象 清代。纵 8 厘米，横 4.5 厘米，高 4.5 厘米。玉质洁白无瑕，通体磨光，大象伏卧于木座之上。两耳下垂，扭头后视，长鼻弯曲托于身上，面目安详。制作小巧玲珑，造型俊俏，夸张了象的形象，增加了象的美感。（图 5-166）

玉雕桃形洗子 清代。纵 13 厘米，横 10 厘米，高 5 厘米。玉质白中略闪浅绿，色泽晶莹。玉洗呈桃形，尖底，洗口半圆，透雕缠枝花和仙鹤等图案。制作精美，雕刻细腻。（图 5-167）

图 5-163 玉簋

图 5-164　玉流玉柄诗画文锡壶

图 5-165　双耳乳钉纹玉杯

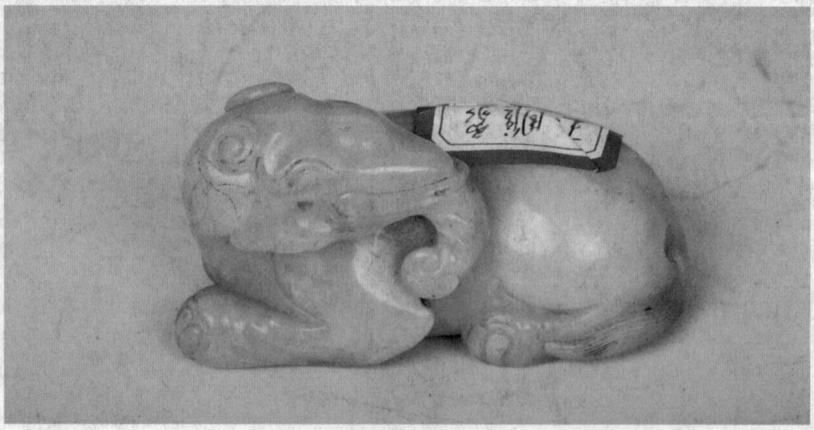

图 5-166　青玉卧象

图 5-167　玉雕桃形洗子

玉雕马　清代。纵 8.5 厘米，横 6.5 厘米，高 3.5 厘米。通体磨光，马四肢盘卧，曲颈顾首，两目英俊而温柔，张目后视一小龟。小龟后腿立坐于马背上，前腿翘起，回首观视，二者相戏，甚是逗人。该器物造型逼真，形象生动，活泼可爱。

玉雕佛手　又称“金刚幢菩萨印”，清代，乃佛教菩萨手印之一。纵 5 厘米，横 12 厘米，高 8 厘米。色泽呈淡绿色，阴线刻成五指握拳，下端刻有一小佛手，底部琢一镂孔，置于木雕座中。制作工整，雕琢精巧。

玉雕瓜形烟壶　清代。高 5 厘米，直径 3.5 厘米。玉质碧中泛黄。器物顶部浮雕藤叶倒垂于瓜腹，瓜腹部刻有几条阴线瓜纹，形象逼真，栩栩如生，凝聚了古代劳动人民的智慧结晶。

玉雕提梁卣　清代。高 13 厘米，宽 5 厘米，厚 2.5 厘米。玉质白中闪黄，半透明。整个器物由一块玉石琢成，双耳连套环，套环套提梁，提梁呈桥形。卣下腹部单线阴刻蕉叶纹，上腹及口颈刻有阴线回纹，整个卣身刻有浅阴线纹饰。线条纤细，制作工整，造型甚是精美，显示出清代制作之风格，令人叹为观止。

第六节 铜 器

虎纹铜鼎 商代，出土于惠民县麻店镇大郭村大郭遗址。通高 37 厘米，口径 28.5 厘米。双耳圜底，三足为圆柱形。腹部纹饰由三对浮雕虎纹图案组成。此鼎纹饰较为独特，一般铜鼎虎纹较少。虎纹饰具有特殊的象征意义。（图 5-168）

铜爵 商代，出土于惠民县麻店镇大郭村大郭遗址。通高 18 厘米，窄流，尖尾，菌状双柱，条形鋬。深腹圜形底。腹部饰饕餮纹及漩涡纹，三棱足，足尖外撇，为贵族喝酒用的器具，是身份的象征。（图 5-169）

铜彝 商代晚期，出土于惠民县麻店镇大郭村大郭遗址。通高 21.5 厘米，口部长 13 厘米、宽 10 厘米。盖顶有棱形柱钮。腹上扩下收，盖与器身子母口铆合。器身内底铸有金文“戎”字。据有关资料证明，此字为东夷族的族徽。（图 5-170）

窃曲纹双耳三足鼎 商周。口径 21 厘米，深 8.8 厘米，通高 18 厘米，足高 8.2 厘米，壁厚 1 厘米，耳高 3.5 厘米，宽 4.5 厘米，耳孔高 1.7 厘米，宽 1.8 厘米，重 2300 克。双耳，直口折沿、圆底、蹄足，腹部及双耳铸有窃曲纹，造型精美，庄重大方，铸造工艺较高。（图 5-171）

乳钉纹三足敦 商周。通高 21 厘米，口径 21.5 厘米，深 9.4 厘米，沿厚 0.5

图 5-168 虎纹铜鼎

图 5-169　铜爵

图 5-170　铜彝

图 5-171　窃曲纹双耳三足鼎

图 5-172　乳钉纹三足敦

厘米；钮高 2.5 厘米，钮宽 3 厘米，足高 3.9 厘米。敦有盖，圆形双耳，侈口，短颈，鼓腹，釜形底，底部有三蹄足，通体饰有乳钉纹，盖为圆顶，三蹄足，沿外侈并有三个方形立钮。（图 5-172）

直内戈　西周，通长 19.2 厘米。（图 5-173）

青铜戈 1　周代，在朝阳河水利工程中出土。长 17 厘米，保存完好。（图 5-174）

饕餮纹双耳三足鼎　西周礼器，邹平县小清河水利工程出土。高 20 厘米，口径 16 厘米。饰有典型的早期青铜器饕餮纹，铸造精美。（图 5-175）

铜舟　西周至春秋时期盛器，邹平县临池镇出土。无纹饰，长 18 厘米，宽 16 厘米，高 14 厘米。盖的顶端有四个粗壮钮鼻，将盖取下后，四钮可做足用，还可盛物，设计巧妙，匠心独运。（图 5-176）

图 5-173　直内戈

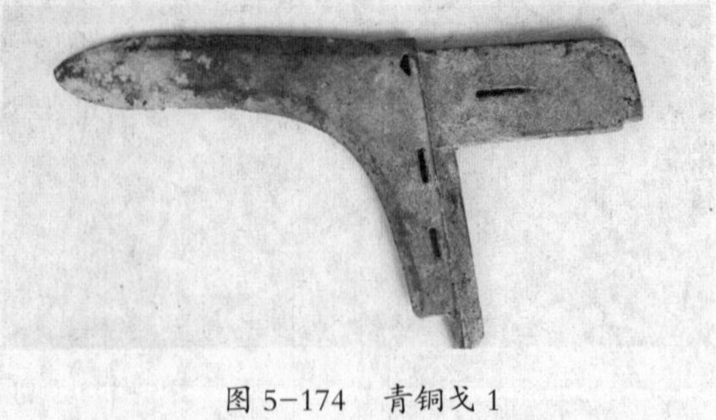

图 5-174　青铜戈 1

图 5-175 饕餮纹双耳三足鼎

图 5-176 铜舟

青铜剑 东周，沾化县杨家古窑址出土。通长 48 厘米，身长 39 厘米，身宽 4.6 厘米。

铜削 春秋至战国，1981 年 12 月博兴县湖滨镇寨郝村出土。残，青铜质。通长 28 厘米，削身宽 2 厘米，柄长 10 厘米，柄宽 3 厘米。整体呈刀币状，首端有一圆环，柄部有纹饰，其中一面为菱形纹饰，另一面为环状纹饰。背面外凸成弧形，刃部锋利。（图 5-177）

春秋铜剑 春秋。总长 47.5 厘米，剑身宽 4.2 厘米，厚 1.2 厘米。有剑身和剑柄两部分组成，刃部锋利，剑身截面呈菱形，把柄中部有两个椭圆形凸起，易于手握，有一圆形剑首。整个兵器设计合理，具有较大的杀伤力。（图 5-178）

战国铜剑 战国，邹平县明集镇马四平村出土。长 44.5 厘米，刃部宽 4 厘米。

图 5-177 铜削

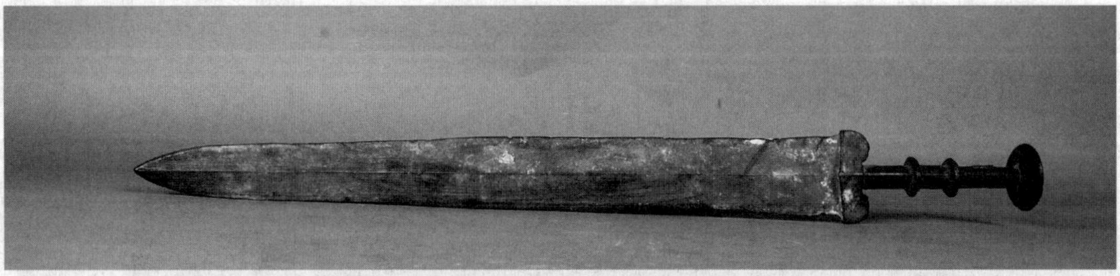

图 5-178 春秋铜剑

图 5-179 战国铜剑

由剑身、剑柄两部分组成，刃部锋利，剑身截面呈菱形，把柄中部有两个椭圆形凸起，易于手握，有一圆形剑首。整个兵器设计合理，具有较大的杀伤力。（图 5-179）

编镈　战国，1988 年于阳信县西北村战国墓出土。青铜质地，一套五枚，单钮，平口，体内残存泥胎内范，体外饰头尾相缠绕的蛇形纹。除 3 号外，余者较为完整。五枚编镈造型相同，大小有序，风格统一。（图 5-180）

云雷纹铜爵　战国，邹平县小清河水利工地出土。高 21 厘米，流长 8.5 厘米。三足，有把，缺一柱头，饰有云雷纹、乳钉纹，纹饰精美。（图 5-181）

青铜戈 2　战国，沾化县西封遗址出土。通长 28.5 厘米。横刃，铜戈前锋尖削，刃部较锋利，援长宽阔，向前渐窄，前端折成三角形锋。胡长窄，细突棱侧阑，阑前有四个长方形的小穿孔。（图 5-182）

图 5-180　编镈

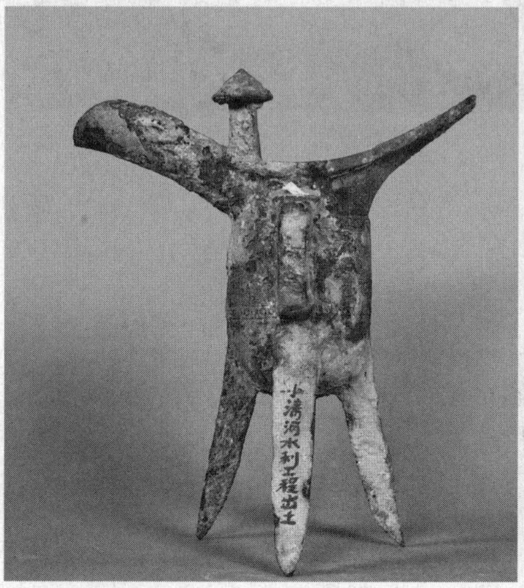

图 5-181　云雷纹铜爵

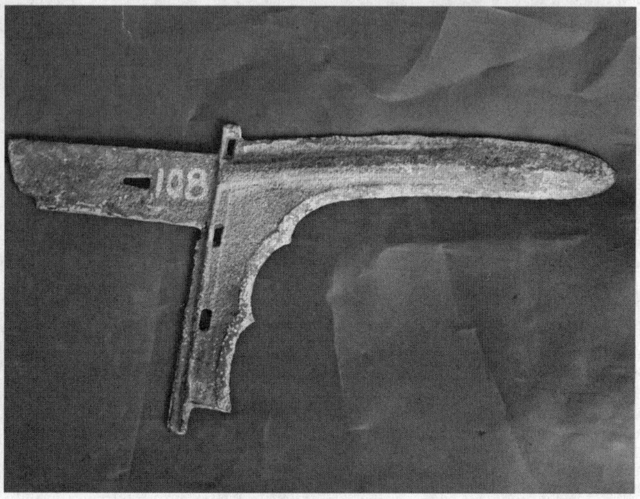

图 5-182　青铜戈 2

蟠螭纹镜 汉代，1980 年 8 月出土于博兴县兴福镇魏村。镜呈圆形，略残，青铜质。直径 9.2 厘米，厚 0.4 厘米。球形钮。主纹饰为四组蟠螭纹，张口，露齿，身躯盘曲缠绕，四组蟠螭以一个叶瓣状纹饰相间。此镜虽小，但工艺相当精美。

青铜镜 汉代。直径 17.6 厘米。圆形镜，球形钮，钮座外分布圆珠纹、规矩纹等纹饰，宽素缘。（图 5-183）

铜鼓 汉代，为吴式芬旧藏之一。直径 47 厘米，高 26 厘米，重 16 千克。造型敦厚庄重，制作精致，束腰，侈足。鼓面雕太阳十二芒图案，属我国古代铜鼓八大类型之一。（图 5-184）

汉代铜剑 汉代，青铜质地，通高 44 厘米。（图 5-185）

汉双鱼纹铜镜 东汉，青铜质地，直径 19 厘米左右。圆钮，镜背面铸有双鱼图案。

骑马俑灯 其铸造年代不会晚于东汉。1984 年 5 月博兴县顾家村出土。青铜质，

图 5-183 青铜镜

图 5-184 铜鼓

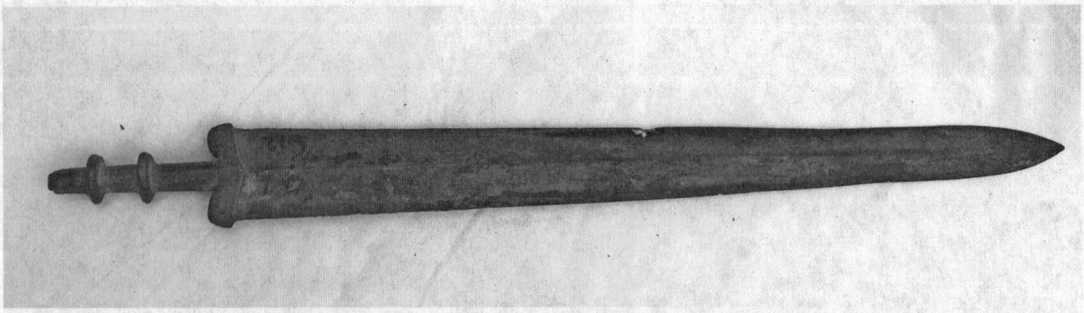

图 5-185 汉代铜剑

保存基本完好。通高 15 厘米，马高 13 厘米，俑坐高 7.5 厘米。俑穿圆领紧身袖衫，下着贴体小口瘦裤，腰系阔扎带，赤足，坐于马背。俑头戴圆桶状高帽，广目，大耳，高鼻，两臂张开，手举在身体两侧，双手各执一灯碗，俑帽也为一灯碗。马昂首竖耳，张口露齿，饰辔披鞯，属俑灯中罕见类型。（图 5-186）

山水人物纹铜镜　宋代，邹平县孙家遗址出土。整体呈花边形，直径 18.2 厘米，边缘厚 0.3 厘米，钮高 0.8 厘米。背面饰山水及鸟纹，人物纹饰加以点缀，仔细观察可见一人背靠树林在荷花池边抚琴，上部铸有飞动的凤凰，最上部为卷云纹，边缘饰 41 个铭文。中部有穿孔的钮。镜面平滑，局部仍可鉴人影。（图 5-187）

铜镜　宋代，青铜质地，直径 16.4 厘米。

图 5-186　骑马俑灯

图 5-187　山水人物纹铜镜

青铜锅　宋代，沾化县冯家镇孙家村出土。口径83厘米，深31厘米，厚2.4厘米。（图 5-188）

铜权　元代，1989 年 12 月无棣县信阳乡车家南 100 米处出土。上面有圆形穿鼻，底为圆形平底。表面略有铜锈。底径 4 厘米 ，通高 9.5 厘米。（图 5-189）

金双鱼纹铜镜 1　金代，拣选。镜面直径 12.6 厘米，边缘厚 0.4 厘米，钮高 0.5 厘米。背面饰双鱼纹，均衡对称，云水纹形成了很好的水面感觉。鱼似游于水中，刻画栩栩如生。（图 5-190）

金双鱼纹铜镜 2　金代，原滨县城（驻地在今天的滨城区滨北街道办事处）东

街县邮电局基建工地出土。直径 16 厘米，保存完好。（图 5-191）

铜象尊 元代。长 42 厘米，宽 19 厘米，高 25 厘米，象身铸人字形带饰。腹底铭文可辨认的为“济南路滨州道□□。文庙祭器至元□□□□鉴造□□□□□赵文□□此□□□□”。形态逼真、优美，有一定艺术欣赏价值。

编钟 为钮钟，一套 9 枚，单钮，大小有序，钟体内残存泥胎内范。1、3、6、7、8 号较为完整，余者有不同程度残蚀。9 枚编钟造型一致，鼓部和钮部皆为素面，钮部饰头尾相缠交的蛇形纹。编钟尺寸按照钟的大小依次是：1 号，铣距 16 厘米、钮高厘米 5、通高 28 厘米；2 号，钮高 4 厘米、通高 28 厘米；3 号，铣距 14 厘米、钮高 4 厘米、通高 24.5 厘米；4 号，钮高 3.7 厘米、通高 21 厘米；5 号，钮高 4 厘米、通高 17.5 厘米；6 号，铣距 12 厘米、钮高 3.5 厘米、通高 19 厘米；7 号，铣距 11.2 厘米、钮高 3.5 厘米、通高 18.3 厘米；8 号，铣距 8.5 厘米、钮高 3 厘米、通高 15.3 厘米。9 号残蚀严重，尺寸不详。

图 5-188 青铜锅

图 5-189 铜权

图 5-190 金双鱼纹铜镜 1

图 5-191 金双鱼纹铜镜 2

第七节 钱币与钱范

齐刀币 春秋战国，1984年1月于博兴县陈户镇东田村出土，重约10千克。这批刀币以“齐法化”、“齐之法化”为主。根据实测，齐之法化一般长18.3～18.5厘米，宽2.87厘米，重44.5～50.5克。刀身边缘隆起，刀面模铸阳文“齐之法化”。齐法化长17.8～18.7厘米，宽2.6～3.2厘米，重40.8～50.4克。因铸造粗疏而略有大小，背呈外凸弧形，刃部内凹，边廓隆起，刀面阳文“齐法化”，齐法化因铸行最久，流通最广。

战国齐刀币 1973年在无棣县信阳乡车里村信阳故城遗址出土，共17枚。币长17.3厘米，正面铸有“齐法化”三字，刀柄部有两条竖纹，背面上部有三条横纹。

“榆荚”钱范 西汉，1986年5月出土于博兴县贤城村。青色滑石质，长34厘米，宽11.2厘米，厚2.5厘米。中刻上宽下窄凹形主槽，槽长26.5厘米。主槽与钱模间有分槽，主槽一边刻钱模24行，一边刻钱模23行，24行者除一行3枚外，余者4枚，23行者有6行刻2枚，余者皆4枚。整个钱范共刻176枚，钱径最大处不足0.6厘米，小的仅0.4厘米，钱穿仅0.2厘米，钱径之小实为罕见，可谓钱制轻小，形如“榆荚”。（图5-192）

西汉五铢 1977年在发掘清理无棣县李佐车墓时出土，共百余枚。直径2.5厘米，中间方孔边长1.1厘米，重4.1克，正面铸有“五铢”二字，篆体。

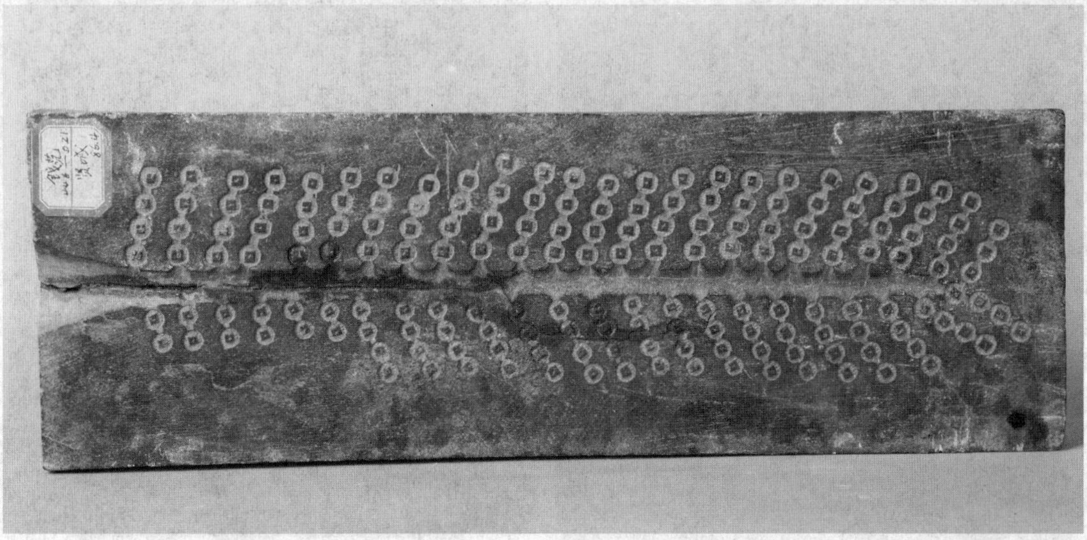

图5-192 “榆荚”钱范

汉货泉　汉代，邹平县西董镇杨家村出土。铜质圆形，直径2.4厘米，中有方孔，背面光板，正面铸有篆书“货泉”二字。

新朝货泉　1989年、1990年分别在无棣县佘家巷乡蔡家村、信阳乡东赵村出土，共3000余枚，总重9.5千克。铜质圆形，中有方孔，直径2.3厘米，方孔边长0.73厘米，每枚重3克，正反面外缘及方孔边沿均铸有0.1厘米宽的棱线，正面铸有“货泉”二字，篆体，背面为光板。

北齐天保通宝　椭圆形，长径5厘米，横径3.2厘米，中有方孔，重22克，正面方孔上铸有“天保”二字，下铸有“通宝”二字，背面方孔上铸“当百”二字（均竖排），下铸图案。形制奇异，世所罕见。

唐宋金货币　1989年4月在无棣县佘家乡蔡家村出土。主要为宋代货币，自宋太祖至南宋高宗历朝各种年号的货币均有，共36种112个款式。其次是唐代和五代十国的货币，共4种6个款式，另有金代正隆元年货币。

大明通行宝钞　明洪武，惠民县胡家街医生张品三先生捐赠。呈深灰色，长方

图5-193　大明通行宝钞

形，长 33.8 厘米，宽 22.4 厘米。宝钞纸质较厚。顶端横列“大明通行宝钞”楷书字，其下侧呈“回”字形布局。“回”字外圈装饰花纹，现已模糊不清，内圈分上下两格，下格为朝廷禁止制造假钞的禁令，后有“洪武”字样；上格有“一贯”两个大字，字两侧为篆文，字下图画也已模糊不清。（图 5-193）

清辟邪花钱　清代，民间收集而来。圆形方孔，直径 4.5 厘米。非流通币，用于民间俗事。正面有“太上老辟邪永保……”等 30 个字，背面是八卦图，从中可窥见本地区清中前期民俗风情。

第八节　造　像

起源于印度的佛教，自西汉末年传入中国，到南北朝时期得以广泛传播，伴随而起的开窟造像、建塔筑寺活动也迅速风靡全国各地。我省的济南、青州两地均为当时佛教香火的中心地带，史书对此已多有记载。然而，近年来经传记载不多的滨州地区却出土了大批佛像、造像碑、经幢和建寺修塔碑记。先后出土的有惠民、阳信、无棣、邹平、滨城、博兴等县区，其中出土数量较多的三批是：1976 年，博兴县张官村群众取土垫屋基时，距地表 1 米处，挖出 72 件青石、白石、瓷素烧佛像，9 件有明确纪年铭文，时代从东魏武定五年（547 年）至北齐武平元年（570 年）（常叙政、李少南《山东博兴县出土一批北朝造像》，《文物》1983 年第 7 期）；1982 年，无棣县于何庵村群众在村边坑塘取土时，在距地表 0.6 米处挖出 7 件汉白玉石造像，其中 4 件有纪年铭文，时代为北齐天保五年（554 年）至天统三年（567 年）；1983 年，博兴县崇德村农民在村边取土，挖出 94 件青铜鎏金佛造像，其中 45 件有铭文，时代从北魏太和二年（478 年）至隋仁寿三年（603 年）（李少南《山东博兴出土百余件北魏至隋代铜造像》，《文物》1984 年第 5 期；张淑敏等《山东博兴铜佛像艺术》，文物出版社 2009 年 1 月）。全市总计出土佛像近 300 尊。有雄浑凝重高两米多的大佛，也有灵巧精致只有十几厘米大小的小佛。有三躯、五躯为一铺者，也有形象生动、性格突出的单躯佛像，时代历北魏、东魏、北齐和隋四朝，长达 125 年之久，这是我国近年来佛教考古的重大收获。

在当代，大多数人对包括佛教造像在内的佛教遗产所持有的兴趣，已远远超过了佛教教义本身，作为我国古代劳动人民创造才智和劳动血汗的结晶，它们已被视为世界文化艺术的珍贵财富。

纵观全市出土的佛教造像，有圆雕、透雕、高浮雕、浅浮雕、线雕等。以无棣县出土的天保九年（558年）造一佛二菩萨像为例，以浅浮雕与高浮雕为基本手法，在一块高120厘米、宽56厘米的汉白玉石上，雕出了佛、菩萨、守护狮、飞天、托塔羽龙等众多的形象，作品的底座上雕刻一只香炉和一对守护狮，中间部分由一佛二菩萨组成，底部是三对对称飞天和两条托塔羽龙。作者采用壁画式的布局，分段分层式的画面结构，使作品上的形象众而不乱，构图匀称合理，中心突出，作为主要形象的佛与菩萨，除形体的大小对比外，又有高浮雕与浅浮雕之差，把主体与陪衬的关系处理得恰到好处。在细部的处理方面，作者把平直与漫圆刀法结合起来，使人物的面部显得细腻丰满，花纹简练逼真，飞天的舞带飘逸洒脱。在动与静的方面，作者着意刻画了守护狮、飞天、羽龙的动态，又格外强调了佛与菩萨的静态，使作品整体气氛既活泼热烈又庄重肃穆，更渲染了佛的神圣。

博兴县出土的北齐太宁二年（562年）高业夫妻造太子像，摆脱了一般宗教造像的程式，以圆雕为基本手法，雕刻出了一个富有情趣的艺术形象，此太子上身裸露，腰围贴体裙，右腿盘曲，左腿下垂，坐在束腰座上。作者把一尊男身菩萨做了女性化的处理，使其显得既文静又健美，通体洋溢出亲切动人的青春活力。

博兴县出土的另一件北齐天统四年（568年）翟洛周夫妻单线阴刻像，运用朴素的线条语言，记述了一对普通夫妻供佛的情形，供养人屈膝跪地，举手作揖，瘦小的躯体异常宁静，似乎真的超脱了人世间一切烦恼。作者把这对专心侍佛、祈求来生幸福的夫妻心理状态刻画得淋漓尽致。

在为这些生动的艺术品发出由衷赞叹的时候，我们却对当年创作这些作品的艺术家们无一可考，这些无名的劳动者，也许不会想到自己当年的劳动为后人留下的是一笔多么珍贵的财富——这也正是真正的劳动者平凡而伟大之所在。

北魏太和二年王上造释迦多宝并坐像　北魏太和二年（478年）释迦多宝并坐像，1983年出土于龙华寺遗址。通高14.8厘米，宽7.9厘米。右边坐佛高4.2厘米，高肉髻，面清癯，着圆领通肩袈裟，衣纹自双肩呈“U”形平行下垂，转角圆润。双手置于腹前，结跏趺坐于束腰须弥座上。身后有椭圆形头光及莲瓣状身光，其内饰对称密集的火焰纹。左边坐佛与之相同。两像后共铸莲瓣状背光，上部阴线刻中国传统楼阁式建筑。背光后浅浮雕一佛二菩萨，均呈坐姿。两坐佛共坐的束腰须弥座为四足方座。座上刻铭文“太和二年新台县人刘法之妻王上为亡父母造多宝佛一躯佑愿□家大小常与善会所愿从心”。（图5-194）

北魏太和八年铜佛立像　北魏太和八年（484年）铸造，1983年出土于博兴县崇德村。单身立像，铜质，通高11.5厘米，宽3.8厘米，像高4.8厘米，高肉髻，

图 5-194 北魏太和二年王上造释迦多宝并坐像

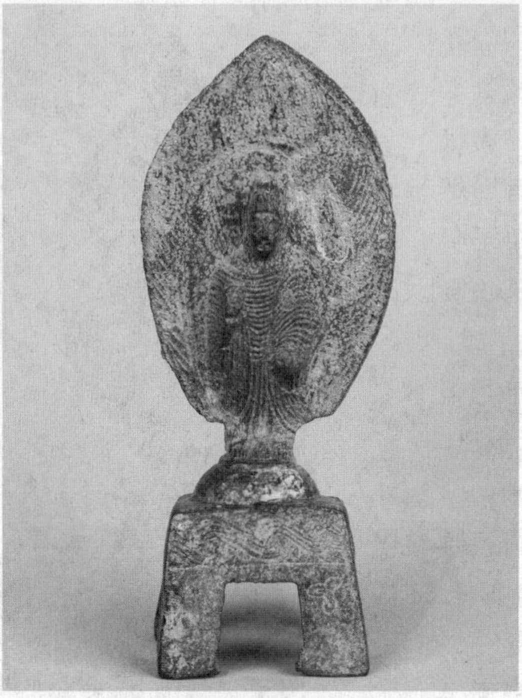

图 5-195 北魏太和八年铜佛立像

图 5-196 北魏景明元年石景之造释迦多宝并坐像

面相清秀，身着密纹大衣，手施无畏与愿印，赤足立于莲台上。身后有莲瓣状背光，上刻火焰纹，背光后面线刻一坐佛，高肉髻，结跏趺坐。佛身后有背光，下面有四足床，床前横框刻花纹，左边床足刻一花朵，余三边刻造像题记：“太和八年四月三日，原郡……”（图 5-195）

北魏景明元年石景之造释迦多宝并坐像 北魏景明元年（500 年）雕造，为释迦多宝并坐像，1983 年出土于龙华寺遗址。通高 13.5 厘米，宽 6.2 厘米。左边坐佛高 3.6 厘米，高肉髻，面方圆，着圆领通肩大衣，双手置于胸前，结跏趺坐于束腰须弥座上。身后有椭圆形头光及身光。右边坐佛与之相同。两像后共铸一莲瓣状背光，背光上部浮雕一化佛，服饰、姿势同下边两佛。两像共坐的束腰须弥座下为四足方座。座上刻铭文“景明元年二月六日佛弟子石景之为父母造像一躯”。（图 5-196）

北魏永平四年明敬武造观世音立像 北魏永平四年（511 年）单身观世音立像，1983 年出土于龙华寺遗址。通高 17.3 厘米，宽 8 厘米。像高 6.7 厘米，头戴宝冠，宝缯呈鱼鳍状垂至肘部。面相方圆，颈戴项饰，裸上身，披瓔珞与长巾，瓔珞自腰部交叉后垂于膝再绕至身后，呈“X”状，交叉处饰一宝珠。长巾压于瓔珞下，裹双肩下垂至腹部交叉再上绕双臂飘于身体两侧。下着长裙，裙摆呈锐角状外侈，有一种飘逸的动感。躯体扁平，手施无畏与愿印，赤足立于覆莲座上。身后有四道同心圆头光及数重椭圆形身光，头光内线刻莲瓣纹。举身铸莲瓣状背光，上饰左右对称的火焰纹，覆莲座下有四足方座。座上刻铭文“永平四年正月六日佛弟子明敬武愿身无病患又为所生父母兄娣妹寿命延长常无患痛敬造观世音像一躯”。

北魏熙平二年造铜佛坐像 北魏熙平二年（517 年）铸造，1983 年出土于博兴县崇德村。铜质，高浮雕单身坐像，高 13.9 厘米，宽 5.6 厘米。佛像高 4.2 厘米，高肉髻，面相清秀，身穿圆领通肩大衣，衣纹自肩部呈“U”形向下垂展，转角圆润。结跏趺坐于束腰须弥座上。下为四足床，床足左、后面刻“熙平二年一月三十日刘□□造弥勒佛像一躯”铭文。身后为莲瓣状背光，背光浅浮雕火

图 5-197 北魏熙平二年造铜佛坐像

焰纹。（图 5-197）

北魏正光六年王世和造像碑 北魏正光六年（525 年）雕造，青石质，为长方体造像碑。高 244.5 厘米，宽 74 厘米，厚 80 厘米。正面高浮雕单身立佛，佛头部磨平，着褒衣博带式袈裟，内着僧祇支，胸前打结，双手施无畏与愿印，手残缺，赤足立于覆莲座上。主佛头后有头光，内饰忍冬纹，身后有舟形火焰纹大背光，背光上部两侧各刻一龙。背光尖部外侧各刻一飞天，飞天下面各雕一莲花。主佛脚下莲座下为束腰须弥座，其下有方形基座，座前浮雕两只相对的蹲狮。余三面刻八十余个小龛，每龛内刻一坐佛，高约 15 厘米，佛龛之间刻人名。主像左侧基部刻发愿文，文为“大魏正光六年岁次乙巳六月甲戌朔□□戊子青州乐陵郡般县王世和王文□王□王伏会等法义兄弟□心敬造尊像一躯上为皇帝陛下□官祠牧又为过□□来现在父母师□□家眷属□为法界□□□动□□□□□福”。（图 5-198）

图 5-198 北魏正光六年王世和造像碑

北魏普泰二年孔雀造一弥勒二菩萨像 北魏普泰二年（532 年）雕造，为一弥勒二菩萨像，1983 年出土于龙华寺遗址。通高 23.5 厘米，宽 9.5 厘米。主尊高 8.3 厘米，高肉髻，面清癯。内着僧祇支，外着双领下垂式袈裟，衣纹简练。

图 5-199　北魏普泰二年孔雀造一弥勒二菩萨像

双手作施无畏与愿印，赤足立于覆莲座上，下为四足方座。身后有两道同心圆头光和两道下端内收的椭圆形身光，头光内浅浮雕莲瓣纹。左胁侍菩萨高6.4厘米，束发，面清癯，裸上身，披长巾，长巾自双肩平行下垂至膝再上绕双臂垂于身体两侧。下着长裙，双手合十。右胁侍菩萨与之相同。二菩萨分别赤足立于从主尊所立覆莲座两侧生出的莲台上。三像后共铸莲瓣状大背光，沿背光边缘阴刻一线，内饰火焰纹。背光后刻铭文“普泰二年四月八日佛弟子孔雀为亡妻马□□造弥勒像一躯供养原之后□耶”。（图5-199）

北魏太昌元年冯贰郎造观音像　北魏太昌元年（532年）雕造，为一观音二胁侍像，1983年出土于龙华寺遗址。通高24厘米，宽9厘米。主尊观音高8.5厘米，高肉髻，面清癯。内着僧祇支，外着双领下垂式袈裟，衣纹平行下垂，呈“U”形。双手施无畏与愿印，赤足立于覆莲台座上。身后四道同心圆头光和两道椭圆形身光，身后铸莲瓣状大背光，背光上饰左右对称的火焰纹，背光下部两侧各有一方形卯孔，分别套接左、右胁侍。右胁侍高6.8厘米，束发，面方圆，裸上身，披长巾，长巾裹双肩下垂至膝相交后再上绕双臂垂于身体两侧。下着长裙，下摆外侈。右手上举至胸，掌心向内，左手下垂提桃形物，赤足立于莲台上。左胁侍缺失。背光后阴刻铭文“大魏太昌元年十一月十四日清信士阳信县人冯贰郎为父母造观世音像一躯并及居家眷属现实安稳无诸患苦常与佛会愿同斯福”。主尊所立圆台下为圆形覆莲座，再下为四足方座，座上刻

图5-200　北魏太昌元年冯贰郎造观音像

人名“像主冯丑环妻范买男继伯妻程□男舍那”。（图 5-200）

丈八佛 位于滨州市博兴县湖滨镇丈八佛村北兴国寺遗址上。该造像雕造于东魏天平元年（534 年），为一青石立式圆雕造像，通高 710 厘米，像高 560 厘米。高肉髻、方面、大耳。着褒衣博带式通肩袈裟，内着僧祇支，胸前结带。双手施无畏与愿印，赤足立于覆莲座上。莲座正面中间浮雕力士、博山炉、迦娄罗。正面两侧及左、右刻四组 26 个供养人像。

东魏天平四年道玉、严怀安造背屏式一佛二菩萨像 东魏天平四年（537 年）造，1997 年出土于惠民县惠民镇沙河杨村（今惠民县孙武街道办事处沙河杨村）。通高 126 厘米，宽 861 厘米。上部残，石灰岩质地，呈青灰色，佛像为高浮雕，有舟形大背光。主尊面部残损无存，有减地浮雕式圆形头光，颈细修肩，手施无畏与愿印，身形修长。上身内着僧祇支，外着褒衣博带式袈裟，下着长裙，胸前打结，跣足立于莲花形台座上。两胁侍菩萨均有细雕头光，头饰花蔓宝冠，面目清秀，微露笑容，长颈修肩，身体修长。两菩萨服饰基本相同，分别立于两条螭龙口吐的莲花台座上。造像背光，上端中央雕有一螭龙，作俯视腾飞状。两侧各有伎乐天三身。背光的下部，在主尊与胁侍菩萨之间分别雕有螭龙各一条。双龙作腾飞状，目光有神，口吐莲花。这是山东地区北朝佛教造像的地方特征。造像背光的后面通体磨光，镌刻有纪年的发愿文题记，能识读者有 26 行 721 字。（见《文物》1999 年第 6 期）（图 5-201）

东魏武定三年程次男造铜观音像 东魏武定三年（545 年）雕造，1983 年出土于龙华寺遗址。单身观音立像。通高 13.5 厘米，宽 5.3 厘米。像高 6.5 厘米，头戴莲花宝冠，额前蓄刘海，面方圆。着扁衫，带项圈，披长巾，长巾裹双肩平行垂至膝下再上绕双臂垂于身体两侧。着长裙，右手置腰部略上，掌心向内，左手下垂，腕饰钏，赤足立于覆莲座上，下为四足方座。身后有同心圆头光和椭圆形身光，之外饰火焰纹。举身铸莲瓣状大背光，背光后刻铭文“大魏武定三年岁次乙丑五月己卯朔廿日庚子青州乐陵郡乐陵县人马祠伯妻程次男敬造观音像一躯上为皇帝陛下右惠师僧父母及居眷□法界右□普同□愿”。（图 5-202）

东魏武定五年张献珍造汉白玉一佛二菩萨像 东魏武定五年（547 年）造，汉白玉石质，系一佛二菩萨，身后有舟形大背光，通高 83 厘米，宽 42 厘米。主佛高 37 厘米，高肉髻、面清癯。着褒衣博带式袈裟，内着僧祇支，胸前打一结，手施无畏与愿印，头微前倾，双目下视，赤足立于圆形覆莲台上。佛两侧各立一胁侍菩萨，均高 29 厘米，面方圆，含微笑，头戴莲瓣形高宝冠，裸胸，披巾，巾带于腹部穿以

图 5-201　东魏天平四年道玉、严怀安造背屏式一佛二菩萨像

图 5-202 程次男造铜观音像

图 5 203 张献珍造汉白玉一佛二菩萨像

环相交下垂绕向身后，腰围多褶长裙，一手高举持莲蕾，一手下垂提香袋，双足跣露，端立于化生莲蕾上。佛、菩萨采用浅浮雕、高浮雕、阴线雕相结合的雕刻手法。衣纹细密华丽，衣角下摆宽大重叠，层次多变，披巾在身两侧成锯齿状。造像座为长方形平台，长 42 厘米，宽 23 厘米，高 16 厘米。三面刻有铭文，正面刻“大魏武定五年岁次丁卯八月乙丑阴十四日戊寅沧州乐陵郡厌次县张献珍敬造玉石像一躯其功既就上为亡父母师僧父母过去父母未来父母七世先亡现存眷属居家大小又为皇帝陛下群僚百官洲郡令长法界众生普同斯福清信士佛弟子张献珍所求如是”。两侧刻有 14 位造像人姓名。据民国十五年（1926 年）重修《阳信县志》卷一载：“张献珍造玉石像铭文与文献记载相吻合。”（图 5-203）

东魏武定六年王叔义造汉白玉菩萨像 东魏武定六年（548 年）雕造，1997 年出土于惠民县惠民镇沙河杨村（今惠民县孙武街道办事处沙河杨村）。高 38.5 厘米，宽 16.5 厘米。汉白玉质地。此像为高浮雕式，有桂叶形背光。菩萨头戴三叶宝冠，额发卷曲，耳后两股长发垂至肩部，面容丰腴，眉目清秀，眼睛微闭，眉弯如月，唇线清晰，呈微笑状，颈饰璎珞，左手持香袋，右手持莲蕾，跣足立于莲花台上。双肩垂有长饰带和披巾，披巾于腹前部交叉穿环，下着长裙。造像遍饰彩绘，分别用黑、赭石、朱红等色绘出各种图案，富有极强的装饰性。背光上部绘火焰纹，菩萨有头光，并有连珠纹光圈。菩萨服饰也根据不同部位分别施彩，更显华美。造

图 5-204 东魏武定六年王叔义造汉白玉菩萨像

像的长方形基座上刻有东魏武定六年发愿文题记。（见《文物》1999 年第 6 期）（图 5-204）

东魏武定八年释迦多宝并坐像 东魏武定八年（550 年）雕造，1997 年出土于惠民县惠民镇沙河杨村（今惠民县孙武街道办事处沙河杨村）。通高 28.5 厘米，宽 24 厘米。造像为释迦多宝并坐像，汉白玉质地，高浮雕式，背光和右侧佛头残。左侧佛头有头光，面相圆润，肌体丰满，两目微闭。两佛均手施无畏与愿印，结跏趺坐。衣着相同，上身内着僧祇支，外着褒衣博带式袈裟，下身着长裙，衣摆随坐势飘然下垂。基座为长方形，背面有东魏武定八年题记。（见《文物》1999 年第 6 期）（图 5-205）

图 5-205 东魏武定八年释迦多宝并坐像

张茄喜造单身思惟菩萨像 东魏至北齐时雕造，1983 年出土于博兴县崇德村。铜质，圆雕，单身思惟菩萨像，通高 13.5 厘米。像高 6.5 厘米，头戴宝冠，面清癯，披通肩袈裟，内着僧祇支。袈裟下摆宽大，衣褶稠密，遮住双腿。衣着处理厚实，质感强，造型生动，为这一时期的优秀作品。右手托腮，左手施与愿印，坐于须弥座上。须弥座下为双层四足方座。最下层四足方座正面左足缺（后修复），床足铭文为“四月十八日佛弟子张茄喜为亡父母兄造像一躯……妻李……”（图 5-207）

北齐天保五年薛明陵造菩萨像 北齐天保五年（554 年）雕造，1983 年出土于龙华寺遗址。单身菩萨立像，通高 17.7 厘米，宽 6.5 厘米。像高 7.6 厘米，头戴宝冠，宝缯垂肩。面方圆，上身着紧袖天衣，颈部带项圈，披长巾与璎珞，璎珞自肩部垂至腹部打结后复垂至膝再上绕双臂垂于身体两侧，长巾自双肩沿身体两侧下垂。下着长裙，腰部束带及璎珞，璎珞下垂至足，呈“U”状挂于腰间。裙带于腰间打结后垂至膝下。胸平腹鼓，双手施无畏与愿印，赤足立于覆莲台上，下为四足方座。身后有四重联珠纹组成的同心圆头光和五重联珠纹组成的椭圆形身光，内阴线刻莲瓣纹。身外饰火焰纹。举身铸莲瓣状大背光，边缘凸起。背光后刻铭文“天保五年十二月十五日孔雀妻薛明陵敬造”。（图 5-208）

北齐天保五年造汉白玉一佛二菩萨像　北齐天保五年（554 年）造，1982 年无棣县水湾乡于何庵村出土。汉白玉石质，高浮雕一佛二菩萨，通高 110 厘米，宽 57 厘米。主佛高 56 厘米，高肉髻，面相丰满，披圆领袈裟，手施无畏与愿印，立于覆莲座上。两侧各立一菩萨，均高 47 厘米，头戴宝冠，面相丰满，袒胸，下着长裙，披巾腹部作结，一手在胸前握一莲蕾，头后浮雕圆形项光。佛像后附舟形大背光，背光顶部雕一塔，塔身两侧各雕一飞龙。塔下雕一小坐佛。塔两侧各雕三飞天，裸上身，着长裙，不露足，双手合十。造像底座长 52 厘米，宽 18 厘米，高 19 厘米，正前面刻一香炉，炉后两侧各一蹲踞守护狮。座三面刻铭文 258 字，开端纪年为“大齐天保五年……王维那张洪庆维那张蒲昌三十五人造玉石像一躯上为皇帝陛下洲郡令长有为七世父母居家眷属愿愿从心所求如是……”（图 5-206）

北齐天保七年王比伽造思维菩萨像　北齐天保七年（556 年）雕造，1997 年出土于惠民县惠民镇沙河杨村（今惠民县孙武街道办事处沙河杨村）。通高 54.5 厘米，宽 34 厘米。造像为三尊像，汉白玉质地，镂空圆雕。本尊太子思惟像，头部残佚，右臂从残存情况看原为倚腿支颐状。左腿自然下垂，跣足踩于圆形台座上，右腿放在左膝盖上，左手抱着右腿踝。身体修长，上身斜披僧祇支，双肩披巾绕缠双肘，下垂于身侧，下着长裙。两胁侍弟子有头光，面相丰润，身形修长，身披袈裟，双手合十，跣足而立。基座为长方形，正面开一长方形浅龛，龛内正中雕一香炉，两侧一对护法狮子仰首对卧。狮后各有一身力士浮雕像，相向而立，一手横于胸前，一手置于腹部，呈侍卫状。基座的背侧面刻有北齐天保七年发愿文题记共 22 字。（见《文物》1999 年第 6 期）（图 5-209）

北齐天保八年造汉白玉菩萨像　北齐天保八年（557 年）造，1982 年无棣县水湾乡于何庵村出土。汉白玉石质，为一菩萨像，背光顶部残，残高 29 厘米。头戴宝冠，面相丰满，袒胸，下着长裙，披帛，一手在胸前握一莲蕾，一手下垂提香袋，立于圆形莲座上。底座长 14 厘米，高 7 厘米，三面刻有铭文“天保八年六月六日乐陵郡阳信县人宣威将年张荣洛弟荣周弟同周上为父母居家眷属见孝德富一时成佛”。（图 5-210）

图 5-206　北齐天保五年造汉白玉一佛二菩萨像

图 5-207 张茄喜造单身思惟菩萨像

图 5-208 北齐天保五年薛明陵造菩萨像

图 5-209 北齐天保七年王比伽造思惟菩萨像

图 5-210 北齐天保八年造汉白玉菩萨像

北齐天保九年造一佛二菩萨像 北齐天保九年（558年）造，1982年无棣县水湾乡于何庵村出土。汉白玉石质，为一佛二菩萨像，出土时断裂，已修复。通高120厘米，宽56厘米。主佛高59厘米，高肉髻，面相丰满，内着僧祇支，胸前打一小结，外披对襟式袈裟，手施无畏与愿印，赤足立于覆莲座上。佛两侧各立一菩萨，均高37厘米，头戴莲瓣形宝冠，袒胸，下束长裙，披巾交叉于腹部，一手上举持莲蕾，一手下垂提香袋，赤足立于仰莲座上。像后立舟形大背光，顶部雕塔，两侧各一羽龙托塔，形态生动。塔下两侧各雕三飞天，裸上身，下着长裙，露足，一手举宝珠，衣带飘扬。像下为长方形底座，高21厘米，长52厘米，宽23厘米。前面居中雕一香炉，炉两侧各有一蹲踞状守护狮，长尾上翘，雄壮威严。座上四面刻有铭文235字，开端纪年为"大齐天保九年……像主阳顕姜夫故人张挨长广太守居家眷属诸邑义廿七人等敬造白玉像一区上为皇帝陛下有为群聊［僚］百官士境人民下为边地众生皆使离苦得乐愿愿从心……"雕刻技法采用阴线雕、浅浮雕、高浮雕相结合，比例准确，刀法细微，线条流畅，姿态优美。1986年该像参加了在日本大阪、山口、东京举办的"山东文物展"，对增进中日两国文化交流起到了促进作用。

北齐天统三年造思惟菩萨像 北齐天统三年（567年）造，1982年无棣县水湾乡于何庵村出土。汉白玉石质，通高32厘米，宽21厘米。高浮雕一菩萨二比丘，菩萨头戴莲瓣形宝冠，面相方圆，坐于长方形须弥座上，一手托腮，一手抚膝，两侧各站立一比丘，身着贴体袈裟，双手于胸前捧一宝珠。座三面刻有铭文"大齐天统三年三月廿日沧州乐陵郡阳信县故人妻阿宋侍王敬造玉石像一区有居家眷属一时成佛"。（图5-211）

北齐天统四年翟洛周夫妻造弥勒像 北齐天统四年（568年）造，1976年龙华寺遗址出土。像上半部分残缺，残高18厘米，仅存下身，两足下垂，倚坐于椭圆形束腰须弥座上。下为方座，高14.5厘米，前正中阴线刻舍利塔，两边刻供养人像，两人身着贴体紧身服装，面相对，双膝跪在方席上，手持莲花。像前分别竖刻题铭"过去弟子翟洛周侍佛时"和"妻朱姮侍佛时"等字样，像座左侧刻发愿文为"天统四年四月……千乘县人翟洛周造弥勒像一区愿一切平安"。（图5-212）

模印素烧白陶菩萨立像 北齐烧造，1976年出土于龙华寺遗址。通高23厘米。菩萨像与底座为两体。菩萨高（带榫）21. 3厘米，座高4.2厘米。菩萨头戴宝冠，宝缯下垂。面方圆，头后有桃形头光。裸上身，颈饰项圈，璎珞自双肩下垂于腹前相交复垂至膝绕向身后。长巾自肩沿身体两侧垂至足踝。下着双层裙，外层裙至膝。左手下垂捻宝珠，右手上举至胸，赤足立于带榫莲台上，榫插入带卯孔的覆莲座内。

（图 5-213）

北齐张称伯造背屏式一佛二菩萨像　北齐时期雕造，1997 年出土于惠民县惠民镇沙河杨村（今惠民县孙武街道办事处沙河杨村）。通高 90 厘米，宽 70 厘米。舟形大背光，青色石灰岩质地。主尊头部残缺，手施无畏与愿印，身体修长，跣足立于圆形台座上。上身内着僧祇支，外着褒衣博带式袈裟，长裙拽地。两胁侍菩萨头饰花蔓宝冠，宝缯垂肩，面目丰腴圆润，微露笑容，分别立于两龙口吐的莲蕾形台座上。两龙用高浮雕技法雕刻，呈腾飞状，口吐莲花中各有一身小化佛。舟形背光的上部残，下端作翼状下垂。背光的背面平滑，有线刻六身供养人像，还镌刻有发愿文题记。（见《文物》1999 年第 6 期）（图 5-214）

北齐汉白玉佛造像　北齐时期雕造，1982 年无棣县水湾乡于何庵村出土。汉白玉石质，通高 21 厘米，宽 9.5 厘米。雕刻技艺精巧，形象生动。（图 5-215）

图 5-211　北齐天统三年造思惟菩萨像

图 5-212　北齐天统四年翟洛周夫妻造弥勒像

图 5-213　模印素烧白陶菩萨立像

图 5-214　北齐张称伯造背屏式一佛二菩萨像

图 5-215　北齐汉白玉佛造像

阿弥陀佛单身立像　北朝时期雕造，1976年龙华寺遗址出土。青石单身佛立像，高216厘米，肉髻低平，面方圆，细眉长眼，嘴角含笑，双耳下垂。身着圆领通肩大衣，衣薄贴体，衣纹呈“U”形平行下垂，双手施无畏与愿印，右手残，腹部凸起，赤足立于带榫莲台上。（图5-216）

蝉冠菩萨像　北齐雕造。青石圆雕，高156厘米，为单身立式菩萨像。头戴宝冠，宝缯下垂遮耳，面方圆，头后饰圆形项光。上穿天衣，颈饰璎珞、项圈、悬铃，披长巾、璎珞，下着羊肠裙，赤足立于覆莲台上。运用直平和漫圆刀法，雕刻细腻，不仅面部传神，身上所饰璎珞、配饰无一不肖。1976年博兴县张官村出土，1981年征集到县，1994年被盗。1995年，被日本MIHO美术馆购得。2008年1月，在国家、省、市、县有关领导的共同努力下，该菩萨像回归祖国。（图5-217）

北齐青石观世音立像　北齐时期雕造，1976年龙华寺遗址出土。通高195厘米，像高167厘米。观世音头戴化佛宝冠，面方圆，弯眉细目。裸上身，戴项圈与璎珞，璎珞两束，一束呈“U”形挂于胸前，另一束自颈部垂至胸前相交后于腰部绕于身后，

图 5-216　阿弥陀佛单身立像

图 5-217 蝉冠菩萨像

图 5-218 北齐青石观世音立像

戴臂钏。披长巾，小臂及手均残。下着长裙，裙带于腹前打结垂至膝部，腹部凸起，衣薄贴体，足腕带钏，赤足立于带榫莲台上。颈部、膝部均断，后粘接在一起。（图 5-218）

隋开皇十一年孔钺造老子像 隋开皇十一年（591 年）铸造，1983 年于博兴县陈户镇崇德村出土。铜质，通高 13.6 厘米，宽 5 厘米。头戴道冠，蓄长须，穿对襟式道袍，右手执麈尾，左手扶凭几，盘腿坐于四足床上。身后为舟形背光，背光上部阴刻垂枝花冠树，床足刻有造像铭文“开皇十一年十月道氏孔钺造老子像一躯□德”。（图 5-219）

隋兴益青石造像碑 隋代雕造。青石，高浮雕，残高 173 厘米，宽 95 厘米，厚 22 厘米。螭首，残存造像 53 身。碑上部刻飞天 8 身，并有 11 幅佛传故事浮雕像。

正面刻主佛，高髻，着贴体袈裟，结跏趺坐。佛两边6个莲座上分别侍立二菩萨、二弟子、二比丘。以下两边各刻一蛟龙，龙后各一侏儒，再下为持戟天王。本尊龛下镌三小龛，右龛残，中为伎乐七像，左为“太子游四门”故事，以下残缺。出土年月无考，1981年发现时断为两块，置于博兴县兴益村街头作水簸箕用，1982年运到县城。（图5-220）

隋铜佛　隋代，质地青铜，通高7.8厘米。（图5-221）

唐砖雕佛像　唐代，与博兴县交换得来。通高12厘米，保存完好。（图5-222）

明代汉白玉弥勒像　俗称“布袋和尚”，明代。汉白玉石质，圆雕。通高41厘米，光头，大耳，憨然而笑，袒胸露腹，身披袈裟，颈饰佛珠垂于腹，下身着裙，裙带腹下作结。一手下垂，一手持布袋搭于肩上，赤足立于一方形平台上。（图5-223）

明代铜佛　明代，质地青铜，通高36厘米，宽13.5厘米。光头大耳，身披袈裟，双手合拢，拇指向上，置于胸前，神态慈祥，立于莲花座上。（图5-224）

清代铜佛　清代。质地青铜，通高33.5厘米，底座宽20.5厘米。（图5-225）

宋送子观音铜像　宋代。高66厘米，菩萨头戴莲瓣形宝冠，宝缯垂于两肩，颈饰项圈，披帛交叉于腹部，安详坐于莲花宝座上，左臂内侧揽有一男童，面部温顺而娴静。（图5-226）

图5-219　隋开皇十一年孔钺造老子像

图5-220　隋兴益青石造像碑

图 5-221　隋铜佛

图 5-222　唐砖雕佛像

图 5-223　明代汉白玉弥勒像

图 5-224　明代铜佛

图 5-225　清代铜佛

图 5-226　宋送子观音铜像

第九节 碑碣墓志

武定五年造像碑 东魏武定五年（547 年）刻，1976 年出土于博兴县陈户镇张官村。青石质，长方体，长 120 厘米，宽 58 厘米，厚 19 厘米。碑阳面正中线刻坐佛，佛两边刻 5 个供养人。线画两边是造像及建寺铭记和人名。左 8 行，每行 5 个人名，右 4 行人名，9 行铭记。铭为："唯大魏武定五年岁次大火六月丁卯朔十一日甲戌正信士佛弟子大唯那郭神通张靖马秋马敬宝董叶士女七十余人等并海岱名家燕齐楚彦夙殖灵根旦解法相以一生过隙四马不追幻化臾身命非我故能急访牛车去此火宅骤觅神舟佡登彼岸上为皇帝陛下百僚庶民下逮七世祖宗含生蠢类于乐陵郡城东南两里乡义寺门外之左颊寻其净土级建胜刹经始勿极群心口来不日而极功德乃成遂记铭微因冀邀妙果一出昏非终超十行。"碑文记载了东魏时期乐陵郡址所在，填补了博兴历史的空白。（图 5-227）

龙华碑 隋仁寿三年（603 年）立。石灰岩质，通高 236 厘米，宽 106 厘米，厚 18 厘米。螭首，额题篆书"奉为高祖文皇帝敬造龙华碑"。阳面楷书 28 行，行 50 字。书法隽秀，欧阳辅《集古求真》谓："额字为篆体而笔法作飞白，为额中所少见。碑文书法秀整劲拔，开褚、薛之先陆，非中唐以后人所能做到。"1923 年在博兴县陈户镇冯吴村南出土，出土时字迹清晰，后有一古董商拓后将"仁寿三年"以下 20 字击毁。20 世纪 50 年代初，运往黄河防汛工地，被有识者发现后，迁回原地。1956 年移入县城，"文化大革命"期间被压在草垛下，才得幸免。（图 5-228）

图 5-227 武定五年造像碑

图 5-228　龙华碑

重修塔记碑 北宋政和三年（1113 年）刻，1988 年 7 月出土于沾化县李家乡下鄱村南 150 米处。碑高 40 厘米，宽 32 厘米，厚 6 厘米。碑文共 56 字：“重修塔记：滨州招安县永利场酒户石九思，为祖妣以来，先父石在纲、母王氏，同兄石文、石冲，弟石真，施钱八贯，助修古塔，政和三年七月日刊记。”该碑对研究沾化宋代行政区划、地名及民俗提供了实物资料。（图 5-229）

陀罗密经幢 即“讲经论沙门圆通幽秘大师恩公之塔志”。元皇庆元年（1312 年）立。1973 年，惠民县修环城路时于南城墙下出土。青石质地，八棱柱形，高 127 厘米，宽 46 厘米，厚 40 厘米。正背两侧为大平面，四角为四个小平面，构成八棱柱形。正侧七个面分别书有塔志铭文和经文，背面无字。正面宽 33 厘米，书“讲经论沙门圆通幽秘大师恩公之塔志，皇庆元年孟冬立”。经幢所有文字为阴刻，文字书写工整，刻法刀工纯熟。此塔志是研究我国元代佛教文化的珍贵材料，也是学习研究书法不可多得的范本。（图 5-230）

王佐祖茔神道碑 明正统十年（1445 年）立，2001 年于无棣县无棣镇（今海丰街道办事处）西南关出土。刻有“大明宝德大夫正治上卿户部尚书王氏祖茔　正统十年四月吉日立”字样，碑高 170 厘米，宽 100 厘米，上圆下方，无碑座。

杜嵩山墓志 明万历年间刻。1982 年 9 月，惠民地区滨县单寺乡（今滨州市滨城区秦皇台乡）前杜村农民在村南挖渠时发现，一合两块，墓志为石质，盖长 68.3 厘米，宽 52 厘米，厚 8 厘米，刻楷书 4 行“明将仕佐郎衡府教授嵩山杜公暨配孺人尹氏合葬墓志铭石”，四边刻山峦、亭阁、鱼、龙、珠等纹饰。志石长 68.3 厘米，宽 52 厘米，厚 9 厘米，四边刻牡丹、荷花等。铭文楷体，22 行，共 752 字。（图 5-231）

董其昌“康义李先生传”墨迹石刻 明天启五年（1625 年）立。1986 年，沾化县黄升乡吴家思村群众李振河将珍藏的四块墨迹石刻捐献给县文物部门。该石刻为明代书法家董其昌为李振河的先祖李康义（李振和为李康义十二代孙）写的传记，全文共 600 字，分别镌刻在四块高 60 厘米、宽 30 厘米的青石碑上。行文三行为界，每行 9 ～ 10 字，行草，书体结构疏朗有致，笔墨洒脱，遒劲流畅，是董其昌七旬后的作品。碑文镌刻时间为明天启五年（1625 年），据《沾化县志》记载：董其昌与李鲁生（李康义之子）相友善。明崇祯五年（1632 年），董其昌寓居沾化九月余，邑中大家题跋，多手书真迹。（图 5-232）

王清墓碑 发现于滨州市无棣县无棣镇（今海丰街道办事处）前楼村，碑通高 210 厘米，宽 69 厘米，厚 24 厘米。碑已残，上刻有“皇清赐进士通奉大夫吏部左

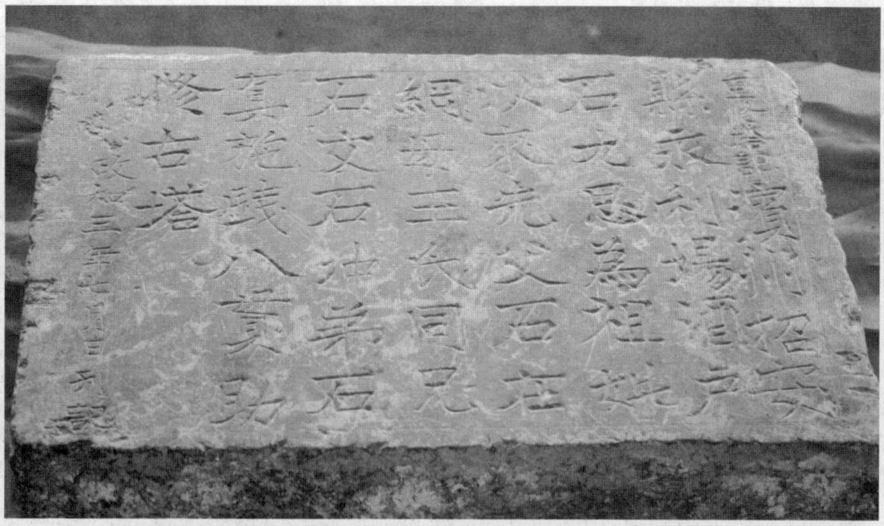

图 5-229　重修塔碑记

图 5-230　陀罗密经幢

图 5-231　杜嵩山墓志

图 5-232　董其昌“康义李先生传”墨迹刻石

侍郎冰壶王公暨配增夫人齐氏封□人葛氏□”。2008年11月征集入库。

李之芳墓志　清代，2008年8月出土于惠民县原第一油棉厂工地。墓志为青石质地，体积较大，长110厘米，宽110厘米，厚48厘米，重约1.3吨。篆刻文字“皇清光禄大夫文华殿大学士兼吏部尚书正一品加三级世袭拖沙喇哈番谥文襄李公墓志铭”。“拖沙喇哈番”是满文音译，汉语为“云骑尉”。李之芳是明末清初武定州（今滨州市惠民县）人，曾参加平定耿精忠等人的“三藩之乱”，深受康熙皇帝的重用（图5-233）。

张映汉墓碑　一方碑通高225厘米，宽85厘米，厚40厘米，刻“清赠荣禄大夫湖广总督张公神道”；另一方碑通高243厘米，宽85厘米，厚30厘米，上刻“清诰授荣禄大夫兵部尚书张公神道”。

杜受田陵园石碑　清咸丰年间，原位于滨城镇（今滨城区滨北街道办事处）宋徐园杜受田陵园内。共两统，青石质，色白，阴刻楷书。四边刻云龙纹，正文为咸丰帝谕旨。两碑均高62.5厘米，宽113.5厘米，厚15.5厘米。（图5-234）

重修大清河白龙湾碑　清咸丰四年（1854年）。青石质地，长方形，碑下配须弥座，长154厘米，宽145厘米，厚23厘米。碑文题目是大清咸丰四年“惠民县正堂重修大清河坝告示”。内容记载咸丰三年夏，大清河（黄河）河水暴涨，堤身坍塌和广捐买地重修大清河的情况，并告示人民保护河堤不得作践。碑文为阴刻，

图5-233　李之芳墓志

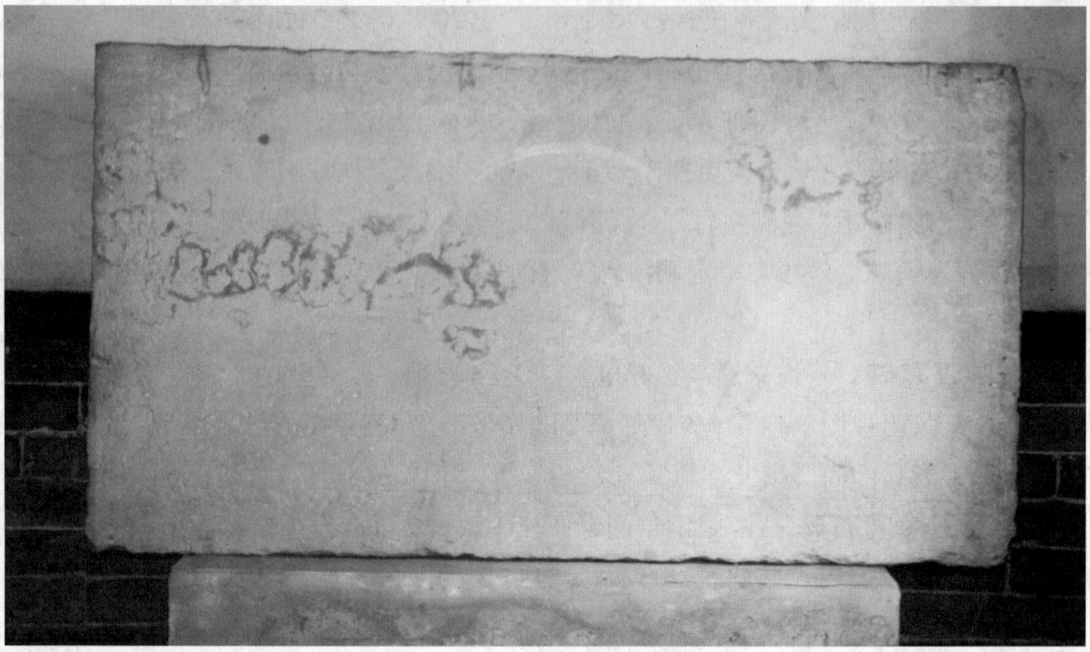

图 5-234 杜受田陵园石碑

四周刻凤凰牡丹、花卉盆景图案，刀工精细，典雅素朴，形象生动。此碑是研究大清河历史的重要水文资料，也是书法艺术宝库中的珍品。

普济桥碑 普济桥位于滨州市无棣县泊头镇泊头街正西约 100 米处，此桥在河北、山东分界之时就已经被拆除，现在只剩下一方石碑。碑高 120 厘米 ，宽 50 厘米。碑上有字，从碑文可以断定此桥在光绪戊子年（1888 年）进行了重修。

第十节 金银器

银碗 宋代，滨城区尚集乡（今杨柳雪镇）牛庙村宋墓出土。口径 7 厘米，高 3 厘米，保存完好。竖口，唇沿外卷，腹下斜收，圈足竖直。碗外壁上部阴刻两圈凹弦纹，凹弦纹与口沿间有连珠花草纹。内壁光滑，圆润。（图 5-235）

金发钗 宋代，滨城区尚集乡（今杨柳雪镇）牛庙村宋墓出土。通长 35.9 厘米，保存完好。发钗通体由一细金条弯曲而成，中部穿有 9 个薄圆金片，对称分布。金条整体呈“M”形弯曲，两侧长且平行，中部如卷叶装翘起。（图 5-236）

鎏金玉嵌月宫图 邹平县韩店镇出土。圆形，直径 5.5 厘米，嵌玉部分雕刻精美，运用二次透雕的手法，左侧图案为兔形，右侧为月宫里的建筑，寓意吉祥。

图 5-235　银碗

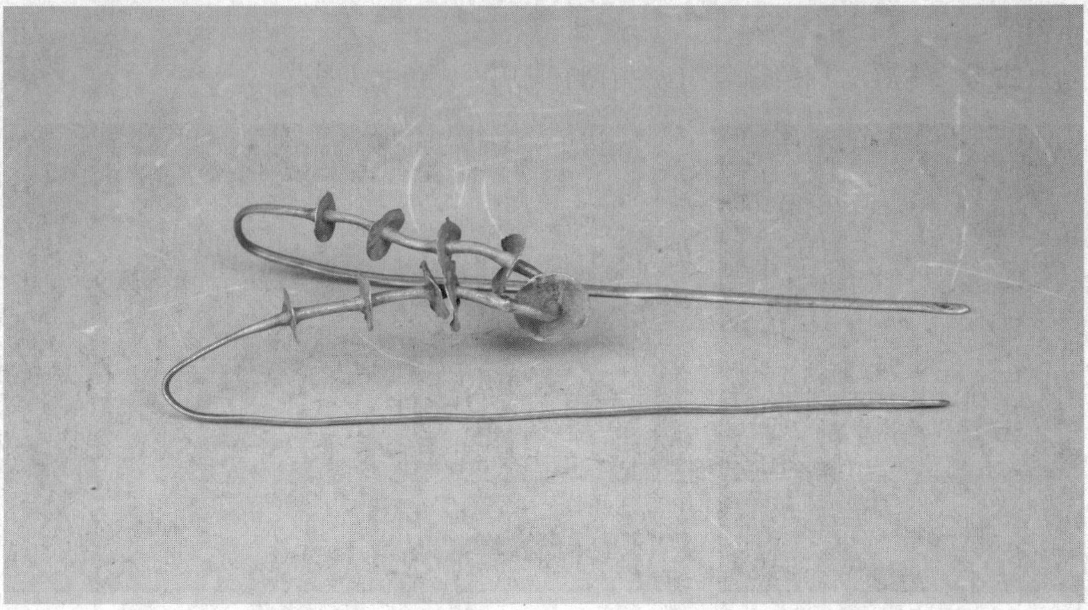

图 5-236　金发钗

第十一节 乐 器

石磬 战国，阳信县西北村战国墓器物陪葬坑中出土。石质，一套共 13 面，出土时表面附有朱红色颜料，大小有序，敲之音纯正，带有半音。（图 5-237）

编镈 战国，1988 年于阳信县西北村战国墓出土。青铜质地，一套 5 枚，单钮，平口，体内残存泥胎内范，体外饰头尾相缠绕的蛇形纹。除 3 号外，余者较为完整。五枚编镈造型相同，大小有序，风格统一。

编钟 为钮钟，一套 9 枚，单钮，大小有序，钟体内残存泥胎内范。1、3、6、7、8 号较为完整，余者有不同程度残蚀。9 枚编钟造型一致，鼓部和钮部皆为素面，钮部饰头尾相缠交的蛇形纹。编钟尺寸按照钟的大小依次是：1 号，铣距 16 厘米、钮高厘米 5、通高 28 厘米；2 号，钮高 4 厘米、通高 28 厘米；3 号，铣距 14 厘米、钮高 4 厘米、通高 24.5 厘米；4 号，钮高 3.7 厘米、通高 21 厘米；5 号，钮高 4 厘米、通高 17.5 厘米；6 号，铣距 12 厘米、钮高 3.5 厘米、通高 19 厘米；7 号，铣距 11.2 厘米、钮高 3.5 厘米、通高 18.3 厘米；8 号，铣距 8.5 厘米、钮高 3 厘米、通高 15.3 厘米。9 号残蚀严重，尺寸不详。

铜鼓 汉代，为吴式芬旧藏之一。直径 47 厘米，高 26 厘米，重 16 公斤。造型敦厚庄重，制作精致，束腰，侈足。鼓面雕太阳十二芒图案，属我国古代铜鼓八大类型之一。（图 5-238）

古琴 木质，黑色漆画，七弦背面有共鸣孔，鲁北少见。

图 5-237 石磬

图 5-238 铜鼓

第十二节　印章与砚台

柘砚　宋代，沾化县泊头镇大牟村出土。青灰色，长方体，长 14 厘米，宽 6.5 厘米，高 1.4 厘米。砚面微凸，墨堂呈椭圆形，受墨处微凹，斜入墨池，砚背有“东鲁柘砚”四字。

抄手砚　宋代，原滨县里则镇（今滨州经济开发区里则街道办事处）征购。长 21.5 厘米，宽 13.5 厘米，高 4 厘米，微残。整体呈圆角长方形，三边为高圈足，一边无足，便于持握。底面为一斜坡，自无圈足端向下倾斜。上面为研磨处，有月牙形浅窝，便于注水储墨。通体素面无纹饰。（图 5-239）

铜印　宋代。青铜质地，呈方形，边长 9 厘米，钮高 3 厘米。（图 5-240）

万户印　金代青铜官印，1983 年 7 月于滨州市小营镇（今滨城区小营街道办事处）崔家村出土。印面呈正方形，通高 4.5 厘米。梯形钮，钮高 3 厘米，钮顶刻有一“上”字。印宽 6.5 厘米，厚 1.1 厘米，印面刻九叠篆“忠孝军两字号万户印”9 字。印背面左边阴刻“山东行部造”，右边阴刻“贞祐三年七月”，印侧左边阴刻“忠孝军两字号”，右边字迹不清。万户是金代所设官职名，为世袭军职。

粗瓷枕形暖砚　元代，沾化县古城镇北关村出土。长 20 厘米，宽 11.5 厘米，高 10 厘米，底部有“延祐元年三月二十九记”的文字。（图 5-241）

王象春印章　明代，邹平县焦桥镇出土。碧玉材质，高 2.8 厘米，钮高 1.2 厘米，章面边长为 3×3 厘米。短直钮，阴刻篆书“王象春印”四字。取材考究，刻制精美，颇具研究收藏价值。（图 5-242）

王士禛印章　清代玉石兽形钮方印，1958 年邹平县邹平镇碑楼村（今邹平县黄山街道办事处碑楼村）农民韩凤坡捐献。通高 4.3 厘米，钮高 2.6 厘米，印面边长 3.4 厘米，重 80 克。印钮部浮雕一兽，昂首，曲身盘坐于方印之上，造型生动。

图 5-239　抄手砚

图 5-240　铜印

图 5-241　粗瓷枕形暖砚

图 5-242　王象春印

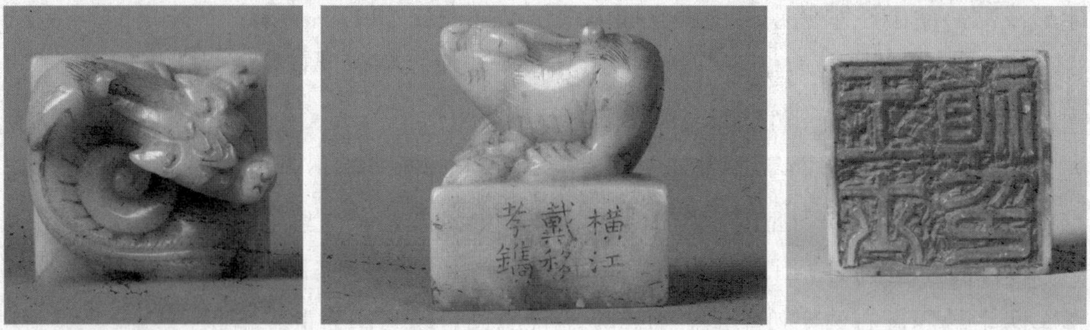

图 5-243　王士禛印章

印文为“王士禛印”四字二行阴文篆刻。边款为“横江戴移孝镌”。（图 5-243）

将军印　清代铜将军印，邹平县长山镇出土。方形，阴刻，章面边长5.9厘米，高1.2厘米，顶部有柄钮，柄钮高3.2厘米，宽2.8厘米，厚1.3厘米。阴刻篆书“行军万昕印”六字，顶部有钮柄，柄型简洁，具有较高的制作工艺水平。（图5-244）

图 5-244　将军印

凤雕端砚　清代。长40厘米，宽18厘米，高3厘米，尾部略残。砚台呈扁椭圆形，四周浮雕凤鸟形。左侧是鸟的尾巴，上、下为翅膀，右上侧是鸟的头颈。（图 5-245）

图 5-245　凤雕端砚

端砚　清代，沾化县下洼镇工商所

提供。长 17.2 厘米，宽 12 厘米，厚 4 厘米。（图 5-246）

水晶印章 民国时期，邹平县韩店镇出土。通体透明，无杂质，通高 10 厘米，章面为 5 厘米 ×5 厘米，阴刻篆体字“川稚”二字。章钮为狮子造型，狮子一回首刹那间的神气刻画得惟妙惟肖。（图 5-247）

图 5-246 端砚

图 5-247 水晶印章

第十三节 书法 、绘画、手稿、圣旨

一、书法

泥金抄经 俗名“金字帖”，是明永乐三年（1405 年）的《大方便佛报恩经》（卷五）的一部分。系磁青纸质册页，用泥金抄写，楷书，字为金黄色，共 106 页，长 1188 厘米，宽 11 厘米，通高 32.7 厘米，保存基本完整。（图 5-248）

董其昌行书手卷 明代，董其昌，绢本，长 262 厘米，宽 27 厘米。此卷书古词四首，分别是“欧阳炯《春睡·玉楼春》”、“温飞卿《春词》”、“钱思公《春恨·玉楼春》”、“贾子明《春晚·木兰花》”。董其昌书法初学颜真卿，后师晋、唐、宋诸家，其书法结构巧妙，疏宕秀逸，墨色变化层次丰富。用笔简率自然，于流畅中兼具生涩之趣。此书卷笔致墨韵劲健挺拔，古雅秀润，俊逸奇姿，神气俱足，可称之为妙品。（图 5-249、图 5-250）

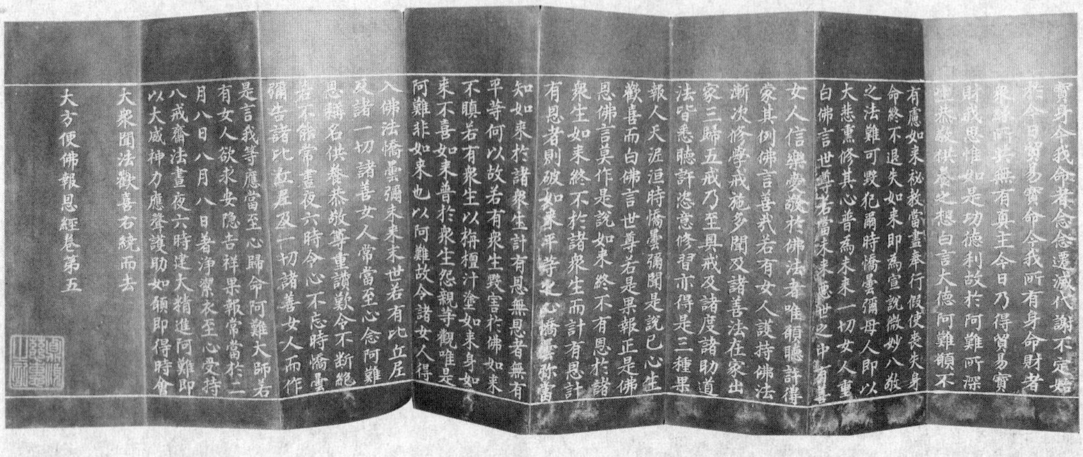

图 5-248　泥金抄经

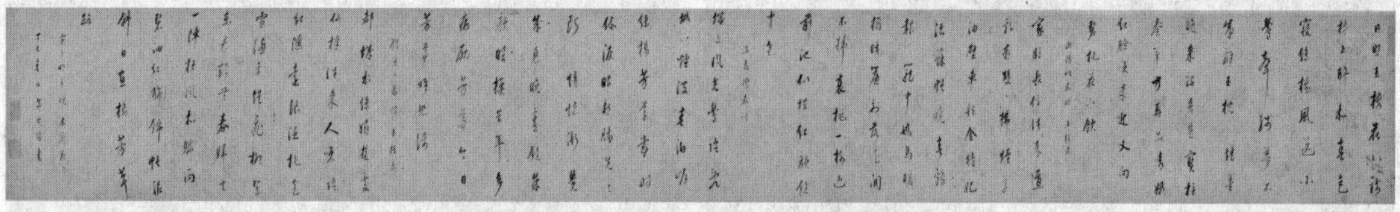

图 5-249　董其昌行书手卷

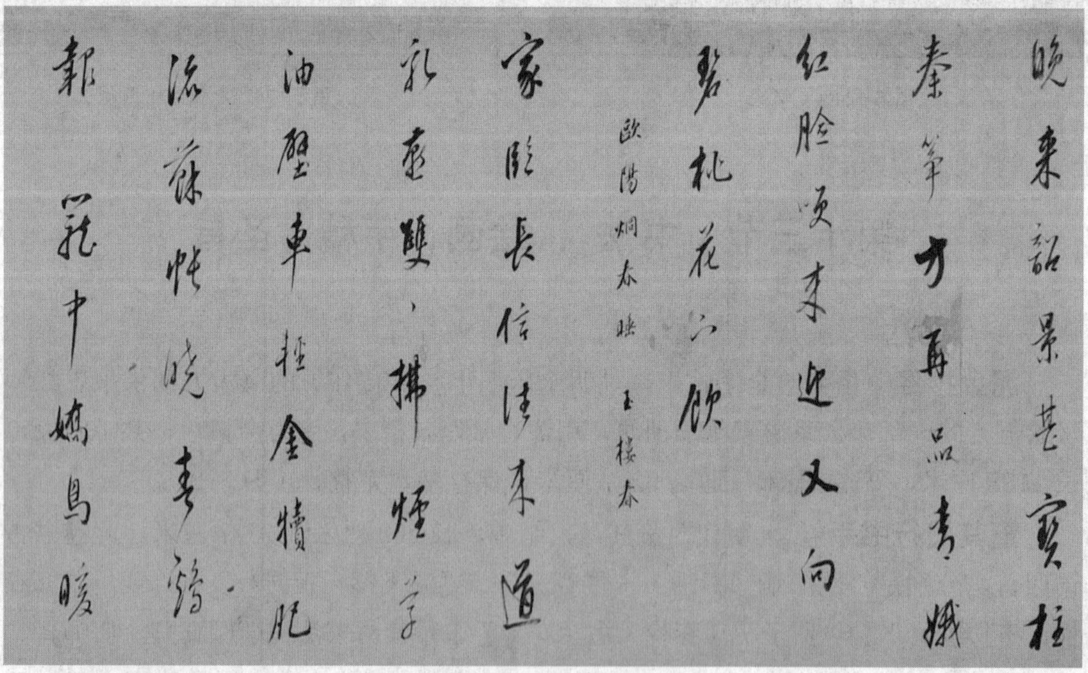

图 5-250　董其昌行书手卷（局部）

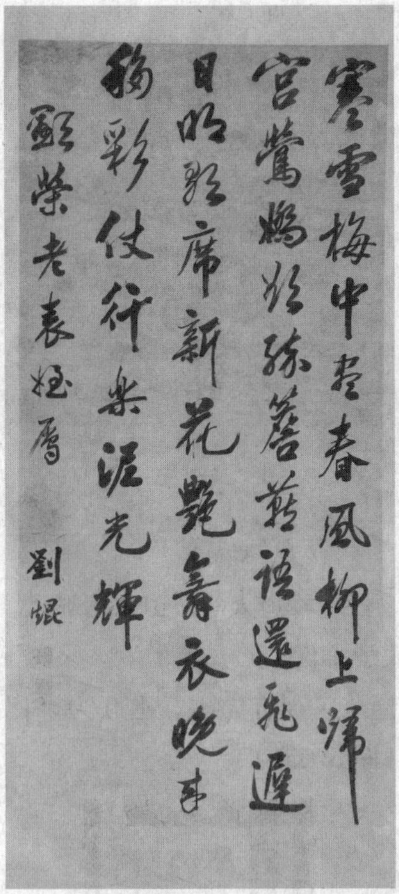

图 5-251　刘焜行书

董其昌（1555～1636 年），字玄宰，号思白、香光居士，华亭（今上海市松江县）人，明代画家、书法家。万历进士，授庶吉士，官至礼部尚书，加太子太保致仕，谥文敏。有《画禅室随笔》、《容台文集》等书。

刘焜行书　明代，刘焜，立轴，纸本，纵 207.5 厘米，横 125.5 厘米。此行书字轴，为巨幅草书体，所书诗篇为咏梅诗："寒雪梅中尽，春风柳上归……"其书法用笔宽博豪迈，气概浩荡，苍劲雄健，骨格崎峭，端庄伟岸。此巨幅诗书艺术的构合，在明清书法艺术中品位之高，弥足珍贵。

刘焜，字洞昭，明末清初山东曹县人，擅画人物及花卉，尤工山水。生卒年不详。（图 5-251）

康熙御题"带经堂"　清康熙御笔。纸本，装裱样式为手卷，通长 1103 厘米，宽 65 厘米，其中引首 173 厘米。黄龙金色绫装裱，质地宣纸，盖有"康熙御笔之宝"六字三行篆刻款，红砂印，卷首有 800 厘米的空白，无题跋。"带经堂"三字雄浑庄严，笔画匀称，用笔坚劲，丰腴厚重，结体稳重，气势磅礴，显示出康熙皇帝书法之功力。"带经堂"是康熙皇帝给王士禛的书名题字。王士禛，号渔洋，今桓台人，清代著名文学家，著有《带经堂》一书，康熙皇帝为该书题写书名。（图 5-252）

乾隆春日临帖　清乾隆戊子年（1768）书写。字芯纵 86 厘米，横 42 厘米，绢本，绫装裱，暗着寿字装饰。内容为"江东梁道者，自少好神仙，袖有烧丹术，囊无买酒钱……"落款为"戊子春日临帖　乾隆御笔"，盖有朱砂印一枚。1988 年重新修复揭裱。（图 5-253）

刘墉书法　清乾隆甲辰年（1784 年）书写。长 160 厘米，宽 37 厘米，纸本，楷书，绫装裱。内容以唐诗为主，落款为"乾隆甲辰仲秋"，下方书"石庵"二字，并有石庵印章两枚。此品字迹清晰，书写端正，条理分明，是件艺术珍品。因长期流传于民间，装裱已破损。1988 年由山东省文物局拨款进行修复揭裱。（图 5-255）

刘墉十二条屏　1975 年征集，十二条屏，纸本，单条长 190 厘米，宽 50 厘米，

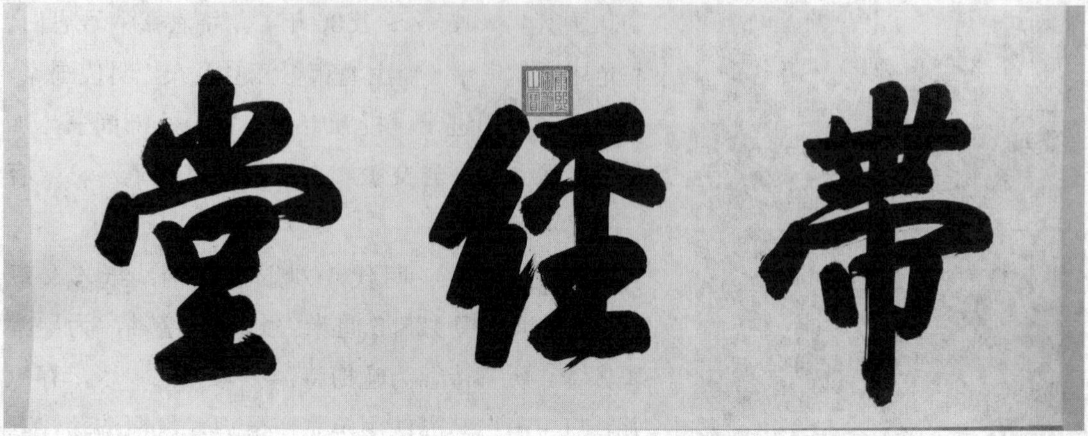

图 5-252 康熙御题“带经堂”

行书体，整幅作品淡雅静穆，透着一种超然之气。

刘墉（1719～1805年），字崇如，号石庵、青原、日观峰道人等。山东诸城人，生于书香之门，长于官宦之家，官至体仁阁大学士，太子太保。

杜堮对联 清代，杜堮作。纵172厘米，横35厘米，保存完整。上联为“甘露卿云于时为瑞”，下联为“珠晖玉照盖代之华”。（图 5-254）

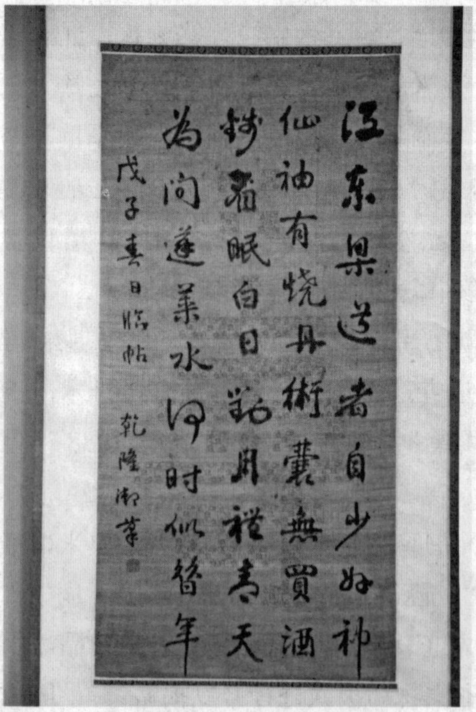

图 5-253 乾隆春日临帖

图 5-254 杜堮对联

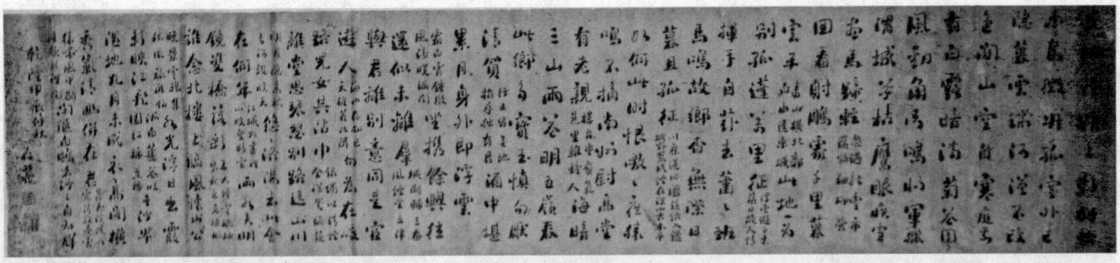

图 5-255　刘墉书法

杜堮（1764 ～ 1858 年），字次厓，号石樵，谥号文端。滨州（今滨城区）人。杜堮是一位高寿诗人，一生经历乾隆、嘉庆、道光、咸丰四朝，是山东文坛的盟主。

双虞壶斋木刻楹联　杏花色，上饰铜挂，纵 120 厘米，横 22 厘米。楹联镌刻浅绿色阴文楷书“梅影写窗香有迹，竹声敲户绿无痕”，字体遒劲浑厚，结构严谨大方，钤有“式芬之印”（阳文）和“两浙督学”（阴文）二方印章。

游百川对联　清代，游百川作。纵 130 厘米，横 29 厘米，保存完好。上联为“为咏崇兰欣静契”，下联为“每临修竹坐清风”。（图 5-256）

游百川（1822 ～ 1895 年），字汇东，号梅溪。山东滨城人。同治元年（1862 年）中进士，选庶吉士，授编修。同治六年（1867 年）迁御史，巡西城。光绪五年（1879 年），出任湖南衡水、郴桂兵备道，次年升四川按察使，顺天府尹。光绪八年（1882 年）升任总督仓场侍郎。光绪九年（1883 年），山东黄河决口，数十州县受灾甚重。游百川受命与山东巡抚陈士杰督办治河工程与赈务。光绪十七年（1891 年），以仓廒火灾罢官。离任后，曾先后主持济南泺源书院、东昌府书院。

图 5-256　游百川对联

册页十九折 清代，游百川等作。纵 25 厘米，横 15 厘米。（图 5-258）

慈禧“福”字 清代慈禧太后亲笔，1990 年征集自张集乡（今滨城区尚集乡）双井村张毓芬，1991 年新裱。纵 176 厘米，横 84 厘米。（图 5-257）

王荫昌册页 清代，王荫昌作。纵 35 厘米，横 25 厘米。（图 5-259）

图 5-257 慈禧“福”字

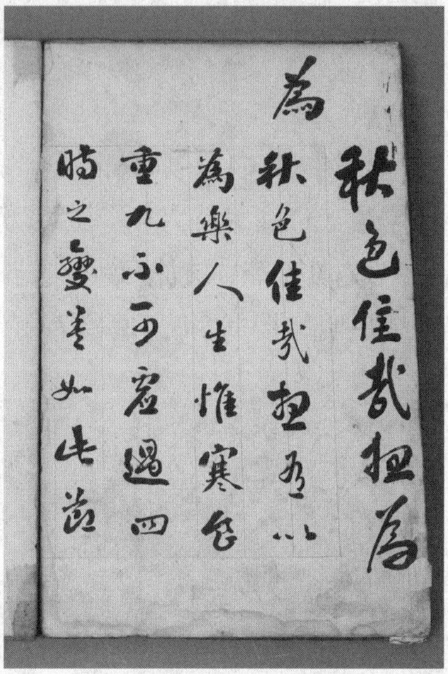

图 5-258 册页十九折

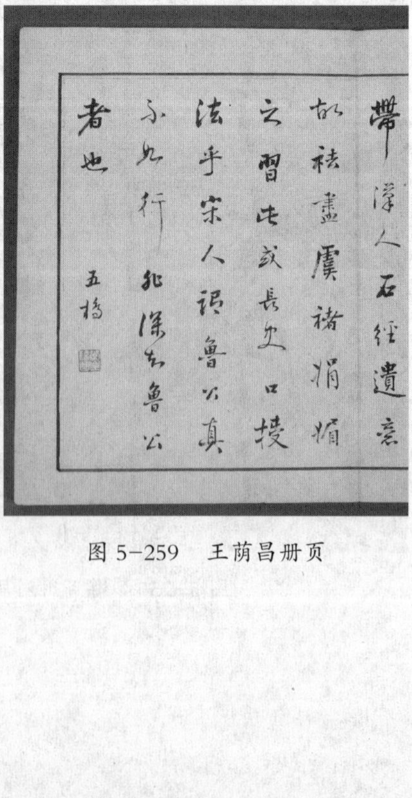

图 5-259 王荫昌册页

二、绘画

毛思义画像　明代画像。绢本，纵168厘米，横96厘米，设色无背景。头戴乌纱，身穿盘领宽袖红袍，脚蹬黑色朝靴，双手扶膝，坐虎皮圈椅。胸饰牡丹花卉，腰系玉带，面目有神，短胡须，细眉。（图5-260）

毛思义妻画像　明代画像。绢本，纵198厘米，横104厘米。头戴凤冠，身穿宽袖红袍，内饰暗色祥云图案，双手交叉于胸前，胸前绘有祥云、凤纹饰，面目安详，端坐在椅上。（图5-261）

青绿山水　明代，陆包山作。纵117厘米，横40厘米。（图5-262）

董琦画像　明代画像。纸本，纵150厘米，横86厘米。画中董琦戴展脚幞头，穿盘领宽袖红袍，腰间挂牙板，手拿护面板，脚穿黑靴，画像面目清晰，有胡须，直立，为工笔肖像画。此画无题跋和落款。（图5-263）

明女人像　明代。纸本，纵102厘米，横53.5厘米，头戴凤冠，腰系玉带，身穿蟒袍，一手端带，一手弯曲于胸前，神情老态，端坐在椅上。（图5-264）

董琦，字天粹，今滨州市阳信人，明弘治年间县令。阳信县商店镇大董村有其墓碑云“明朝大夫河南布政司右参议东楼董琦先生墓表”。

辋川图卷　明代，文徵明（1470～1559年）作。1976年收购，1987年重新装裱。画芯长425厘米，宽48厘米。画卷系临摹唐右丞相王维的别墅，共绘制辋水二十二景，分别为：辋水、孟城坳、辋口庄、华子冈、文杏馆、斤竹岭、鹿柴、木兰柴、茱萸沂、宫槐陌、临湖亭、南垞、欹湖、柳浪、栾家濑、金屑泉、白石滩、北垞、竹里馆、辛夷坞、漆园、椒园，落款文徵明制。画卷工程浩繁，其中的楼台亭榭建筑依山傍水，蔚为壮观。笔法刚柔兼备，皴擦有道，点染得法，对研究唐代的土地制度，探讨明代绘画艺术，有一定的价值。（图5-265、图5-266）

李之芳南征图　民间征集。纸本，长900厘米，宽29厘米。引首左上角题“诸图大宜哉遂志此以并图首”、“古蔺年家眷弟金质安书”款。绘画内容分别为“靖送图”、“饯芳图”、“犒赏图”、“破霸图”、“劝良图”、“堕硐图”、“民安图”、“擒寇图”、“驱迁图”、“逐潜图”等。本画先构图，后题跋，并说明前图故事情景。该图乃李之芳于江南的生活写照，题跋右下方落朱文“唐蓉”篆刻印一方。画风为上海画派，用细工笔手法描绘，人物有动有静，形象逼真，着色浓淡主次分明。主人公李之芳面目丰满，头戴朝冠，身穿红袍大褂，有众名卫士随同，主人或骑马或步行。（图5-267、图5-268）

李之芳（1621～1694年），字邺园，谥“文襄”，今滨州市惠民县孙武街道办事处南门街人。明崇祯十五年乡试中举人，清顺治四年中进士，曾任浙江省金华府推官、刑部主事、刑部郎中、湖广道监察御史、吏部左侍郎、兵部侍郎、兵部尚书等职。著有《棘斤草》12 卷。该画是李之芳在江南任职时的部分真实写照。

李之芳行乐图 清代。绢本，手卷，画本长 238 厘米，宽 58 厘米。作者将主人公李之芳的三个生活片段巧妙地绘在同一画面之中。其一是李之芳身着便服，聚精会神，奋笔疾书的形象；其二是描绘二位仕女抱着孩子戏鹦鹉，李之芳则坐在一边观看，享受天伦之乐的情景；其三是李之芳与康熙皇帝下棋，双方全神贯注，于无声处胜有声。卷尾有一段题跋。（图 5-269）

李之芳画像（豹服饰） 清代。纸本，纵 100 厘米，横 53 厘米。李阁老头戴朝冠，脚蹬朝靴，内穿绣龙朝服，袖成马蹄状，外着皮袍，下摆两侧和双肘各绘有暗色双龙图案。胸饰祥云和豹纹饰，神态庄重，端坐在虎皮椅上。（图 5-270）

图 5-260　毛思义画像

图 5-261　毛思义妻画像

图 5-262　青绿山水

图 5-263　董琦画像

图 5-264　明女人像

图 5-265　辋川图卷

图 5-266　辋川图卷（局部）

图 5-267　李之芳南征图

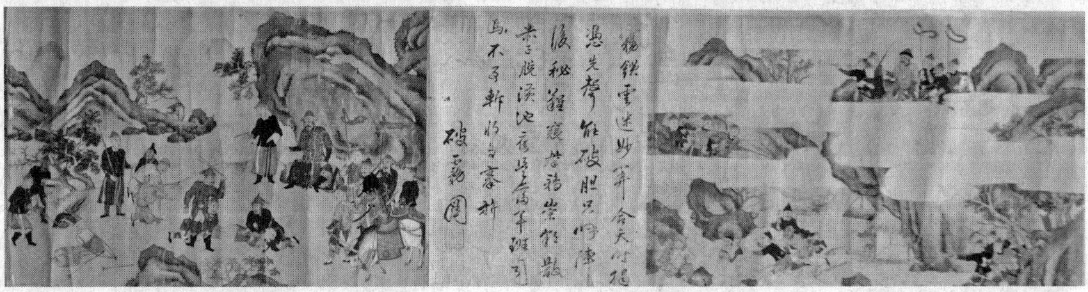

图 5-268　李之芳南征图（局部）

图 5-269　李之芳行乐图（局部）

李之芳画像（龙服饰）　清代。纸本，纵 102 厘米，横 54 厘米。李阁老头戴朝冠，脚蹬朝靴，身穿蓝色朝服，下摆与腰际绣有祥云和盘龙纹饰一周，胸部绣有祥云和盘龙图案。领挂朝珠一串，垂于胸前，一手扶膝，一手持珠。目视前方，端坐在虎皮椅上。（图 5-271）

李之芳夫妻像　清代。绢本，纵 80 厘米，横 47 厘米。夫妻二人端坐在椅上。李阁老身穿淡蓝袍，一手扶膝，一手微曲。其妻身着宽袖淡灰服饰，上绘祥云花纹，内套白色长裙，目视前方。（图 5-272）

盆兰图　清代，佚名。立轴，绢本，设色，纵 121 厘米，横 56 厘米。此图画法以中国工笔勾描技法勾勒出轮廓线，施以填色，兼用西洋油画技法，兰草白花绿叶疏密有致，层次分明，花艳叶茂，富有生机。所画花盆为宋钧瓷折沿菱瓣形花盆，并画有菱瓣盆托。菱瓣形花盆通体施玫瑰紫釉，与盆体边棱部位的茶黄色相衬，犹如夕阳与晚霞交相辉映，给人以美的遐想。它的美在于凝厚的质感与蕴含的蓝色乳光所产生的醉人的艺术魅力。整个画面以写实的技法和精细的笔法，集陶瓷艺术和

图 5-270　李之芳画像（豹服饰）

图 5-271　李之芳画像（龙服饰）

盆景于一体，意境清雅，表现出一种独特的艺术风格。据学者考证，此图应为郎世宁之作。（图5-273）

郎世宁（1688～1766年），生于意大利，1715年来华传教，是画家兼建筑家，被召入内廷画院供奉，历仕康熙、雍正、乾隆三朝。擅写生，融汇中西技法，所画人物花鸟无不奕奕有神，栩栩如生。

张宗苍山水画 清雍正壬子年（1732年）画。纸本，纵89厘米，横46厘米。绘山林、水溪、屋宇、亭榭，溪中有一小船。该画技法为工笔重彩，用笔沉着，山石技法以干笔积墨为主，林木间用淡墨干擦，亭榭屋宇，依山傍水，错落有致，整个画面颇为壮观。右上角题“雍正壬子年七月

图5-273 盆兰图

图5-272 李之芳夫妻像

图5-274 张宗苍山水画

既望仿大痴道人笔意，张宗苍写”。（图 5-274）

张宗苍（1686～1756 年），清代吴县（今苏州）人，字默岑，号篁村。初以主簿理河工，善画山水出黄鼎之门。

富贵猫蝶图　清道光作品。纸本水墨，小写意。纵 138.2 厘米，横 64 厘米，画面洒脱，牡丹勾线填色，双猫一只在石上，一只在石下，相互呼应，牡丹花头的处理与猫之神态的处理尤为精到。画面左上角落款有“道光岁在壬寅春正月，济南近霄娄凤翥”字样。（图 5-275）

图 5-275　富贵猫蝶图

娄凤翥，清道光年间人士，字近霄，号竹石，历城人。工写生，壮岁纵游南北，晚归故里，成为著名画师。

任薰雄鸡图　清代光绪己卯年（1879 年）画。绢本，画本纵 100 厘米，横 45 厘米。画面中心绘一雄鸡挺胸昂首，立于湖石之上，神态威武。画面左上角绘两小枝，有零星小叶，苍劲有力。画的下部绘兰草，疏密有致。画面右部落款为“己卯秋九月拟新罗山人画意阜长任薰写”。（图 5-276）

图 5-276　任薰雄鸡图

任薰（1835～1893 年），字阜长，又字舜举，浙江萧山人，任熊之弟。生活艰苦，长期居苏州，以卖画为生。善画人物，尤工花鸟，人物取法陈洪绶，花鸟构图别致，且有独创一格的精神，在用色方面尤见浓淡相间的匠心。

杜堮兰草图　清代，杜堮作。纵 65 厘米，横 34 厘米。画面极为简洁，有题款和印章。（图 5-277）

九秋图　清代，陈铸作。纵 200 厘米，横 54 厘米。（图 5-278）

陈铸，字陶轩，（今福州）人，居螺洲。山水、花鸟、人物无一不精，尤擅白描，学李公麟。怡山长庆寺有关羽像，幅不盈尺，而鬓眉冠带，工细绝伦，相传出其手笔。

临水殿观争标图 清代。纵 245 厘米，横 39 厘米，保存完整，落款为明代仇英，经鉴定为清代仿品。（图 5-279）

刘莘荄兰草图 清代，刘莘荄作。立轴，绢本，设色，纵 79 厘米，横 46.5 厘米。

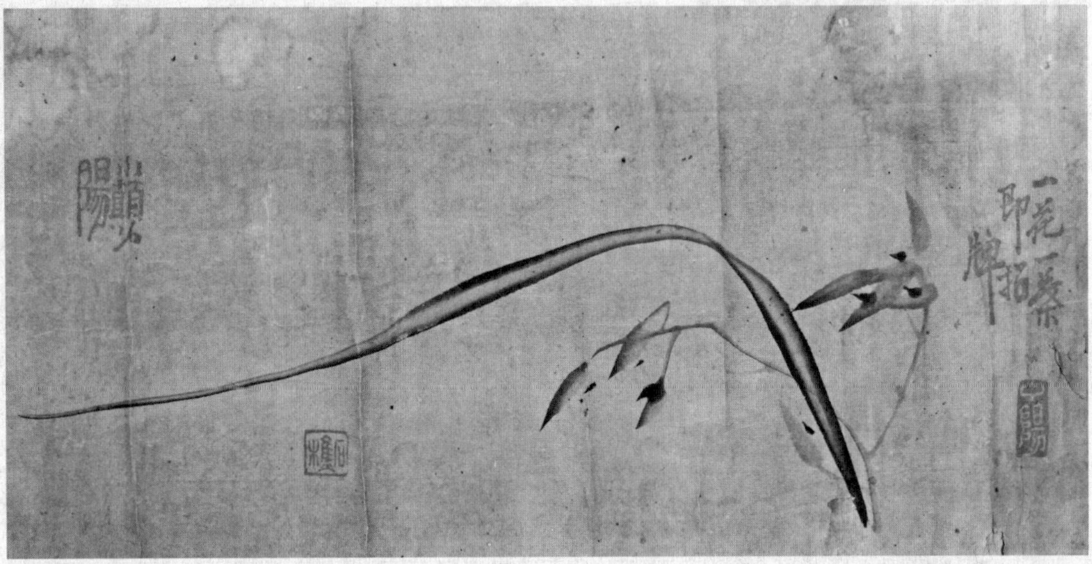

图 5-277 杜堮兰草图

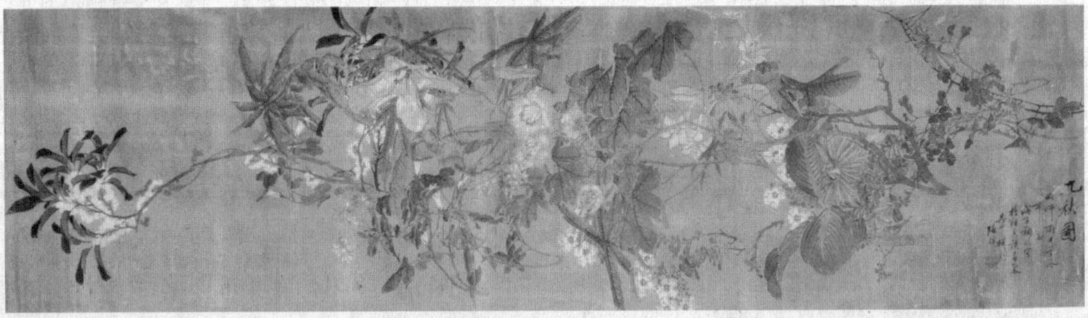

图 5-278 九秋图

图 5-279 临水殿观争标图

图 5-280　刘荸荄兰草图

作者生卒年不详。此图画湖中石、兰草。兰花盛开，花艳叶翠，勾描皴染，笔格遒劲，工整精细，潇洒秀逸，画面有一种超凡脱俗的灵动之感。自题七言诗："募地香来只自知，山齐半雨半晴时。却思摩诘黄磁斗，曾对春风发几枝。"（图 5-280）

清人物像 清代。纸本，纵 108 厘米，横 59 厘米。身穿灰色官袍，胸饰祥云、老虎纹饰，颈挂珠饰一串，垂于胸前，端坐在虎皮椅上。（图 5-281）

清武将像 清代。绢本，纵 73 厘米，横 36 厘米。身穿灰色大袍，肩披靠领黑色马蹄袖，一手扶膝，一手弯曲，端坐在椅上。（图 5-282）

册页诗画 清代，1990 年征集自张集乡（今滨城区杨柳雪镇）双井村张毓芬。纵 39.5 厘米，横 35.5 厘米，厚 2.5 厘米。册页略呈方形，共 20 单页，散乱叠放。单页以硬纸为骨，两面贴深、浅蓝色薄纸。书画作品贴于浅蓝色薄纸一面，略小于底纸。其中有大字 4 页，行书书法 8 页，绘画 8 页。8 幅画是对一明代官员事迹的描述，题名为：江浦庆云、就封无扰、露祷流泽、紫诰荣封、汉滨借寇、饷军大捷、丹陛承恩、节坚介后。8 页书法作品的作者分别为：金敕色、王之朝、赵京仕、李一鳌、

图 5-281 清人物像

图 5-282 清武将像

王懋学、王尧民、李景贤、王汉杰。（图 5-283）

明太祖像　清代。纵 220 厘米，横 31 厘米，字不完整。由明太祖像和皇明祖训序两部分组成。（图 5-284、图 5-285）

花卉四条屏　清张守叙作。纵 73 厘米，横 60 厘米。（图 5-286）

张守叙（1828～？年），字秋山，山东无棣人。道光诸生。喜绘事，遨游士卿间，一时名噪大江南北。花鸟、虫鱼宗陈道复、华嵒。尤擅画梅，能时出新意，足与金农等媲美。晚岁伏处里闾，来学者获其指授，多名于时。九十余无疾而终。

墨竹图　沈龙作。纵 675 厘米，横 33 厘米，保存完整。（图 5-287～图 5-289）

花卉图　张檠作。纵 66 厘米，横 40 厘米。（图 5-290）

张檠（1812～？年），原名柞枝，字小蓬，号圆腹（一作复）道人，直隶定兴（今

图 5-283　册页诗画

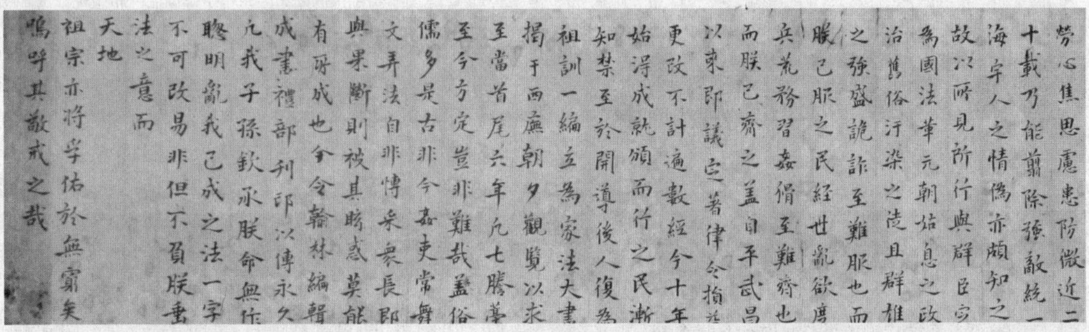

图 5-284　明太祖像（局部）

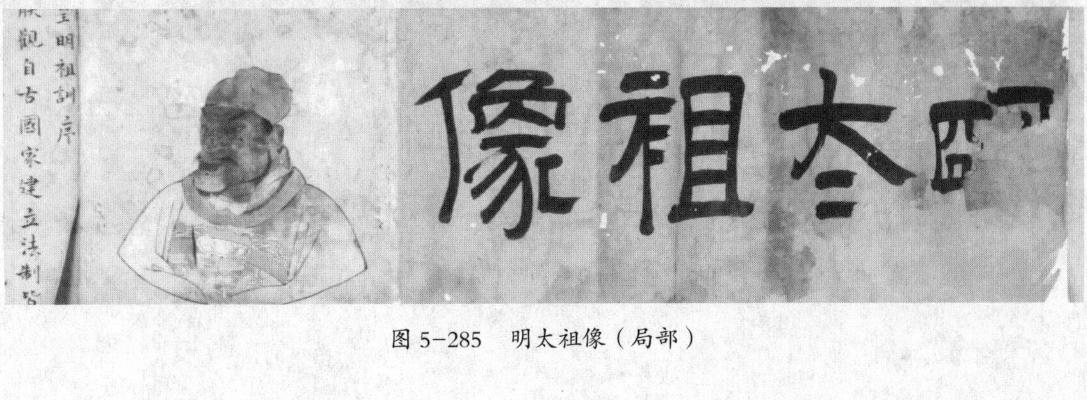

图 5-285　明太祖像（局部）

图 5-286　花卉四条屏

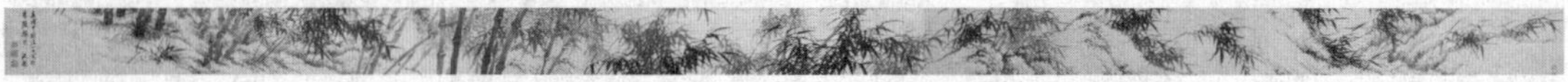

图 5-287　墨竹图

图 5-288　墨竹图（局部）（一）

图 5-289　墨竹图（局部）（二）

河北定兴）人。官山东武定同知。工篆、隶，放情诗酒，余事作花鸟，亦能山水。

齐白石花卉图　纸本，画本纵 80 厘米，横 38 厘米。画面内容为一盆牵牛花，红花绿叶，一对蜜蜂绕飞于花的左上方，择花寻蜜的形象栩栩如生。牵牛花亭亭玉立，生动活泼，着色浓淡相间。款为“寄萍堂上老人白石画于京华”。（图 5-291）

齐白石（1863 ～ 1957 年），现代画家、篆刻家，字渭清，号白石，湖南湘潭人。擅长画花鸟鱼虫，兼山水人物，曾任中国美术家协会主席。

图 5-290　花卉图

图 5-291　齐白石花卉图

三、手稿

张延登家书 纸质，长 400 厘米，宽 26 厘米，行书字体。书体结体自然，俊俏飘逸又不失书卷气，实为佳品。（图 5-292、图 5-293）

张延登，字济美，号华东，山东省滨州市邹平人，1592 年进士，授官内黄知县，后做太仆寺卿，1632 年入为南京都察院右都御史。有子张万钟，著有《鸽经》，孙女嫁清代刑部尚书王渔阳。

杜堮奏折 清代杜堮给嘉庆皇帝的奏折两件，原滨城（今滨城区滨北街道办事处）南街征得。一件纵 21 厘米，横 10 厘米；一件纵 20 厘米，横 10 厘米。（图 5-294）

杜受田书信 清代，纸本，横 24.2 厘米，纵 22.7 厘米，用滨城区小赵家遗址出土红陶瓮棺与利津县文化馆交换而来，保存完整。（图 5-295）

杜受田（1788 ~ 1852 年），字芝农，山东滨城人。咸丰皇帝之师。其父杜堮为清嘉庆时期翰林院编修，礼部左侍郎。其家世显赫，号称“一门七进士，父子五

图 5-292 张延登家书

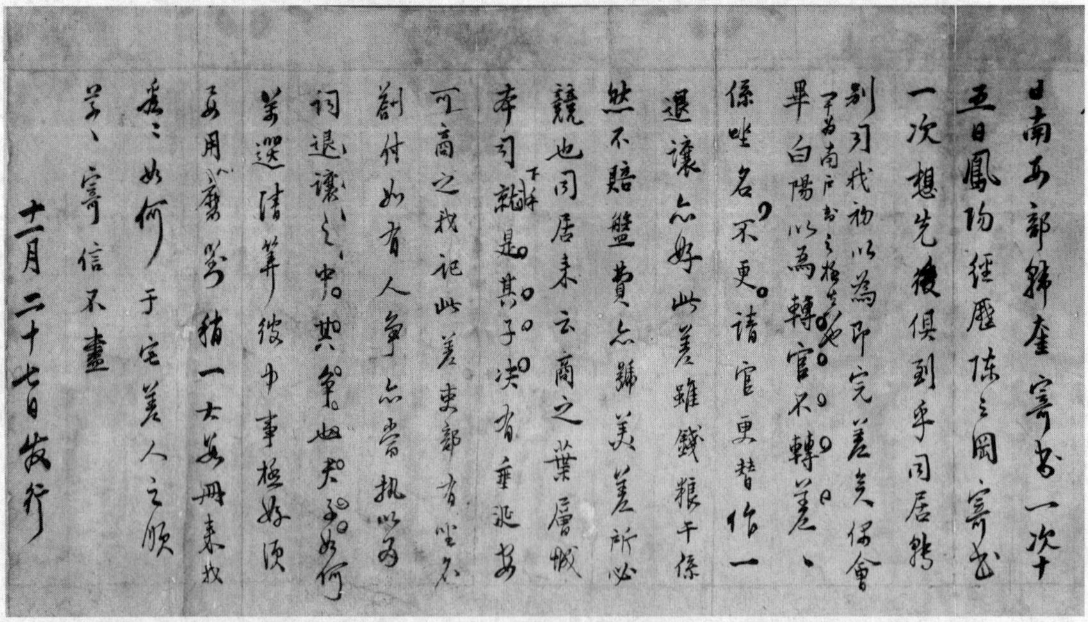

图 5-293 张延登家书（局部）

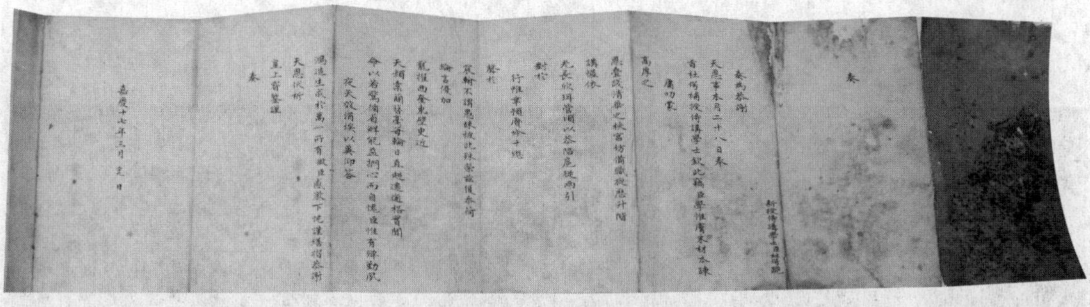

图 5-294　杜堮奏折

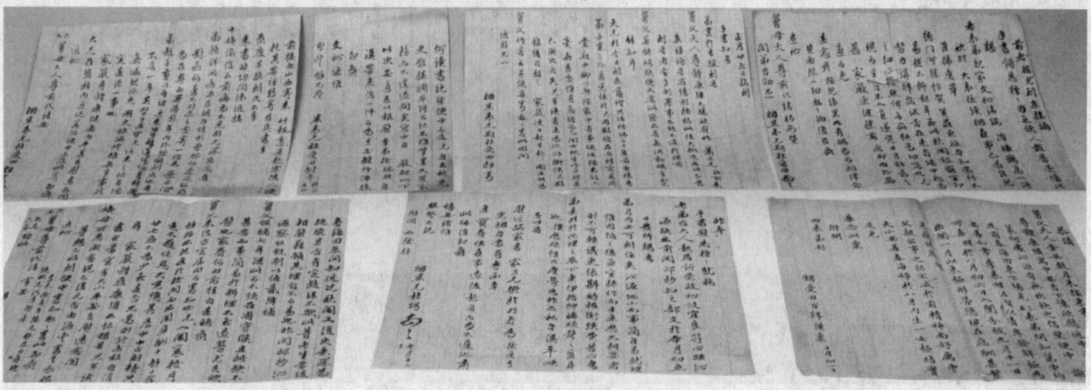

图 5-295　杜受田书信

翰林”。

吴式芬金文手稿　清代，吴式芬作，纸本。是吴式芬搜求的金石器物铭文摹片，摹片大小均呈竖行。字大小、长短错落有致，首尾均衡，格调一致。字迹凝重厚实、雄奇挺拔，为我国研究钟鼎彝器铭文提供了翔实资料。（图 5-296）

吴式芬，字子苾，号诵孙。山东海丰（今无棣）人，清代海丰吴氏“尚书第”十七世传人。他的成名不只是因为他拥有“两榜进士”、“一品”官阶的历史地位，更引人注目的是他还拥有“著述等身”的创作财富和多门类多学科的学术研究成果。

捃古录手稿　清代，吴式芬著，为后来刻印。全书 12 卷，是清代一部集大成的金石总书目，收录夏、商、周至元代金石文字 17011 种，砖瓦文 1105 种，是当代金石学术研究方面具有盛名的一部大型工具书。（图 5-297）

无棣吴氏世德录　清代直隶总督、北洋大臣吴重憙（吴式芬子）辑录。全书 5 卷，含诰敕、御碑、史传、旌表、谕旨、行状、家传、墓表、年谱等 16 个章目 139 个专题，约 12 万字。记事自康熙二十三年（1684 年）至光绪十三年（1887 年）。

蚁园自纪年谱　“海丰吴氏”13 世传人，清吏部尚书吴绍诗自纪实录。全书含 28 个条目，约 1.2 万字。其子吴垣、吴坛作跋，线装成册。

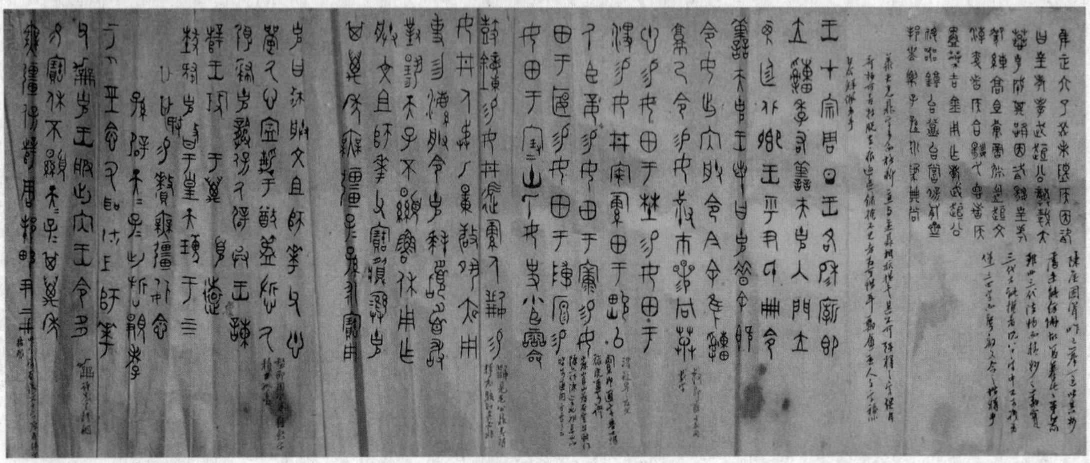

图 5-296 吴式芬金文手稿

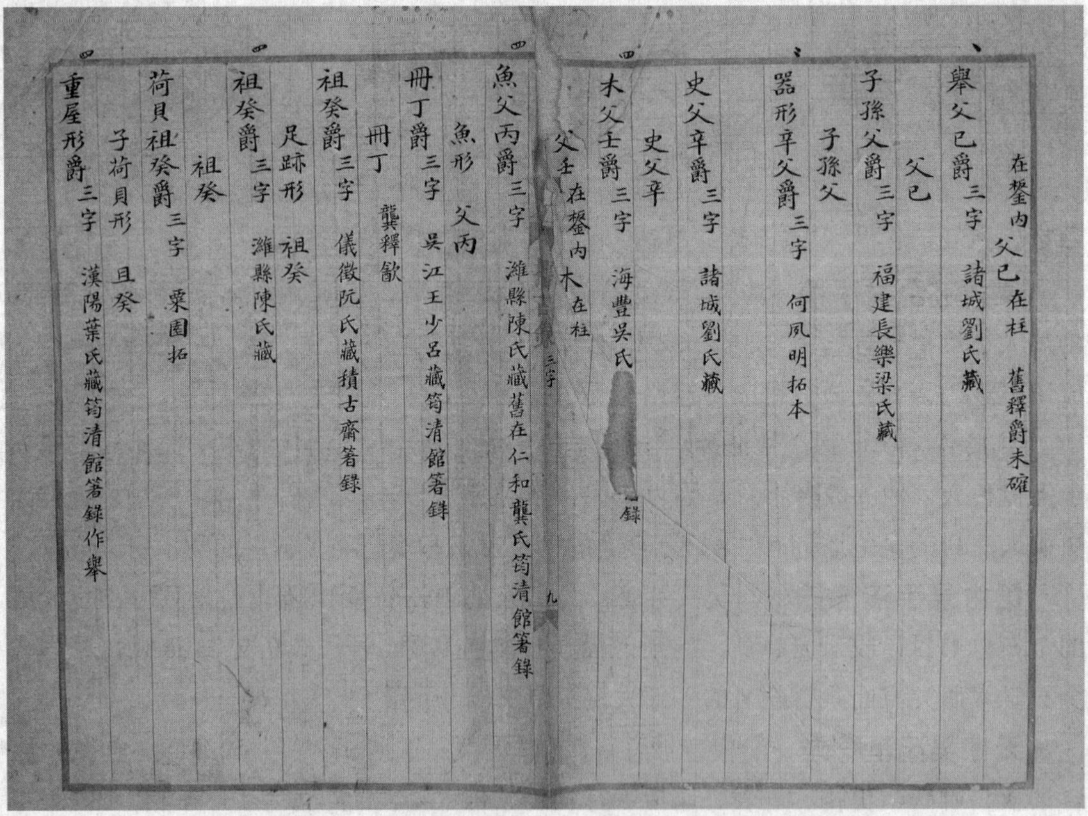

图 5-297 捃古录手稿

四、圣旨

明弘治十六年诰命　明代，横 180 厘米，纵 31 厘米。（图 5-298）

明隆庆二年工部郎中崔孔昕父母诰命　明代，横 190 厘米，纵 30 厘米，自张集乡（今滨城区尚集乡）后崔村崔孔昕后人家中征购。（图 5-299、图 5-300）

崔孔昕，字晋明，滨州（今滨城区）人，嘉靖癸丑进士，历任镇江、黄州推官，有治声，升徽州知府，惠民造士。徽人勒黄堂四美颂于石，后转两淮盐运使任，任四年，岁节羡金五六万两，清议重之。

明隆庆二年工部郎中崔孔昕元继配诰命　明代，横 195 厘米，纵 30 厘米，自张集乡（今滨城区尚集乡）后崔村崔孔昕家中征购。（图 5-301、图 5-302）

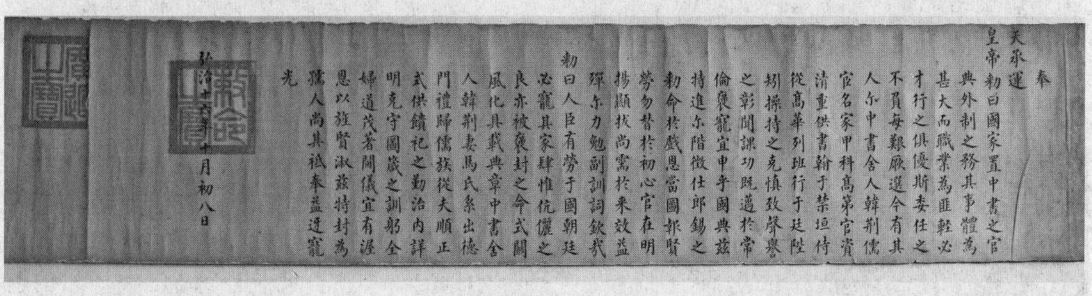
奉
天承運
皇帝勑曰國家置中書之官
典外制之務其事體為
甚大而職業為匪輕必
才行之俱優斯委任之
不負每艱厥選今有其
人尔中書舍人韓荆儒
官名家甲科高第官資
清重供書翰于禁垣侍
從高華列班行于廷陛
矧操持之克慎致聲譽
之彰聞課功既適於常
倫褒寵宜申乎國典兹
特進尔階徵仕郎錫之
勑命於戲恩當圖報賢
勞勿替於初心官在明
揚顯拔尚需於來效益
殫尓力勉副訓詞欽哉
勑曰人臣有勞于國朝廷
必寵其家肆惟伉儷之
良亦被褒封之命式闡
風化具載典章中書舍
人韓荆妻馬氏系出德
門禮歸儒族從夫順正
式供饋祀之勤治內詳
明克守閨箴之訓躬全
婦道茂著閫儀宜有渥
恩以旌賢淑兹特封為
孺人尚其祗奉益迓寵
光
月初八日

图 5-298　明弘治十六年诰命

图 5-299　明隆庆二年工部郎中崔孔昕父母诰命

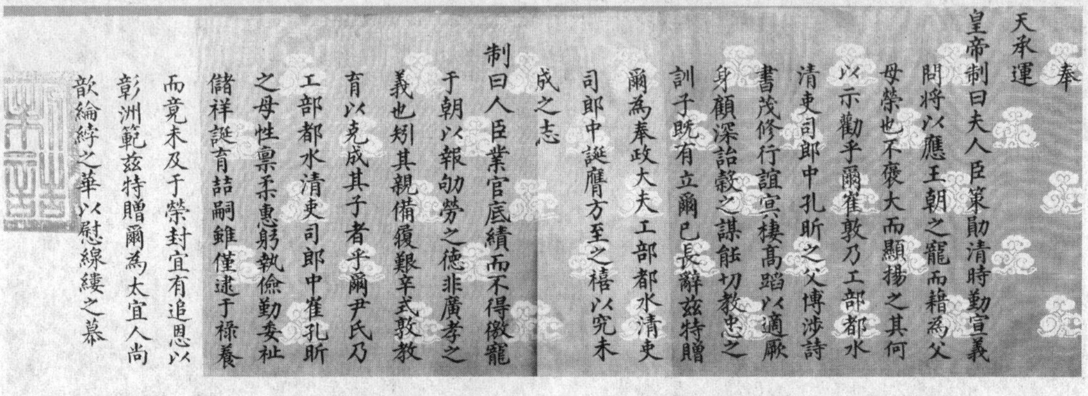
奉
天承運
皇帝制曰夫人臣策勛清時勤宣義
問將以應王朝之寵而籍為父
母榮也不褒大而顯揚之其何
以示勸乎爾崔敦乃工部都水
清吏司郎中孔昕之父博涉詩
書茂修行誼寘棲高蹈以適厥
身顧深詒穀之謀能切教忠之
訓子既有立爾已長辭兹特贈
爾為奉政大夫工部都水清吏
司郎中誕膺方至之禧以究未
成之志
制曰人臣業官底績而不得徼寵
于朝以報劬勞之德非廣孝之
義也矧其親備履艱辛式敦教
育以克成其子者乎爾尹氏乃
工部都水清吏司郎中崔孔昕
之母性稟柔惠躬執儉勤妥祉
儲祥誕育喆嗣雖僅逮于祿養
而竟未及于榮封宜有追恩以
彰洲範兹特贈爾為太宜人尚
歆綸綍之華以慰線縷之慕

图 5-300　明隆庆二年工部郎中崔孔昕父母诰命（局部）

图 5-301　明隆庆二年工部郎中崔孔昕元继配诰命

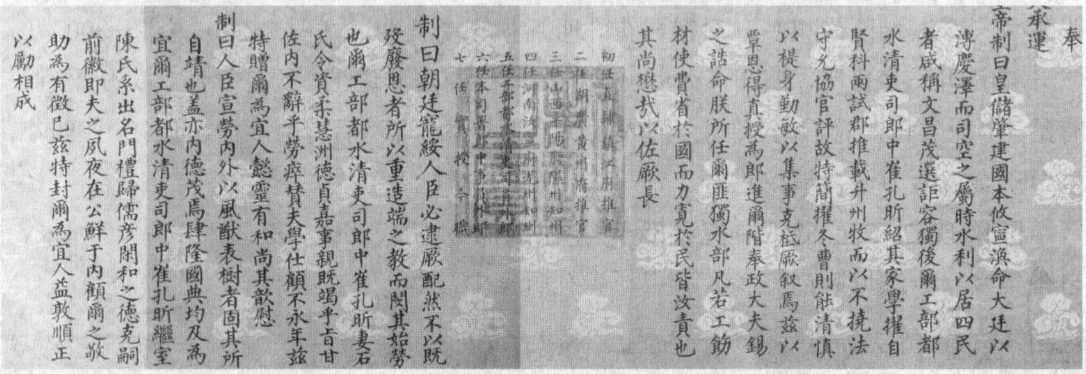

图 5-302　明隆庆二年工部郎中崔孔昕元继配诰命（局部）

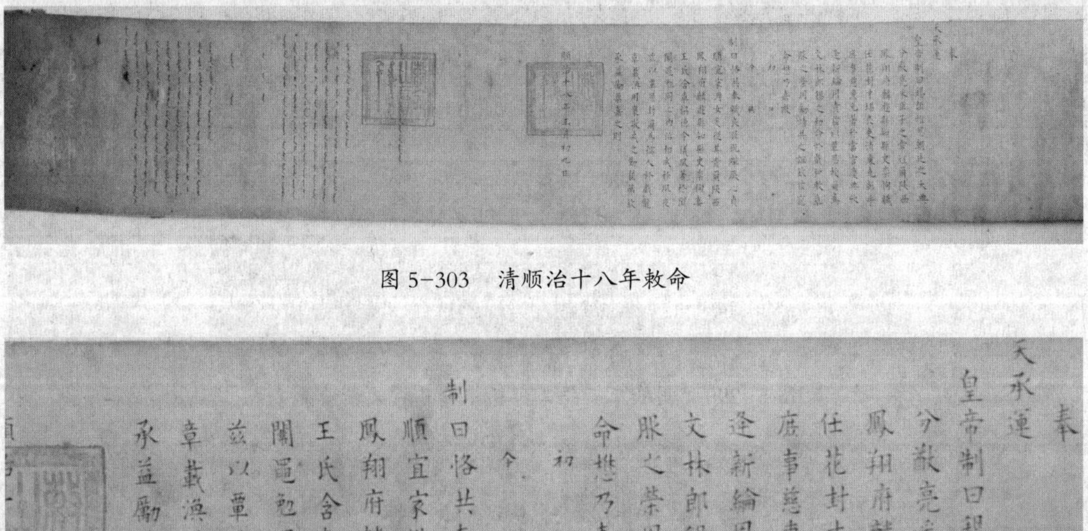

图 5-303　清顺治十八年敕命

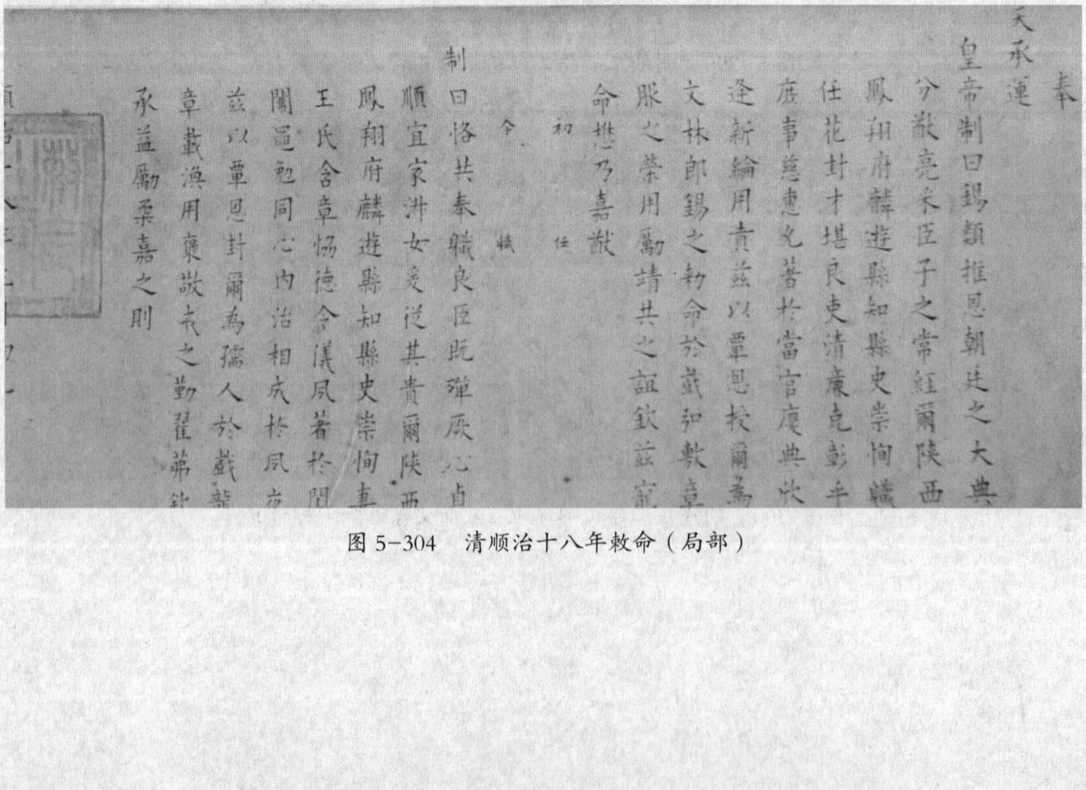

图 5-304　清顺治十八年敕命（局部）

清顺治十八年敕命　清代，横 180 厘米，纵 31 厘米。（图 5-303、图 5-304）

清乾隆二十八年候选县丞张元捷父母诰命　清代，横 175 厘米，纵 30 厘米。（图 5-305、图 5-306）

清乾隆三十二年赐吴荣年敕命　清代，横 185 厘米，纵 30 厘米。（图 5-307、图 5-308）

清乾隆三十六年赐李本梁任文林郎敕命　清代，横 180 厘米，纵 31 厘米。（图 5-309、图 5-310）

清咸丰五年赐耿曰椿胞伯父母诰命　清代，横 282 厘米，纵 33 厘米。（图 5-311、图 5-312）

清同治十二年敕命　清代，横 161 厘米，纵 33 厘米，残。1990 年 9 月 15 日，无棣县城关杨坊村张振东捐赠。（图 5-313、图 5-314）

清光绪二十年诰命　清代，横 176 厘米，纵 31 厘米。（图 5-315、图 5-316）

清光绪三十四年赐李汝森父母诰命　清代，横 220 厘米，纵 31 厘米。（图 5-317、

图 5-305　清乾隆二十八年候选县丞张元捷父母诰命

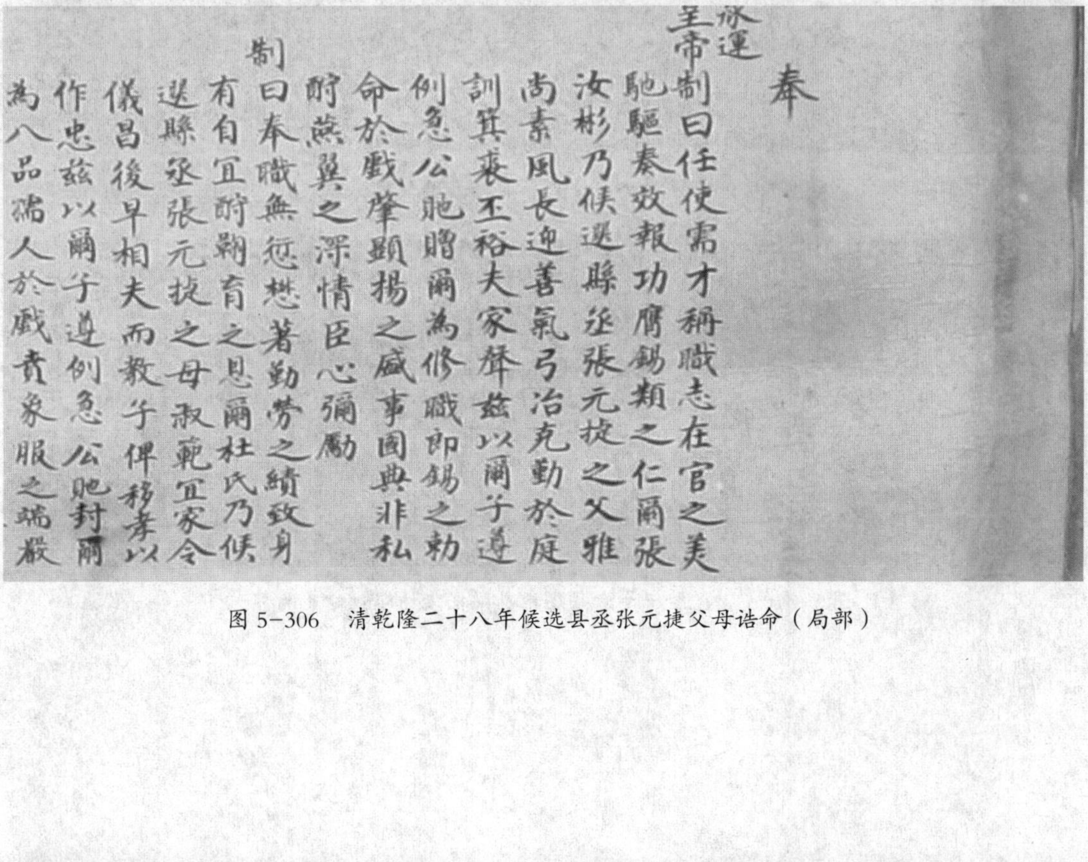

奉
天承運
皇帝制曰任使需才稱職志在官之美
馳驅奏效報功膺錫類之仁爾張
汝彬乃候選縣丞張元捷之父雅
尚素風長迎善氣弓冶克勤於庭
訓箕裘丕裕夫家聲茲以爾子遵
例急公貽贈爾為修職郎錫之勅
命於戲肇顯揚之盛事國典非私
酧燕翼之深情臣心彌勵
制
曰奉職無愆懋著勤勞之績致身
有自宜酧鞠育之恩爾杜氏乃候
選縣丞張元捷之母淑範宜家令
儀昌後早相夫而教子俾移孝以
作忠茲以爾子遵例急公貽封爾
為八品孺人於戲貴象服之端嚴

图 5-306　清乾隆二十八年候选县丞张元捷父母诰命（局部）

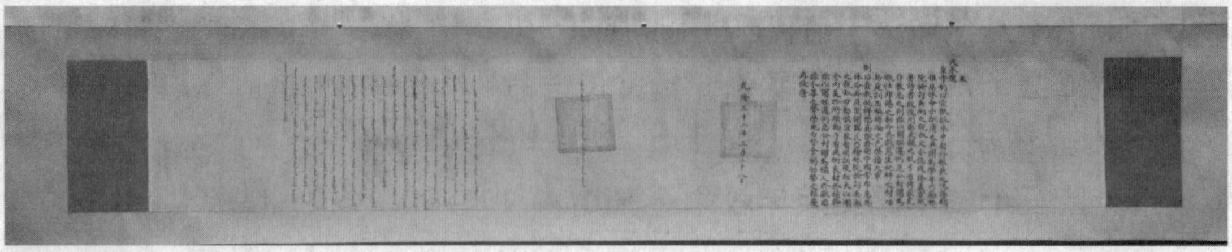

图 5-307　清乾隆三十二年赐吴荣年敕命

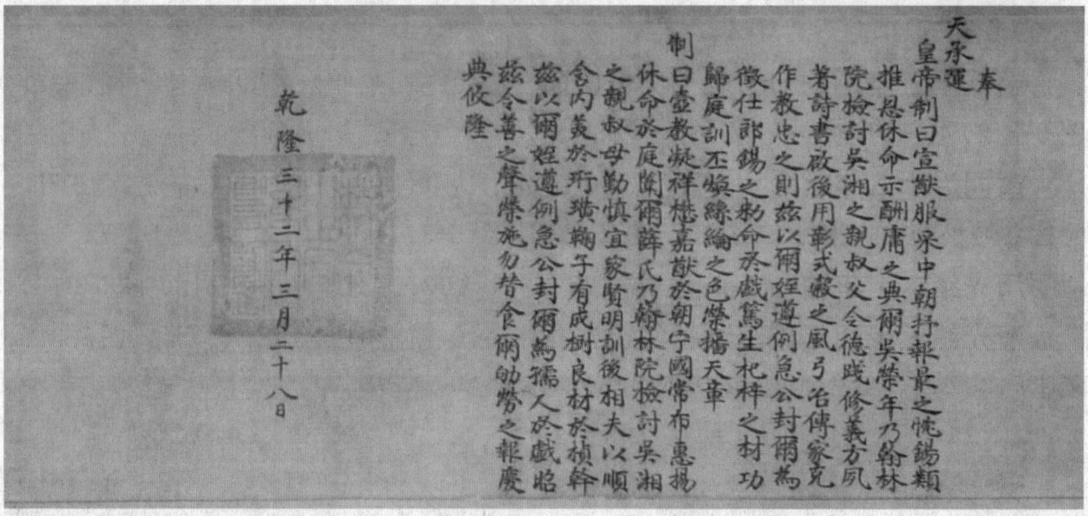

图 5-308　清乾隆三十二年赐吴荣年敕命（局部）

图 5-309　清乾隆三十六年赐李本梁任文林郎敕命

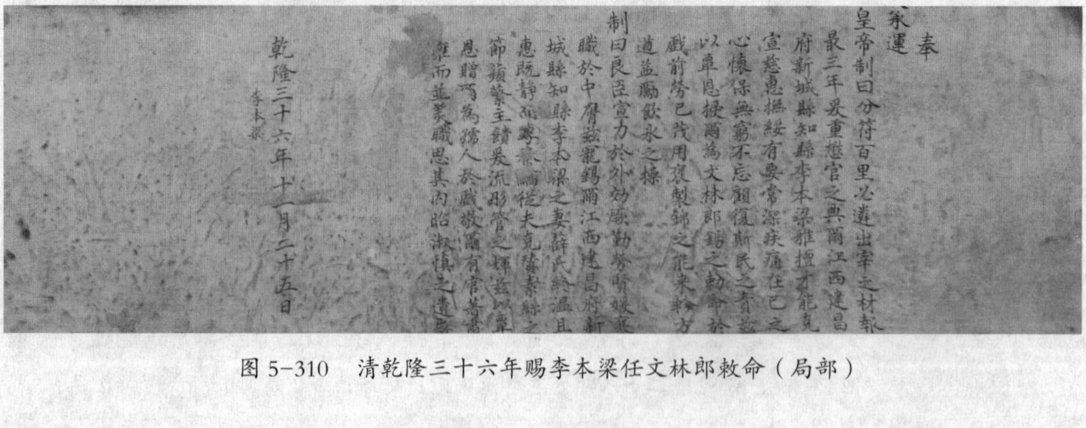

图 5-310　清乾隆三十六年赐李本梁任文林郎敕命（局部）

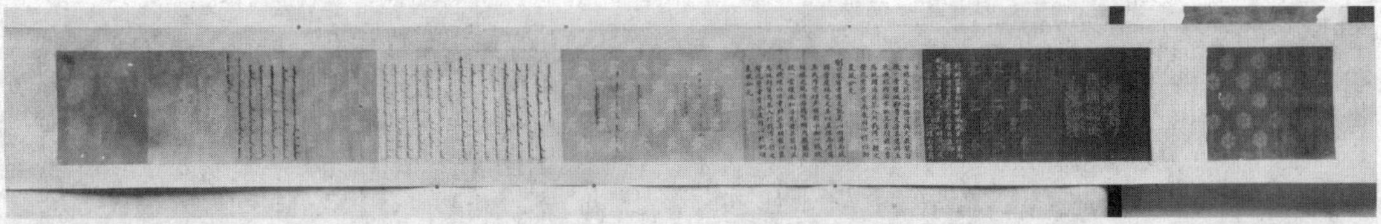

图 5-311　清咸丰五年赐耿曰椿胞伯父母诰命

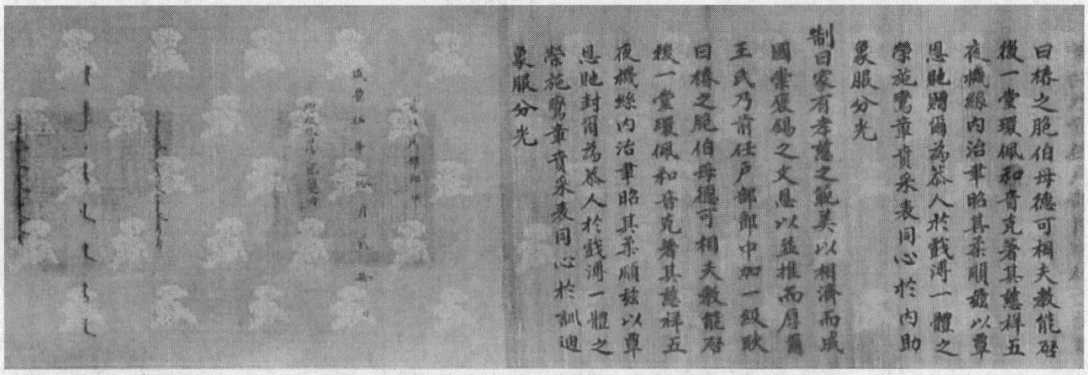

图 5-312　清咸丰五年赐耿曰椿胞伯父母诰命（局部）

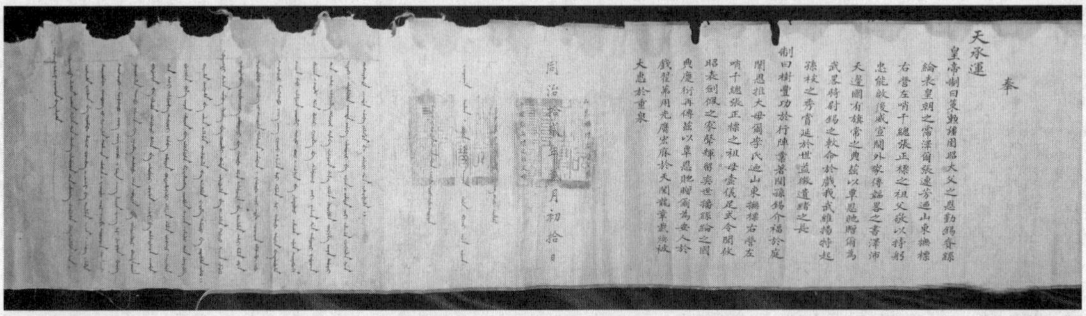

图 5-313　清同治十二年敕命

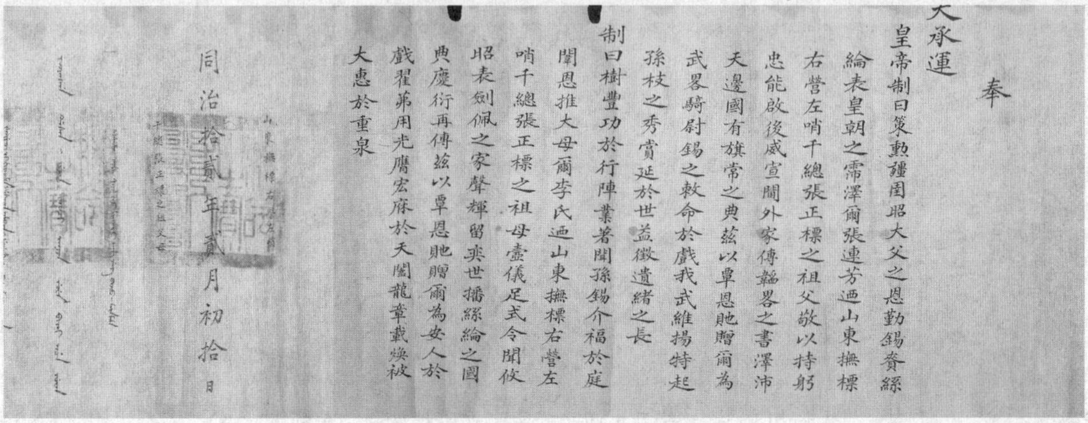

图 5-314　清同治十二年敕命（局部）

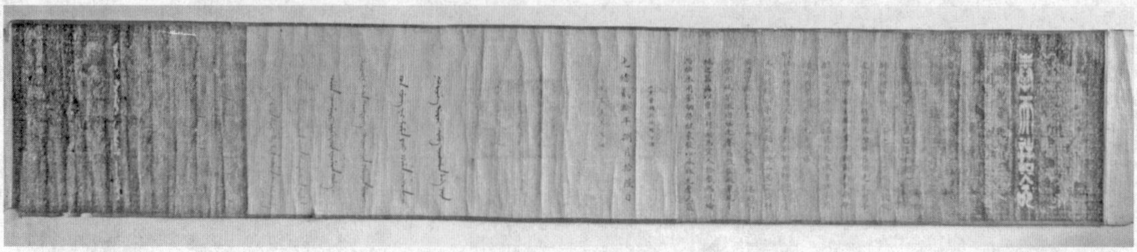

图 5-315　清光绪二十年诰命

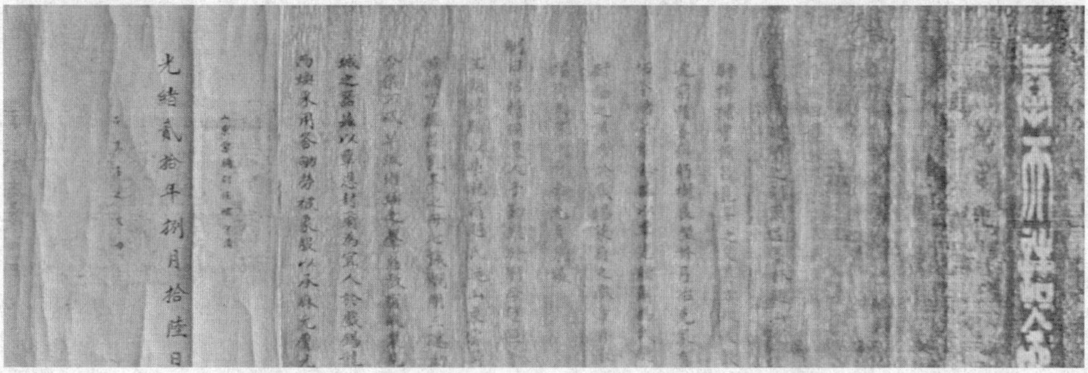

图 5-316　清光绪二十年诰命（局部）

图 5-317　清光绪三十四年赐李汝森父母诰命

图 5-318　清光绪三十四年赐李汝森父母诰命（局部）

第十四节　杂　项

犀角杯　明代，原渤海区党委文管会藏品。高 4.5 厘米，口径 8.5 厘米，保存完好。外侧透雕梅花。（图 5-319）

景泰蓝大瓶　清代，征集。一对，高 31.9 厘米，口径 9.5 厘米，底径 10 厘米，保存完好。颈肩部饰缠枝菊花纹，腹部饰双龙戏珠纹，腹底部饰海水纹。（图 5-320）

蟒袍　清代，原滨县城（今滨城区滨北街道办事处）南街捐赠。保存完好。长 140 厘米，宽 137 厘米。通体深蓝色，呈方形，约三层。下摆是海水纹，上部绣有金龙多条。（图 5-321）

图 5-319　犀角杯

图 5-320　景泰蓝大瓶

图 5-321　蟒袍

第六章　各级不可移动文物一览表

第一节　滨城区在级不可移动文物一览表

类别	序号	名　称	公布日期或批次	年　代	位　置	面积（m²）	级别
古遗址	1	兰家遗址	1977.12.23 第一批	龙山文化、商周	滨城区三河湖镇兰家村东 200 米	12 万	省级
	2	卧佛台遗址	2009.1.21 第二批	大汶口文化、龙山文化、商周	滨城区滨北街道办事处十字街西北 500 米	45 万	市级
	3	侯家遗址	2004.1.8 第一批	商周、汉	滨城区三河湖镇侯家村西北 3 公里	6 万	市级
	4	高家遗址	1983 年第一批	商周	滨城区三河湖镇高北营村西南 500 米	80 万	县级
	5	小赵家遗址	1983 年第一批	东周	滨城区秦皇台乡北小赵村东南 1000 米	56 万	县级
	7	茅焦台遗址	1983 年第一批	待定	滨城区滨北街道办事处北街	3000	县级
	6	秦皇台遗址	2009.4.2 第二批	东周至汉	滨城区秦皇台乡西石村西南 700 米	4 万	县级
	8	宴贺台遗址	2009.4.2 第二批	明	高新区小营街道办事处台西刘村东	2500	县级
古建筑	1	杜受田故居	2004.1.8 第一批	明、清	滨城区滨北街道办事处南街	5052	市级
	2	滨州城墙遗址	2012.7.17 第二批	元、明、清	滨城区滨北街道办事处	8 万	市级
	3	黄县当铺	2009.4.2 第二批	清至民国	滨城区滨北街道办事处西街	700	县级

（续表）

近现代重要史迹及代表性建筑	1	秦董姜天主堂	2012.7.17 第二批	1940年	滨城区滨北街道办事处秦董姜村西	2500	市级

第二节 惠民县在级不可移动文物一览表

类别	序号	名　称	公布日期或批次	年　代	位　置	面积（㎡）	级别
古遗址	1	大商遗址	1977.12.23 第一批	龙山文化至商周	惠民县何坊乡大商村西南	1万	省级
	2	大郭遗址	1977.12.23 第一批	岳石文化至商周	惠民县麻店镇大郭村东南角	3万	省级
	3	路家遗址	1992.6.12 第二批	龙山文化	惠民县胡集镇路家村东200米	5万	省级
	4	郝家遗址	1992.6.12 第二批	商周	惠民县孙武街道办事处郝家村南	12万	省级
	5	惠民古城墙遗址	2004.1.8 第一批	宋至清	惠民县城北	2.8万	市级
	6	大商二遗址	2009.1.21 第二批	商周	惠民县何坊乡大商村东南150米	4万	市级
	7	肖家遗址	2009.1.21 第二批	周至汉	惠民县孙武街道办事处肖家村西南250米	16万	市级
	8	于大夫遗址	1983.5.19 第一批	商周	惠民县城东南25华里皂户李镇于大夫村南	1万	县级

（续表）

古遗址	9	张坊遗址	1983.5.19 第一批	岳石文化、商周、汉	惠民县胡集镇张坊村西300米	14400	县级
	10	大李遗址	1983.5.19 第一批	商周、汉	惠民县何坊乡大李村南	14400	县级
	11	刘黄遗址	1983.5.19 第一批	商、战国、汉	惠民县何坊乡刘黄村后	3600	县级
	12	陷棣州古城遗址	1983.5.19 第一批	晋、唐	惠民县辛店镇先棣州（原名陷棣州）村东南角	6.4万	县级
	13	小新城遗址	1983.5.19 第一批	五代	惠民县清河镇古城李村东500米	60万	县级
	14	驻跸台遗址	1983.5.19 第一批	明	惠民县孙武街道办台子崔村西南150米	1250	县级
	15	朱家遗址	1992.7.1 第二批	商周	惠民县何坊乡朱家村东250米	3万	县级
	16	石庙赵遗址	1992.7.1 第二批	商周	惠民县石庙镇南500米石庙赵村	2万	县级
	17	孙家沟遗址	1992.7.1 第二批	商周	惠民县麻店镇孙家沟村北100米	1.6万	县级
	18	文昌阁遗址	1992.7.1 第二批	商周、明	惠民县里淄角镇南	1.6万	县级
	19	南小吴家遗址	1992.7.1 第二批	周	惠民县何坊乡小吴村南	7200	县级
	20	水波杨遗址	1992.7.1 第二批	周	惠民县孙武街道办事处水波杨村东30米	10万	县级
	21	高家遗址	1992.7.1 第二批	周	惠民县孙武街道办事处高家村北500米	3万	县级
	22	大朱家遗址	1992.7.1 第二批	汉	惠民县孙武街道办事处大朱家村南200米	2万	县级
	23	张上梁遗址	1992.7.1 第二批	汉	惠民县石庙镇张上梁村北800米	1.65万	县级
	24	张龙泉遗址	1992.7.1 第二批	汉、宋	惠民县大年陈乡张龙泉村西北250米	7200	县级
	25	杀猪徐遗址	1992.7.1 第二批	宋	惠民县何坊乡杀猪徐村西南50米	5万	县级

（续表）

古遗址	26	堤口杨遗址	1992.7.1 第二批	宋	惠民县桑落墅镇堤口杨村南350米	3万	县级
	27	翟家遗址	1992.7.1 第二批	宋元	惠民县孙武街道办事处翟家村西北10米	50万	县级
	28	老观赵遗址	1992.7.1 第二批	宋元	惠民县石庙镇老观赵村东500米	6万	县级
	29	打箔路遗址	1992.7.1 第二批	宋元	惠民县皂户李镇打箔路村西南500米	5万	县级
	30	第三堡遗址	1992.7.1 第二批	宋元	惠民县辛店镇三堡村西南300米	24万	县级
	31	陈谢遗址	1992.7.1 第二批	元	惠民县何坊乡后谢村东北40米	7.5万	县级
	32	常家遗址	1992.7.1 第二批	元	惠民县石庙镇常家村南10米	17.5万	县级
	33	陈家湾遗址	2010.12.21 第三批	周	惠民县淄角镇陈湾村南	7000	县级
	34	王家店子遗址	2010.12.21 第三批	周至汉	惠民县麻店镇王家店子村北	64750	县级
	35	台子陈遗址	2010.12.21 第三批	待定	惠民县孙武街道办台子陈村北	5700	县级
	36	刘阮寺遗址	2010.12.21 第三批	待定	惠民县胡集镇刘院寺村	2500	县级
古墓葬	1	牛保冢	2012.7.17 第三批	宋	惠民县石庙镇小霹雳庄南500米	4100	市级
	2	娘娘坟古墓	1983.5.19 第一批	唐	惠民县何坊镇前娘娘坟村西北100米	100	县级
	3	袁化忠墓	1983.5.19 第一批	明	惠民县清河镇袁家村东南250米	25	县级
古建筑	1	魏氏庄园	1996.11.20 第四批	清	惠民县魏集镇魏集街南首	11301	国家级
	2	泰山行宫	2004.1.8 第一批	明	惠民县孙武街道办事处省屯村	1500	市级
	3	丁氏故居	2010.12.21 第三批	清	惠民县魏集镇丁河圈村	1853	县级
	4	�家神庙	2010.12.21 第三批	清	惠民县辛店镇�家村	52.84	县级

（续表）

古建筑	5	大巩家家庙	2010.12.21 第三批	清	惠民县李庄镇大巩家村	199.29	县级
近现代重要史迹及代表性建筑	1	英国教会医院	2009.1.21 第二批	1919年	惠民县孙武街道办事处南关	47736	市级
	2	姜楼天主堂	1983.5.19 第一批	1878年	惠民县姜楼镇姜楼村	593.4	县级
	3	沙窝翟烈士墓	1983.5.19 第一批	1939年	惠民县淄角镇沙窝翟村正西	1970	县级
	4	夹河战斗遗址	1983.5.19 第一批	1941年	惠民县辛店镇夹河村	25万	县级
	5	归化烈士墓	1983.5.19 第一批	1944年	惠民县石庙镇归化村	374	县级
	6	李茂战斗遗址	1983.5.19 第一批	1945年	惠民县石庙镇李茂村	25万	县级
	7	淄角烈士陵园	1983.5.19 第一批	1946年	惠民县淄角镇陈家湾村南	6700	县级
	8	惠民烈士陵园	1983.5.19 第一批	1956年	惠民县城南关外	15000	县级
	9	孙子书院	1992.7.1 第二批	1991年	惠民县城中心	4000	县级
	10	王家店子教堂	2010.12.21 第三批	民国	惠民县麻店镇王家店子村	2073.85	县级

第三节　阳信县在级不可移动文物一览表

类别	序号	名　称	公布日期或批次	年　代	位　置	面积（m²）	备注
古遗址	1	小韩遗址	1992.6.12 第二批	大汶口文化至商周	阳信县商店镇小韩村北2000米	2.36万	省级
	2	棒槌刘遗址	1992.6.12 第二批	龙山文化至商周、战国	阳信县水落坡镇棒槌刘村西北100米	21250	省级
	3	秦台遗址	1992.6.12 第二批	商周	阳信县水落坡镇秦家村西北500米	9.25万	省级

（续表）

古遗址	4	豆腐店遗址	2004.1.8 第一批	商周	阳信县河流镇豆腐店村东	3.12万	市级
	5	台子杨遗址	2004.1.8 第一批	商周	阳信县水落坡镇台子杨村东北1000米	4.68万	市级
	6	大宋遗址	2012.7.17 第三批	商周	阳信县水落坡镇大宋村西北150米	2.4万	市级
	11	刘同智遗址	1983.10.29 第一批	商周	阳信县河流镇刘同智村西400米	2万	县级
	7	雾宿洼遗址	1983.10.29 第一批	商周、春秋	阳信县劳店镇南朱村南	8.4万	县级
	15	富平遗址	1983.10.29 第一批	西汉	阳信县水落坡镇李截半村南500米	12.5万	县级
	9	三崔遗址	1992.4.21 第二批	岳石文化、商周	阳信县水落坡镇三崔村南30米	3万	县级
	10	东魏遗址	1992.4.21 第二批	商周	阳信县水落坡镇东魏村北800米	3万	县级
	16	后刘店遗址	1992.4.21 第二批	商周	阳信县洋湖乡后刘店村西北100米	4.9万	县级
	12	邱家遗址	1992.4.21 第二批	商周	阳信县商店镇邱家村南1000米	1.5万	县级
	8	孙寨遗址	1992.4.21 第二批	商周、春秋	阳信镇商店镇孙寨村南1000米	6万	县级
	14	中闫张遗址	1992.4.21 第二批	商周	阳信县温店镇中闫张村西南500米	8400	县级
	13	程坞遗址	1992.4.21 第二批	汉代	阳信县信城街道办事处程坞村西10米	15万	县级
	17	幽家遗址	2011.11.2 第三批	战国	阳信县流坡坞镇幽家村东40米	8000	县级
	18	范家阁遗址	2011.11.2 第三批	汉代	阳信县温店镇范家阁村东北500米	1.2万	县级
	19	方城洼遗址	2011.11.2 第三批	汉代	阳信县温店镇丁庙村西2000米	3.75万	县级
	20	台子刘遗址	2011.11.2 第三批	汉代	阳信县水落坡镇台子刘村东200米	7.5万	县级
	21	备马岭遗址	2011.11.2 第三批	宋元	阳信县翟王镇东马村东北1000米	1.04万	县级

（续表）

古遗址	22	凤台吕遗址	2011.11.2 第三批	清代	阳信县流坡坞镇凤台吕村西 100 米	1.02 万	县级
	23	德安寺遗址	2011.11.2 第三批	待定	阳信县流坡坞镇前营村西 500 米	1 万	县级
古墓葬	1	牛王堂古墓	1977.12.23 第一批	唐代	阳信县信城街道办事处牛王堂村西南 1000 米	1280	省级
	2	赵楼古墓	1983.10.29 第一批	东周	阳信县洋湖乡赵楼村北 1000 米	4800	县级
	3	廉颇冢	1983.10.29 第一批	战国	阳信县温店镇中闫张村西 50 米	3000	县级
	4	八里泊古墓	1983.10.29 第一批	汉代	阳信县洋湖乡八里泊村西北 2000 米	300	县级
	5	董琦墓	1983.10.29 第一批	明代	阳信县商店镇大董村东 30 米	40	县级
	6	烈女坟	1983.10.29 第一批	明代	阳信县水落坡镇银刘村北 80 米	100	县级
	7	西北村战国墓	1992.4.21 第二批	战国	阳信县信城街道办事处西北村北	45	县级
	8	窦王古墓	1992.4.21 第二批	汉代	阳信县洋湖乡窦王村东北 30 米	3000	县级
	9	流坡坞古墓群	1992.4.21 第二批	汉代	阳信县流坡坞镇流坡坞村北 50 米处	3200	县级
	10	相如冢	2011.11.2 第三批	战国	阳信县劳店镇刘洪路村东北 1000 米	96	县级
	11	刀刘古墓	2011.11.2 第三批	汉代	阳信县洋湖乡刀刘村东南 1000 米	600	县级
	12	范家阁古墓	2011.11.2 第三批	汉代	阳信县温店镇范家阁村东北 400 米	3380	县级
	13	栗家冢	2011.11.2 第三批	宋元	阳信县河流镇栗家村西南 50 米	240	县级
	14	广成子墓	2011.11.2 第三批	待定	阳信县温店镇范家阁村北 300 米	360	县级
古建筑	1	玉皇庙	2009.1.21 第二批	明代	阳信县劳店镇玉皇庙村西北	5688	市级
	2	凌霄阁	2012.7.17 第三批	明清	阳信县洋湖乡庙五庄村中心处	2000	市级

（续表）

古建筑	3	刘庙清真寺	1992.4.21 第二批	明代	阳信县河流镇刘庙村中部	3600	县级
	4	长安石桥	2011.11.2 第三批	待定	阳信县流坡坞镇西街村		县级
近现代重要史迹及代表性建筑	1	小刘天主堂	2011.11.2 第三批	1916年	阳信县金阳街道办事处 小刘村	1.6万	县级

第四节　无棣县在级不可移动文物一览表

类别	序号	名　称	公布日期或批次	年　代	位　置	面积（㎡）	级别
古遗址	1	信阳故城址	1992.6.12 第二批	战国至汉	无棣县信阳乡谢家村西南500米	200万	省级
	2	无影山遗址	2009.1.21 第二批	东周、汉、隋唐、宋、元	无棣县埕口镇邢山子村东南2公里	202.5万	市级
	3	城角遗址	2012.7.17 第三批	汉、宋	无棣县信阳乡城角村西南200米	50万	市级
	4	帝赐街遗址	2012.7.17 第三批	宋	北海经济开发区马山子镇帝赐街村北100米	24万	市级
	5	钟楼遗址	1986.4.1 第一批	元	无棣县海丰街道办事处东南关村荷花湾北岸	30	县级
	6	马谷山	1992.9.10 第二批	12万年前	无棣县碣石山镇政府驻地	39万	县级

（续表）

古遗址	7	广武城（车辋城）遗址	1992.9.10 第二批	秦、汉	无棣县埕口镇埕口村北偏东25公里、高坨河西岸	20万	县级
	8	城坨台遗址	1992.9.10 第二批	汉	无棣县埕口盐厂四道北30公里	5000	县级
	9	烽火台遗址	1992.9.10 第二批	汉	无棣县埕口镇北25公里	4900	县级
	10	秦台遗址	1992.9.10 第二批	汉	无棣县西小王乡后王坟村东北5公里	8万	县级
	11	韩家窑遗址	2002.11.12 第三批	汉、隋	无棣县棣丰街道办事处韩家村北1500米，205国道北	500万	县级
	12	白鹤观遗址及古槐	2002.11.12 第三批	唐	无棣县车王镇白鹤观村西首50米	1400	县级
	13	碣石山古井	2002.11.12 第三批	明	无棣县碣石山镇碣石山东南山脚处	4.5	县级
	14	崔家寨遗址及古柏树林	2011.7.8 第四批	汉、明	无棣县水湾镇崔家桥村北	8000	县级
古墓葬	1	郭莱仪古墓	1977.12.23 第一批	汉	无棣县信阳乡郭莱仪村西南500米处	1575	省级
	2	王清墓室	1992.9.10 第二批	清	无棣县海丰街道办事处西南关村西350米处	270	县级
	3	馆里村古墓	2011.7.8 第四批	汉	无棣县碣石山镇馆里村北偏西200米	48	县级
	4	谷中虚墓	2011.7.8 第四批	明	无棣县海丰街道办事处大马村东南1000米	50	县级
古建筑	1	大觉寺	2006.12.7 第三批	唐	无棣县城	3.25万	省级
	2	吴式芬故居	2006.12.7 第三批	明、清	无棣县海丰路27号	7000	省级
	3	县衙大堂	2004.1.8 第一批	清	无棣县海丰街道办事处东西大街中部北侧	270	市级
	4	张为仁故居	2009.1.21 第二批	清	无棣县海丰路南端东侧	4300	市级

（续表）

古建筑	5	王清故居	2012.7.17第三批	清	无棣县海丰街道办事处南关村北端	320	市级
	6	冯安邦故居	1992.9.10第二批	清末民初	无棣县海丰路27号	6000	县级
	7	张衍重故居	2002.11.12第三批	清	无棣县海丰路北端西侧	520	县级
古窟寺及石刻	1	高氏先茔碑	1992.9.10第二批	元	无棣县海丰街道办事处付高张村北100米	2	县级
	2	张为仁墓碑	2002.11.12第三批	清	无棣县小泊头镇张义井村东南约300米	3	县级
近现代重要史迹及代表性建筑	1	中共无棣县第一届委员会礼堂	2002.11.12第三批	1955年	无棣县海丰街道办事处东南关党校院内	589	县级
	2	中共无棣县第一届委员会常委会议室	2002.11.12第三批	1955年	无棣县海丰街道办事处东南关大觉寺院内	102.69	县级
	3	毛泽东主席迎壁画像	2002.11.12第三批	1968年	无棣县西小王乡后王坟东北500米	10	县级
	4	张铸墓	2011.7.8第四批	1999年	无棣县车王镇段家村南300米	1000	县级
	5	文萃阁	2011.7.8第四批	1997年	无棣县商业街西首	4500	县级
其他	1	古枣树	1992.9.10第二批	唐	无棣县信阳乡李楼村	50	县级
	2	元代古槐	2002.11.12第三批	元	无棣县海丰街道办事处东关村大街北侧	150	县级
	3	婆枣林	2002.11.12第三批	明	无棣县西小王乡吴岔河村南100米	8000	县级
	4	古冬枣树	2002.11.12第三批	清	无棣县小泊头镇文家村后街西首	25	县级

第五节　沾化县在级不可移动文物一览表

类别	序号	名　称	公布日期或批次	年代	位　置	面积（㎡）	级别
古遗址	1	杨家盐业遗址群（原杨家古窑址）	2013.3 第七批	东周	沾化县富国镇东杨村西北约2.5公里处	15.6万	国家级
	2	西埽遗址	1992.6.12 第二批	战国	沾化县冯家镇西埽村西北500米处	10万	省级
	3	郑家古窑址	2004.1.8 第一批	东周	沾化县泊头镇郑家村西北1000米	8000	市级
	4	陈家古窑址	2004.1.8 第一批	东周	沾化县泊头镇陈家村东北1000米	6000	市级
	5	西范遗址	2009.1.21 第二批	商代	沾化县古城镇西范村南约500米	1万	市级
	6	酒店台遗址	2004.6 第一批	宋元	沾化县冯家镇久山村西南约3公里	6000	县级
	7	敖山遗址	2008.9.1 第二批	宋元	沾化县冯家镇西山后村西北约2公里	2.4万	县级
	8	古城墙遗址	2008.9.1 第二批	金	沾化县古城镇东关村	100	县级
古遗址	9	文庙遗址	2008.9.1 第二批	明	沾化县古城镇南关村	3000	县级
	10	文峰台遗址	2008.9.1 第二批	明	沾化县古城镇南关村东南约300米	5万	县级
古建筑	1	文峰小学大礼堂	2012.7.17 第三批	1906年	沾化县古城镇东关村西首	200	市级
	2	白衣庵古井	2008.9.1 第二批	明清	沾化县古城镇东街北首	150	县级
其他	1	古槐（3株）	2008.9.1 第二批	唐	沾化县古城镇东关、北关	300	县级
	2	沾化冬枣嫡祖树	2008.9.1 第二批	清	沾化县下洼镇于一村西南1500米处	50	县级

第六节　博兴县在级不可移动文物一览表

类别	序号	名　称	公布日期或批次	年　代	位　置	面积（m²）	级别
古遗址	1	龙华寺遗址	2006.5.25 第六批	北魏、东魏、北齐、隋	博兴县城东街道办事处张官、崇德、赵楼等村之间	120万	国家级
	2	寨卞遗址	1992.6.12 第二批	龙山文化、商周、汉	博兴县湖滨镇寨卞村北600米	35万	省级
	3	利城遗址	1992.6.12 第二批	龙山文化、岳石文化、商周、汉	博兴县店子镇利城村西南150米	60万	省级
	4	村高遗址	1992.6.12 第二批	龙山文化、商周、汉	博兴县兴福镇村高村北1000米	6万	省级
	5	贤城遗址	1992.6.12 第二批	商周、战国、汉、隋唐	博兴县城东街道办事处贤城村西	100万	省级
	6	东鲁遗址	1992.6.12 第二批	商周、汉、南北朝	博兴县曹王镇东鲁村西南约1000米	10万	省级
	7	院庄遗址	2006.12.7 第三批	岳石文化、商周、汉	博兴县锦秋街道办事处院庄村南300米	25万	省级
	8	曹家遗址	1982.5.10 第一批	龙山文化、岳石文化、商周、汉	博兴县纯化镇曹家村西南300米	2万	县级
	9	柳舒遗址	1982.5.10 第一批	龙山文化、商周、汉	博兴县湖滨镇柳舒村东北800米	1万	县级
	10	辛张遗址	1982.5.10 第一批	岳石文化、商周、汉	博兴县店子镇辛张村西南500米	4万	县级
	11	张王遗址	1982.5.10 第一批	商周、汉	博兴县店子镇张王村东北200米	2万	县级
	12	鲁刘遗址	1982.5.10 第一批	商周、汉	博兴县湖滨镇鲁刘村南500米	6万	县级
	13	兴益遗址	1982.5.10 第一批	商周、汉、北朝	博兴县兴福镇兴益村西	10万	县级
古墓葬	1	李佐车墓	1982.5.10 第一批	东周、汉	博兴县博昌街道办事处王木村北1000米	1200	县级

（续表）

古建筑	1	凤阳桥	1992.6.12 第二批	明清	博兴县曹王镇王海村	40	省级
	2	董永祠	2012.7.17 第三批	清	博兴县陈户镇董家村内	140	市级
石窑寺及石刻	1	丈八佛（原兴国寺遗址）	2013.3 第七批	北朝	博兴县湖滨镇丈八佛村北部	1.1万	国家级
近现代重要史迹及代表性建筑	1	陈户纪念烈士塔	2004.1.8 第一批	1946年	博兴县陈户镇河西村北	400	市级
	2	裴袁纪念烈士亭	2009.1.21 第二批	1946年	博兴县纯化镇袁家村北	144	市级
	3	高庙李天主堂	2012.7.17 第三批	1890年、1935年	博兴县庞家镇高庙李村	1万	市级
	4	王文纪念烈士亭	1982.5.10 第一批	1946年	博兴县纯化镇王文村东北	144	县级
	5	王桥纪念烈士亭	1982.5.10 第一批	1946年	博兴县兴福镇王桥村东	225	县级
	6	博兴县烈士陵园	1982.5.10 第一批	1956年	博兴县锦秋街道办事处博城六路东首北侧	4130	县级
	7	轱辘把胡同	2010.4.21 第三批	抗日战争时期	博兴县纯化镇东王文村南部	3.3万	县级
	8	南隅老供销社百货大楼	2010.4.21 第三批	1954年	博兴县锦秋街道办事处南隅村西部	300	县级
	9	打渔张引黄闸	2010.4.21 第三批	1956年	博兴县乔庄镇东冯村东北	1万	县级
	10	王博昌墓	2010.4.21 第三批	1991年	博兴县博昌街道办事处王楼村内	100	县级
其他	1	湾头古槐	2010.4.21 第三批	年代不详	博兴县锦秋街道办事处湾头村中部十字路口	20	县级

第七节　邹平县在级不可移动文物一览表

类别	序号	名　称	公布日期或批次	年　代	位　置	面积（m²）	级别
古遗址	1	丁公遗址	2001.6.25 第五批	大汶口文化、龙山文化、岳石文化、商代、汉代	邹平县长山镇丁公村东150米	27万	国家级
	2	鲍家遗址	1977.12.23 第一批	龙山文化、商周至汉代	邹平县长山镇鲍家村南200米	5万	省级
	3	西南庄遗址	1992.6.12 第二批	北辛文化、商代、汉代	邹平县长山镇西南村西南方300米	1.25万	省级
	4	孙家遗址	2009.1.21 第二批	后李文化、龙山文化、商周	邹平县黄山街道办事处溪河村西北300米	6万	市级
	5	周西村遗址	2009.1.21 第二批	龙山文化、商代、汉代	邹平县高新街道办事处五里堠村南100米处	24480	市级
	6	古城遗址	2012.7.17 第三批	龙山文化、岳石文化、商周、汉代	邹平县临池镇古城村东30米	17640	市级
	7	化庄遗址	1980.8.30 第一批	龙山文化、商、周	邹平县青阳镇化庄村北400米	9万	县级
	8	王薄起义遗址	1980.8.30 第一批	隋	邹平县青阳镇西窝陀村东南雕窝峪内	600万	县级
	9	西鲍遗址	1984.4.14 第二批	龙山文化、商周	邹平县长山镇西鲍村南100米	3万	县级
	10	芦泉遗址	1994.12.14 第三批	龙山文化、岳石文化、商、周	邹平县西董办芦泉村南	7696	县级
	11	旧口遗址	2001.10.26 第四批	商周、汉	邹平县韩店镇旧口村北100米	7万	县级
	12	伏生祠遗址	2012.4.26 第五批	宋元	邹平县韩店镇苏家村西300米	1540	县级
	13	柳庵遗址	2012.4.26 第五批	明	邹平县西董街道办事处杏林村南山峪	3800	县级

（续表）

古墓葬	1	张高村古墓	2012.7.17 第三批	汉	邹平县黛溪街道办事处张高村南部	5040	市级
	2	伏征君墓	1980.8.30 第一批	汉	邹平县魏桥镇寄驾冢村西20米	13566	县级
	3	马骕墓	1980.8.30 第一批	清	邹平县黄山街道办事处大李村北部	3510	县级
	4	天子墓	1994.12.14 第三批	汉	邹平县魏桥镇甜水村西2000米	2000	县级
古建筑	1	范公祠	2004.1.8 第一批	明、清	邹平县长山镇范公村东首20米	5220	市级
	2	唐李庵	2004.1.8 第一批	明、清	邹平县黄山街道办事处鲁西村西北300米	494	市级
	3	袁氏避暑山庄	2012.7.17 第三批	清	邹平县西董街道办事处任家峪南部	5040	市级
	4	永安桥	1994.12.14 第三批	清	邹平县长山镇范公村北20米处的孝妇河上	142.8	县级
	5	高孝祠	2001.10.26 第四批	明	邹平县临池镇红庙村西首	615.6	县级
	6	李家祠堂	2001.10.26 第四批	清	邹平县好生办李营村西首	790	县级
	7	基督教浸礼会教堂	2001.10.26 第四批	1900年	邹平县城黄山三路西首路南	220	县级
	8	菩萨庙	2012.4.26 第五批	明	邹平县黄山街道办事处碑楼村东北部	600	县级
	9	梯子坝险工	2012.4.26 第五批	清	邹平县码头镇小牛家村北黄河滩内	2.46万	县级
石窟寺及石刻	1	醴泉寺志公碑	1980.8.30 第一批	唐	邹平县青阳镇醴泉村南醴泉寺佛头殿内	45	县级
	2	袁守侗神道碑	1984.4.14 第二批	1744年	邹平县焦桥镇东平村北200米	900	县级
	3	太湖石	1994.12.14 第三批	清	邹平县焦桥镇牛家村	600	县级
	4	东平石刻	2012.4.26 第五批	清	邹平县焦桥镇东平村原学校教室内	20	县级

（续表）

近现代重要史迹及代表性建筑	1	梁漱溟墓	2006.12.7 第三批	1989 年	邹平县城黄山南山坡	600	省级
	2	刘井战斗遗址	1980.8.30 第一批	1939 年	邹平县魏桥镇刘井村东 100 米	3395	县级
	3	大英畏烈士殉难纪念碑	1984.4.14 第二批	1929 年	邹平县孙镇辉里村	48	县级
	4	杨家峪抗日沟	1984.4.14 第二批	1943 年、1947 年	邹平县西董街道办事处鹤伴山森林公园内	7.5 万	县级
	5	共成斯举碑	2012.4.26 第五批	1934 年	邹平县孙镇辉里村西首	1.3	县级
	6	马函三烈士墓	2012.4.26 第五批	1943 年	邹平县西董街道办事处由家河滩村南部	50	县级
	7	长山烈士陵园	2012.4.26 第五批	1953 年	邹平县长山镇南坛村东部	9500	县级
其他	1	尚庄古槐	2001.10.26 第四批	明	邹平县西董街道办事处尚庄村东部	300	县级

后 记

编辑一部能够反映滨州悠久历史和丰富文化的文物汇编，一直是滨州市文物工作者的夙愿。《滨州文物通览》就是这样一本书，是滨州历史上最为详备的一本系统介绍滨州历史文化遗存(包括不可移动文物和可移动文物)的通览式的资料性著作。

滨州是一座有着完整的历史发展序列的古老城市，是黄河三角洲文化和齐文化的发祥地之一，有着悠久的历史文化和丰富的文物遗存，而且馆藏文物种类繁多，弥足珍贵，在鲁北乃至山东地区都占有十分重要的地位。

新中国成立后，古老的滨州焕发出新的生机，文博事业迅速发展；特别是改革开放以来，保护文物古迹、发展文博事业越来越受到人民政府的重视，并取得了令人瞩目的成就。为了充分、真实地将这些鲜明的文物特色表现出来，我们在编排上力求打破常规，多使用图片等鲜活的资料，使这部书更加新颖、直观、好看，更加有新意，有时代气息。

《滨州文物通览》的编纂时间紧迫，资料浩如烟海，收集整理核实十分困难。特别是众多的文物遗存跨越数千年的历史，又大多未经过正式发掘，其年代和文化性质便难以一概定论。即便是馆藏文物，其年代定位也不可避免地会出现见仁见智、众说不一的情况。总之，由于编者学识和水平所限，难免有疏漏舛误之处，敬请广大读者谅解并指正。

编者

2013 年春节

图书在版编目（CIP）数据

滨州文物通览 / 滨州市文物局编．—济南 ：齐鲁书社，2014.3
ISBN 978-7-5333-3050-7

Ⅰ．①滨… Ⅱ．①滨… Ⅲ．①文物—介绍—滨州市 Ⅳ．①K872.523

中国版本图书馆 CIP 数据核字（2014）第 025218 号

滨州文物通览

滨州市文物局 编

主管单位 山东出版传媒股份有限公司
出版发行 齊魯書社
社　　址 济南市英雄山路 189 号
邮　　编 250002
网　　址 www.qlss.com.cn
电子邮箱 qilupress@126.com
营销中心 (0531)82098521 82098519
印　　刷 济南黄氏印务有限公司
开　　本 880mm×1230mm 1/16
印　　张 23.75
插　　页 10
字　　数 425 千
版　　次 2014 年 3 月第 1 版
印　　次 2014 年 3 月第 1 次印刷
标准书号 ISBN 978-7-5333-3050-7
定　　价 **128.00** 元